ASCHENDORFFS SAMMLUNG
LATEINISCHER UND GRIECHISCHER
KLASSIKER

LIVIUS
AB URBE CONDITA

Ausgewählt, eingeleitet
und kommentiert von
ARMIN MÜLLER

Text

VERLAG ASCHENDORFF
MÜNSTER

Umschlagbild:
Der „melancholische Römer", wahrscheinlich ein Porträt des
Titus Quinctius Flamininus, der die griechischen Städte von der
makedonischen Herrschaft befreite
(zu Livius XXXIII 32–33).

Nach der neuen deutschen Rechtschreibung

© 2001 Aschendorffsche Verlagsbuchhandlung GmbH & Co., Münster

Das Werk und seine Teile sind urheberrechtlich geschützt.
Jede Verwertung in anderen als den gesetzlich zugelassenen Fällen bedarf
deshalb der vorherigen schriftlichen Einwilligung des Verlages.

Druckhaus Aschendorff, Münster, 2000

ISBN 3-402-02164-1

INHALT

Vorwort zur 13. Auflage

Einleitung: Leben und Werk des Livius

1. Biographische Charakterisierung 1
2. Gegenstand, Erhaltung und Abfassungszeit des Werkes 2
3. Die Aussageabsicht 3
4. Livius und der Prinzipat 4
5. Die Annalistik und das römische Jahr 9
6. Römische Geschichtsschreibung vor Livius 11
7. Ist Livius ein zünftiger Historiker? 15
8. Skeptizismus und tradierte Leitidee 18
9. Antike Geschichtsschreibung als
   poetisch-rhetorische Kunstprosa 23
10. Cicero, Quintilian und Plinius
    über die Geschichtsschreibung 26

Text
Vorrede des Livius zum Gesamtwerk 31
A. Die Königszeit
  1. Romulus
     a) Abkunft und Jugend des Romulus und Remus I 3-4 33
     b) Die Gründung Roms I 6,3-7,3 35
     c) Die Ordnung des Gemeinwesens I 7,3; 7,15-8,7 35
     d) Der Raub der Sabinerinnen
        und die ersten Kriege I 9-13 37
     e) Das Ende des Romulus I 15-16 41
  2. Numa Pompilius I 18-19; 21,6 42
  3. Tarquinius Superbus 44
     a) Der verbrecherische Thronraub I 46-48 44
     b) Lucretia und der Sturz des Tarquinius I 57-60 47

B. Die ersten Jahrhunderte der Republik
  1. Das Ende der Königsherrschaft II 1 51
  2. Der Rückkehrversuch der vertriebenen Dynastie 52
     a) Der Beginn des Krieges mit Porsinna II 9 52
     b) Horatius Cocles II 10 53
     c) Mucius Scaevola II 12,1-13,5 54

d) Cloelia II 13,6-11 57
3. Der Ständekampf 58
   a) Notlage der Plebs und Versuch
      eines Ausgleichs II 23-24 58
   b) Verhärtung der Fronten und
      Wahl eines Diktators II 27-30 61
   c) Die Lösung des Konflikts II 31-33 64
4. Coriolan und Veturia II 39-40 66
5. L. Quinctius Cincinnatus III 26-29 69
6. M. Furius Camillus
   a) Camillus erobert Veji V 21-22 73
   b) Der Anstand des Camillus gegenüber
      den Faliskern V 26-27 75
7. Der Krieg mit den Galliern
   a) Die Schlacht an der Allia V 37-38 78
   b) Die Gallier in Rom V 41 80
   c) Der Handstreich auf das Kapitol V 47 81
   d) Camillus als Retter Roms V 48-50 82
   e) Die Rede des Camillus gegen einen Exodus V 51-55 85
8. T. Manlius Torquatus
   a) Die pietas des T. Manlius VII 4-5 91
   b) Der Zweikampf des T. Manlius VII 9,6-11,1 92
   c) Disciplina militaris. Vater und Sohn VIII 6-7 94
9. Ein Vergleich Alexanders mit den Römern IX 17-19 97

C. Der Kampf um die Vorherrschaft im westlichen Mittelmeer
1. Der Ausbruch des Zweiten Punischen Krieges
   a) Vorwort zur dritten Dekade XXI 1,1-4 101
   b) Hamilkar und Hasdrubal in Spanien XXI 1,5-2,7 101
   c) Charakteristik Hanniblas XXI 4 102
   d) Eroberung Sagunts und Reaktion Roms XXI 5-17 103
   e) Die Kriegserklärung XXI 18 106
2. Die Schlacht am Trasumennischen See XXII 4-8 107
3. Cannae: Roms schwerste Bewährungsprobe
   a) Zwei uneinige Konsuln XXII 38-40 112
   b) Der Verlauf der Schlacht XXII 43-50,3 115
   c) Die Lage nach der Schlacht XXII 50,4-61,15 119
4. Scipio in Spanien
   a) Scipios Reden an seine Soldaten XXVI 41-43 124
   b) Scipios Ritterlichkeit gegenüber
      spanischen Geiseln XXVI 49-50 127

5. Die Wende in Italien
   a) Der Tod Hasdrubals am Metaurus XXVII 49-50,1 130
   b) Spannung und Jubel in Rom XXVII 50,3-51,13 131
   c) Würdigung Hannibals XXVIII 12 133
6. Die Entscheidung des Krieges
   a) Hannibals Abzug aus Italien XXX 19-20 134
   b) Unterredung zwischen Hannibal
      und Scipio XXX 30-31 135
   c) Die Schlacht bei Zama XXX 32-35 139
7. Friedensschluss und Heimkehr Scipios XXX 37; 42-45 143

D. Der Kampf um die Vorherrschaft im östlichen Mittelmeer
1. Der Sieg des T. Quinctius Flamininus über
   Philipp V im Zweiten Makedonischen Krieg
   a) Die Schlacht bei Kynoskephalai XXXIII 8-10 148
   b) Der Friede mit Philipp XXXIII 30 150
   c) Die Verkündigung der Freiheit
      Griechenlands XXXIII 32-33 151
2. Der Sieg des L. Aemilius Paullus über Perseus
   im Dritten Makedonischen Krieg
   a) Rede des Feldherrn vor der Schlacht XLIV 34 152
   b) Die Schlacht bei Pydna XLIV 41-42 153
   c) Die Gefangennahme des Königs XLV 6 155
   d) König Perseus vor dem Konsul XLV 7-8 156
   e) Der Triumph des Aemilius Paullus XLV 40 158
   f) Die Ansprache des Siegers XLV 41 158

E. Krisenzeichen
1. Die Aufhebung der lex Oppia XXXIV 1-4; 8,1-3 160
2. Der Kybelekult in Rom XXIX 10-14 163
3. Die Wirkungen des östlichen Lebensstils XXXIX 6-7 165
4. Die Bacchanalien in Rom
   a) Die Einführung des Kultes XXXIX 8-9,1 166
   b) Die Aussage der Hispala XXXIX 13, 8-14 167
   c) Die Rede des Konsuls XXXIX 15-16 167
   d) Die Abschaffung der Bacchanalien XXXIX 17-18 169

F. Ereignisse des zweiten Jahrhunderts vor den Reformen der Gracchen
1. Hannibals letzte Jahre
   a) Hannibals Flucht aus Karthago XXXIII 45-49 170
   b) Hannibal am Hofe
      des Antiochus XXXIV 60, XXXV 19 173

c) Hannibals Gespräch mit Scipio XXXV 14 174
   d) Hannibals Ende XXXIX 51 175
2. Scipios Prozess und Tod XXXVIII 50-53 176
3. Die Ursachen des Dritten
   Punischen Krieges, Periocha XLVIII 179
4. Der Beginn des Dritten
   Punischen Krieges, Periocha XLIX 180
5. Der Untergang Karthagos, Periocha LI 181
6. Die Zerstörung Korinths, Periocha LII 182
7. Der Untergang Numantias, Periocha LVII, LIX 182

Anhang

1. Zeittafel 184
2. Sprachliche Auffälligkeiten 188
3. Stilfiguren 190
4. Zur politischen Begriffssprache der Römer
   (auctoritas, clementia, concordia, dictatura, dignitas,
   disciplina militaris, fatum, felicitas, fides, fortuna,
   ius belli (bellum iustum), libertas, maiestas, moderatio,
   modestas, pax, pietas, pudor, religio, seditio, virtus) 192
5. Verzeichnis der Eigennamen 210
6. Literaturverzeichnis 227
7. Karten 234

Vorwort zur 13. Auflage

Verlag und Herausgeber sind zu der Überzeugung gelangt, dass es untunlich ist, gleich zwei Liviusausgaben – „Ab urbe condita", besorgt von H. Hugenroth, sowie „Römische Geschichte", besorgt von A. Müller und Joh. Rempe – weiterhin nebeneinander bestehen zu lassen. Demgemäß werden nunmehr beide Ausgaben zu einer zusammengeführt und erscheinen künftig unter dem Titel „Livius, Ab urbe condita".

Damit diese Maßnahme nicht zu einem überdimensionierten Textband führt, verzichtet die neue Version auf den Quellenvergleich und das Korreferat des Polybios aus der früheren Ausgabe „Römische Geschichte".

Zustande gekommen ist auf diese Weise eine weitgefächerte Liviusauswahl, die reichlich Quellenmaterial bietet für mutmaßliche Interessenschwerpunkte bei der Behandlung der römischen Geschichte von 753 bis 133.

A. Müller

Einleitung
Leben und Werk des Livius

1. Biographische Charakterisierung

Unsere Nachrichten zur Biographie des Livius sind spärlich. Er stammte aus Patavium (Padua), wo er laut Chronik des Hieronymos 59 vor Christus geboren wurde und 17 nach Christus starb. Das wohlhabende Patavium soll vom Troer Antenor gegründet worden sein[1] und war später bei gemeinsamer Abwehr von Kelten und Karthagern stets zuverlässiger Verbündeter Roms. So schreibt Livius als Freund der Römer, nennt aber deren Truppen nie wie Caesar „nostri".[2] Den Römern hingegen muss der Stil des Livius, seine „Patavinitas", als leicht provinzielle Abweichung erschienen sein.[3]

Als Sohn vermögender Eltern erhielt Livius eine gründliche Ausbildung in Rhetorik und Philosophie.[4] Sein Leben verbrachte er mit Vorliebe in Bibliotheken,[5] die er für sein Werk ausgiebig nutzte, zumal er sich auf direktem Wege nicht sachkundig machen konnte: nie hatte er ein politisches oder militärisches Amt bekleidet. Für Livius selbst war indes dieser Nachteil eher ein Vorteil: er schrieb nicht als in die Dinge Verwickelter, sondern mit um so größerer Unabhängigkeit, zumal wenn Zeitgeschichte direkt oder indirekt im Spiel war.

[1] Livius I 1,1-3. Vergil, Aen. I 242-249.
[2] A.D. Leemann, Werden wir Livius gerecht? Nr. 20, S. 211f.
[3] Quintilian I 5,56.
[4] Seneca, epist. 100,9.
[5] Seneca, de tranquillitate animi IX 9,5.

2. Gegenstand, Erhaltung und Abfassungszeit des Werkes

Gegenstand des livianischen Geschichtswerkes „ab urbe condita" sind schlicht res Romanae,[6] also nicht auswärtige Angelegenheiten[7] und auch nicht die Taten einzelner Familien wie etwa der Fabier, Valerier oder Licinier.[8]

Von den insgesamt 142 Büchern des Werkes ist nur etwa ein Viertel erhalten, und zwar als letztes Buch das 45., das mit dem Triumph des Aemilius Paulus über die Makedonen 168 vor Christus endet. Von den übrigen Büchern liegen Inhaltsverzeichnisse (periochae) eines späteren Redakteurs vor, denen zufolge die Bücher 139 bis 142 die Jahre 12 bis 9 und damit als letztes Ereignis den Tod des Drusus behandelten. Diese Zeit eignete sich auch ganz besonders als Abschluss des Werkes, weil die triumphalen Siege dieser Jahre in Germanien und Illyrien die endlich wieder erreichte Konsolidierung des Reiches bewiesen. Hingegen ist die Annahme, Livius hätte eigentlich bis zum Tode des Augustus schreiben wollen, phantasielos, weil Livius ja unmöglich seine eigene Lebensdauer samt der des Augustus hätte einplanen können.[9]

In den Jahren 27/26 muss Livius sein Lebenswerk begonnen haben: er erwähnt I 19,3 die erste Schließung des Janustempels durch den Kaiser im Jahre 29, aber nicht die zweite im Jahr 25 (terminus ante quem); zudem nennt Livius bei dieser Angabe den Kaiser statt Oktavian schon Augustus – ein Titel, den ihm der Senat am 16.1.27 (terminus post quem) zum Dank für die Wiederherstellung der Republik verliehen hatte.[10] Dem aus diesen Daten erschließbaren Zeitpunkt

---

[6] Livius VI 1,1; XXXV 40,1; XXXIX 48,6.
[7] Livius XXXIII 20,13; XLI 25,8.
[8] Livius VII 9,5.
[9] Eingehende Erörterungen zu diesem Thema finden sich bei R. Syme, Nr. 90 und 91.
[10] Monumentum Ancyranum 34.

des Beginns der Niederschrift muss aber noch eine vorbereitende Phase konzeptioneller Planung und erster Materialsammlung vorausgegangen sein, die also gleich in den ersten Jahren des Prinzipats lag – ein zeitliches Zusammentreffen, das kaum bloßer Zufall gewesen sein dürfte.

3. Die Aussageabsicht

Warum Livius römische Geschichte schreibt, macht er gleich in seiner praefatio (§§ 9-12a) deutlich: Rom steckt in einer Krise, und er will das Seine zu einer Wende zum Besseren beitragen. In der Tat sind für Livius die Römer an einem Tiefpunkt angelangt, da sie weder ihre Fehler (vitia) noch deren Heilmittel (remedia) ertragen können. Als Fehler diagnostiziert Livius avaritia, luxuria, libido, insgesamt also die egoistische Entschlossenheit, die res privata, das eigene Anwesen, über die res publica zu stellen.[11] Der Wille aber zur eigenen Bereicherung führte zur Ausbeutung der Armen, diese wiederum zu gefährlicher Parteienbildung[12] und schließlich zu einem Bürgerkrieg,[13] der fast 100 Jahre andauerte. Während nun den Römern ihr Krankheitsbild selbst offenbar auch ohne besondere Mahnrede schon lange unerträglich schien, so zögern sie doch, das einzig denkbare Heilmittel zu akzeptieren, nämlich eine unter sanftem Zwang erwirkte Mäßigung, weil diese Heilkur, da vom Prinzipat ausgehend,[14] nicht ihren republikanischen Herkunftsideen entspricht.[15] Diese trotz allem der Republik nachtrauernden

---

[11] Livius II 30,2; III 26,7; IV 6,12; IV 25,9ff. Polybios VI 57. Sallust, Cat. 38,3 und Jug. 41,5.
[12] Livius IV 9,3.
[13] Livius II 23; II 30,1-2; III 26,1.
[14] Auch nach Tacitus, Ann. I 9,4, sahen viele Beobachter im Prinzipat das remedium (sic!) patriae.
[15] Siehe zu diesem Thema R. Syme, Nr. 90.

Römer, die eigentlichen Adressaten seines Werkes also, sucht Livius davon zu überzeugen, dass der Prinzipat Sitte und Tradition (mores maiorum), die sich über die Jahrhunderte bewährt hätten, in der Substanz keineswegs zerstöre, sondern vielmehr wiederbelebe. Zu diesem Zweck führt Livius ausführlich den Beweis, dass die politischen Grundsätze des Prinzipats gerade auch durch die Geschichte der Republik sehr wohl gedeckt sind, so dass also die Erinnerung an die Zeiten vor Aktium eher mit der neuen Lage versöhnen müsste, als dass sie schlecht verheilte Wunden wieder aufrisse.

Ganz offenbar hat Livius schon frühzeitig erkannt, welche Hoffnung auf Gesundung der Prinzipat den Römern bot, und besonders bei den Zweiflern dafür geworben, diese Chance nicht durch eine starre, einseitig republikanische Auslegung der eigenen Herkunftsgeschichte ungenutzt verstreichen zu lassen. Schon vor Beginn der Niederschrift muss Livius geahnt haben, was in naher Zukunft als pax Augusta nach innen wie außen wirksam werden sollte. Zu deren Gelingen also wollte Livius mit seinen Mitteln einen Beitrag geleistet haben.

4. Livius und der Prinzipat

Um diejenigen zu überzeugen, die das remedium Prinzipat verschmähten, konnte Livius natürlich nicht behaupten, die augusteische Politik der res publica restituta habe dazu geführt, dass die senatorischen Ämter ihren alten Glanz und ihre alte Kompetenz zurückerlangt hätten. Vielmehr setzte Livius auf den Nachweis, dass die politischen Fundamentalbegriffe des jahrhundertelang bewährten republikanischen Handlungssystems – z.B. auctoritas, concordia, fides, pax, religio oder virtus[16] – ihren Sinn und ihre Wirksamkeit unter dem Prinzipat behalten hätten. Die vielen Geschich-

---

[16] Siehe hierzu den Anhang (4): Zur politischen Begriffssprache der Römer.

ten, die Livius erzählt, um jene Begriffe am Beispiel zu konkretisieren, ergänzen sich zu einem System von Säulen, auf denen das Dach des Reiches offenbar auch nach Aktium noch ruht. Im Medium der für Rom seit alters typischen Verhaltensmuster ist die republikanische Tradition auch unter Augustus lebendige Gegenwart geblieben.

Für diese vermittelnde Argumentation war Livius auch persönlich überaus geeignet. Seine Adressaten mussten wissen, dass seine Heimatstadt Patavium im Mutinensischen Krieg auf der Seite des Senats gegen Antonius gestanden hatte[17] und dass auch Livius, der Pompeius zweimal lobend erwähnt,[18] im Grunde seines Herzens Pompejaner, also Republikaner war. Gleichwohl stand Livius aber auch dem Kaiserhaus nahe; denn Augustus, der längst seinen Frieden mit den Gegnern von einst gemacht hatte,[19] störten die republikanischen Neigungen des Livius nicht: er nannte ihn einen Republikaner und war doch sein Freund.[20] Und in einem guten Verhältnis muss Livius auch zum späteren Kaiser Claudius gestanden haben, dem er Ermutigung zusprach, als dieser eine römische Geschichte schreiben wollte, die mit den prekären Jahren nach der Ermordung Caesars begann.[21]

Wo immer Livius im Sinne seiner Vermittlungsabsicht augusteische Maßnahmen verteidigt, vermeidet er sorgsam jeden in republikanischen Augen anstößigen Kult der Person des Augustus. Er beschränkt sich auf das Lob der Sache, z.B. der Wiederherstellung des Friedens, aber ohne Augustus zu nennen.[22] Anderswo tadelt er bei gegebener Veranlassung alte Beispiele von Vernachlässigung religiöser Pflich-

---

[17] Cicero, Phil. XII 10.
[18] Livius IX 17,6; XXX 45,6.
[19] Laut Plutarch, Cicero 49, pries Augustus seinen Enkeln Cicero als großen Gelehrten und Patrioten.
[20] Tacitus, Ann. IV 34.
[21] Sueton, Claudius 41.
[22] Livius IX 19,17.

ten²³ und Überhandnehmen ausländischer Kulte,²⁴ ohne fürchten zu müssen, solcher Tadel werde nicht als feiner Wink verstanden; denn für Augustus war ohne Ernstnehmen des angestammten Götterkultes eine sittliche Erneuerung undenkbar, so dass er in der Wiederherstellung verfallener Tempel und der Errichtung von öffentlichen Altären ein wesentliches Element seiner Politik sah.²⁵ Livius unterstützt diese Haltung nicht nur mit kommentierenden Urteilen, sondern auch mit Geschichten – des Diktators Camillus, der die zur Auswanderung aus ihrer zerstörten Stadt nach Veji entschlossenen Römer als „diligentissimus religionum cultor" (V 50,1) davon überzeugt, die Eigenart des römischen Götterkultes lasse die Verlegung in eine andere Stadt nicht zu, ohne die Götter aber könnten sie auf Erfolge nicht mehr rechnen (V 51,5). Diese von Livius in aller Ausführlichkeit erzählte Geschichte ist exemplarisch, weil in ihr die politische Komponente mit einer theologischen verquickt wird: Seit seiner Existenz ist Rom von den Göttern zum künftigen „caput orbis terrarum" (I 16,7) bestimmt; und diese Verheißung kann nur Bestand haben, wenn die Römer durch Einklang von sakralem und profanem Handeln stets Rücksicht auf die Götter nehmen. Augustus ist von diesem Grundsatz so überzeugt wie Livius, der wiederum Camillus für die augusteische Religionspolitik sprechen lässt, ohne dabei den eigentlich gemeinten Augustus eigens nennen zu müssen.

Namentlich erwähnt wird Augustus bei Livius nur dreimal. Der erste Fall wurde schon besprochen;²⁶ und im zweiten schreibt Livius dem Kaiser gut, dass erst unter seiner Führung und seinen Auspizien Spanien, obwohl die Römer dort ihre älteste festländische Provinz gegründet hätten, gänz-

---

[23] Livius III 20,5.
[24] Livius VIII 11,1.
[25] Monumentum Ancyranum 19.
[26] Die erste Erwähnung I 19,3 ist bei der Erörterung der Datierungsfrage in Abschnitt 2 berücksichtigt.

lich bezwungen wurde (XXVIII 12,12). Bedenkt man, dass das bellum Cantabricum 26/25 vor Christus gewissermaßen Ersatz für einen ursprünglich gegen Britannien vorgesehenen, aber ausgefallenen Feldzug war und dass Augustus hernach in Spanien lange Zeit erkrankt war, so darf diese eingestreute Bemerkung des Livius durchaus als eine verkappte Verteidigung des Augustus gegen Nörgler unter seinen Zeitgenossen verstanden werden.

Der dritte Fall, in dem Livius den Kaiser direkt erwähnt, liegt komplizierter; entsprechend schwerer ist die Absicht zu durchschauen. Es handelt sich um eine Ereignis aus dem Jahre 437, als unter dem Oberbefehl des Diktators Mamercus Aemilius der Militärtribun A. Cornelius Cossus im Zweikampf den Vejenterkönig Tolumnius tötete (IV 19) und darauf die Fürstenbeute (spolia opima) im Tempel des Juppiter Feretrius als Weihegeschenk aufstellte (IV 20,1-4). Nach seinem Bericht über dieses Ereignis ruft Livius sich selbst zur Ordnung, weil er den Quellen gefolgt sei, als er Cossus für die fragliche Zeit als Militärtribun angesetzt habe. Dem widerspreche aber sowohl die Logik, da spolia opima eigentlich nur die seien, die der Führer dem Führer abnehme, als auch die Inschrift, dass Cossus die Beute als Konsul gemacht habe: diese Inschrift (die Livius aus uns unbekannten Gründen selbst nicht einsehen konnte) habe Augustus, Stifter und Wiederhersteller aller Tempel, nach eigenem Bekunden beim Betreten des Tempels selbst so gelesen; daher schiene es Livius ein Frevel, Cossus den Beistand eines so erstklassigen Zeugen zu entziehen (IV 20,5-7). Zudem sei es auch wenig wahrscheinlich, dass Cossus gewagt hätte, im Anblick der Statuen des Juppiter und des Romulus seine Beute mit einer unzutreffenden Inschrift zu versehen (IV 20,8-11).

Offenbar wird Augustus von Livius als Ehrenretter des Cossus bemüht; und schon das allein wäre wohlbegründet, wie die Vorgeschichte des Tempels lehrt: im siegreichen Kampf gegen die Caeninensen erschlug Romulus deren König, errichtete als ältesten Tempel Roms den des Juppiter Feretrius und stellte dort die königlichen Beutewaffen als Weihegeschenk auf. Spätere Helden aber, so wurde verfügt, müssten dieselben Bedingungen wie Romulus erfüllen, wenn auch sie in diesem Tempel ihre Beute weihen wollten.[27] Tatsächlich wurde diese Ehre neben Cossus nur noch dem Konsul M. Claudius Marcellus zuteil, der 222 den Gallierkönig Viridomarus tötete. Ohne die Einwände des Livius und das Zeugnis des Augustus hätte also Cossus, wäre er nur Militärtribun und nicht Konsul gewesen, eine wesentliche Bestimmung des Romulus missachtet, mithin einen Frevel begangen.

Nun könnte aber Livius am guten Ruf des Cossus insbesondere auch deswegen so interessiert gewesen sein, weil dessen schlechter Ruf, er habe vielleicht doch nur als Nachgeordneter seine Weihegaben aufgestellt, ein für Augustus ungünstiger Präzedenzfall gewesen wäre. Darauf pochte nämlich M. Licinius Crassus, Enkel des Triumvirn Crassus, der sich nacheinander Sextus Pompeius, Oktavian, Antonius und rechtzeitig vor Aktium wiederum Oktavian angeschlossen hatte. Er war ein mächtiger Mann, der sich seinen letzten Parteiwechsel auch noch mit der Verwaltung der Provinz Makedonien honorieren lassen konnte. Von dort aus besiegte er 29/28 als Prokonsul die Bastarner, tötete eigenhändig deren König Delton und führte gegen den Willen des Kaisers weiter Krieg gegen die Thraker. Als dieser Mann dann auch noch forderte, er wolle Deltons Waffen im besagten Juppitertempel aufstellen, ging der Prestigeanspruch dem Kaiser offenbar zu weit. Also half Augustus sich selbst, als er Cossus half; und Livius unterstützt, ohne dies auszusprechen, Augustus, indem er sein Zeugnis durch Wahrscheinlichkeit und Logik noch zusätzlich absichert.

Nur in diesen wenigen Fällen hat also Livius Augustus namentlich genannt; gewöhnlich verteidigt er den Kaiser,

[27] Livius I 10,4-7.

wie gesagt, indirekt und ohne ihn zu nennen. Er tut dies schon dadurch, dass er in jeder Geschichte Elemente durchscheinen lässt, die in der Politik des Prinzipats wiederzuerkennen sind. Die Verteidigung des Prinzipats überhaupt aber übernimmt er mit so viel Verve, weil ihm dieser die einzig greifbare Chance Roms auf baldige Gesundung darzustellen scheint. – Nachdem aber damit das Ziel der Arbeit des Livius angegeben ist, muss im Folgenden versucht werden, die Eigenart des Mittels zu bestimmen, nämlich der Geschichtsschreibung als einer Literaturgattung, die zur Zeit des Livius schon auf eine lange Tradition zurückblickt.

5. Die Annalistik und das römische Jahr

Vorläufer der römischen Geschichtsschreibung sind die Fasten, ein Priesterkalender zur Unterscheidung der dies fasti, an denen profane Geschäfte erlaubt (fas) waren, von den dies nefasti, an denen solche Geschäfte unerlaubt (nefas) waren. Aus diesen vom Pontifex Maximus geführten Jahreskalendern, die nach und nach immer mehr Daten aus allen Lebensbereichen aufnahmen, gingen die annales maximi hervor, in die die Priester die Namen der Beamten des Jahres sowie Angaben zu Ereignissen in Rom und im Feld, zu Tempelweihungen, Sühnebegehungen, Triumphzügen, Getreidepreisen und Naturerscheinungen eintrugen. Auf einer weißen Holztafel (album), die der Oberpriester an seinem Amtssitz, der Regia, anbrachte, konnte jedermann die aufgeführten Daten nachlesen.[28]

Diese Aufzeichnungen gehen ebenso wie die libri lintei[29] nicht weiter zurück als bis in das Jahr 387, als, wie Livius IV 1,2

---

[28] Cicero, de oratore II 52.
[29] Bei diesen Büchern handelt es sich um eine auf „Leinwand" geschriebene Chronik des römischen Volkes im Tempel der Juno Moneta, die Livius selbst im Original nicht hat einsehen können. Vgl. IV 7,12; IV 13,7; IV 20,8; IV 23,2-3.

beklagt, fast alle schriftlichen Dokumente dem Brand von Rom zum Opfer fielen. – Um 130 erschien unter dem Oberpontifikat des P. Mucius Scaevola eine Gesamtausgabe der Annalen in 80 Büchern; danach aber wurden sie nicht mehr geführt.

Durch Übernahme des strikt an das Jahr gebundenen Zeitschemas waren die römischen Historiker von vornherein „Annalisten": für sie ist ebenso wie für die Priester das Jahr ein in sich vollendeter Zeitrahmen zur Abstimmung von Kult, Politik und Arbeit. Angesichts des jährlichen Wechsels der Beamten, der regelmäßigen Unterbrechung der Kriegsführung im Winter, des Rhythmus von Aussaat, Ernte und schwankenden Getreidepreisen sowie des sakralen Festkalenders, der alle profane Tätigkeit unterbricht, ist Jährlichkeit ein überdeutlich bestimmendes Prinzip der römischen Lebensordnung. Wer daher die res gestae der Römer beschreiben wollte, musste zwangsläufig zum Annalisten werden.

In der Tat verstand sich für die Geschichtsschreiber die Bindung an das Jahresschema wie von selbst; ihm zuliebe hat der bei den Römern hochgeschätzte Polybios Handlungsabläufe, die sich über mehrere Jahre erstreckten, auseinander gerissen und entschuldigt sich eigens, als er im XIV. Buch erstmals das annalistische Prinzip durchbricht.[30]

Wie die römische Lebensordnung insgesamt darauf beruht, dass alle zivilen und militärischen Handlungen von kultischen Begehungen wie Gebeten, Opfern und Vogelschau begleitet sind, so fiel dem Jahr als dem Zeitmaß dieser Ordnung die Funktion zu, sämtliche sakralen und profanen Vorgänge miteinander in Einklang zu bringen. Bestätigt wird diese Vorstellung von Zeit durch die des Raumes; denn dem so bestimmten Jahr entspricht im Räumlichen der Plan einer römischen Stadt, der im Prinzip nichts anderes ist als eine zuordnende Aufteilung von Arealen für kultische, öf-

---

[30] Polybios XIV 12; vgl. auch XV 24a und XXVIII 16.

fentliche und private Zwecke. Der römischen Lebenswirklichkeit entspricht in sich stimmig eine ganz bestimmte Ordnung des Raumes und der Zeit. Annalisten, seien sie Priester oder Historiker, haben dieses Schema einschließlich seines religiösen Grundes beachtet, indem sie res Romanae nach Jahresabschnitten geordnet im Blick auf die bei den Ereignissen stets gegenwärtigen Götter niedergeschrieben haben.

6. Römische Geschichtsschreibung vor Livius

Für die Oberpriester, die ohne jeden literarischen Anspruch Annalen führten, war die Wechselbeziehung von Götter- und Menschenwelt der sich von selbst verstehende Grund ihrer Protokolltätigkeit. Gegenstand bewussten Nachdenkens wird dieser Grund erst bei den immer noch Annalisten genannten Historikern, die erklärtermaßen ihre Darstellung mit einer politisch-moralischen Absicht verbinden, für die sie sich, vermittelt über die Mythen von der Gründung Roms, auf den Willen der Götter berufen. Das Weltkonzept der Oberpriester, das auf der Einheit von Kult und Politik beruht, bleibt damit aber nicht mehr statisch; es gerät vielmehr in Bewegung, und zwar als Prinzip einer geschichtlichen Entwicklung, die auf ein gottgewolltes Ziel zustrebt. In ihrem Glauben an dieses Ziel wiederum, dass also Rom weltbeherrschende Macht werde, hätten sich die Römer und ganz besonders ihre Geschichtsschreiber weder durch militärische Rückschläge noch durch ablehnende Kritik Außenstehender jemals beirren lassen.

Der älteste Annalist ist Q. Fabius Pictor, ein römischer Politiker, der nach der Katastrophe von Cannae eine Gesandtschaft nach Delphi leitete, die herausfinden sollte, wie man die offenbar erzürnten Götter besänftigen könne.[31] Dieser

---

[31] Livius XXII 57,5.

Mann schrieb eine Geschichte des Zweiten Punischen Krieges, und zwar in griechischer Sprache, weil er den Standpunkt Roms insbesondere in der griechischen Welt glaubte geltend machen zu müssen. – Im griechischen Mutterland hatte Philipp V. von Makedonien 217 Frieden mit den Aitolern geschlossen und war 215 in ein Bündnis mit Hannibal eingetreten. Erst 212 gewann Rom mit den Aitolern wenigstens einen griechischen Verbündeten. Im übrigen wurde dort ebenso wie in Unteritalien (Magna Graecia) Roms Expansionspolitik nach wie vor argwöhnisch verfolgt. Um solches Misstrauen abzubauen, das in der Not nach Cannae um so schwerer wog, argumentierte Fabius, die Römer hätten ihre Kriege nie als Angreifer geführt, sondern ausschließlich zur Selbstverteidigung und zum Schutz ihrer Bündner. Fabius entgegnete damit Historikern wie Philinos von Akragas und Silenos von Calatia, die mit ihrer karthagofreundlichen Darstellung die Stimmung unter den Griechen trafen. – Im Rückblick auf diese Auseinandersetzung hat der auf Sachlickeit so bedachte Polybios Fabius wie Philinos vorgehalten, Patriotismus und Sympathien seien jedem zugestanden, dürften aber in der Geschichtsschreibung keine Rolle spielen.[32]

Wie Fabius schrieben auch L. Cincius, C. Acilius und A. Postumius Albinus Griechisch. Zu den älteren Annalisten zählen ferner Cassius Hemina, L. Calpurnius Piso Frugi, Cn. Gellius, Vennonius und C. Fannius. Besonders erwähnt sei noch Sempronius Asellio, der erstmals von einem Geschichtswerk verlangt, es müsse vermöge rhetorischer Mittel auch zum Eifer für den Staat anspornen und Abscheu gegen Laster wecken.[33] Unzufrieden äußerte sich auch Cato in seinen „Origines" (Urgeschichte) über die Trockenheit der Annalen,[34] die also einem aus ihrer Aufgabe abzuleitenden rhetorischen Anspruch nicht genügten. – Im 2. Jahrhundert be-

---

[32] Polybios I 14f., III 9.
[33] Gellius V 18,9.
[34] Ebd. II 28,6.

reichert schließlich L. Coelius Antipater (etwa 175 bis 115) die annalistische Geschichtsschreibung, indem er nach griechischem Vorbild auch Reden einlegt. Je mehr die Annalisten ganz bewusst für bestimmte Ideen warben, um so mehr mussten sie sich auch auf die Rhetorik als Quelle von Überzeugungsmitteln einlassen.

Die jüngeren Annalisten, die in der Zeit des Bürgerkrieges lebten, neigten als politische Tendenzschriftsteller naturgemäß dazu, Zeitprobleme aus ihrer Perspektive in die Geschichte zurückzuprojizieren. Dies hatte sich schon bei den Gracchengegnern Calpurnius und Sempronius Asellio abgezeichnet, wurde nun aber noch deutlicher. Den Standpunkt der Popularen vertrat C. Licinius Macer, der die Sullanische Verfassung bekämpfte und 66 in einem von Cicero angestrengten Repetundenprozess verurteilt wurde. Den Standpunkt der Optimaten vertraten die Pompejaner Cornelius Sisenna und Q. Aelius Tubero sowie Q. Claudius Quadrigarius, der eine gegen Marius gerichtete Geschichte bis Sulla schrieb. Bei Antias Valerius bereitet die politische Zuordnung Schwierigkeiten: Wie aus den Fragmenten ersichtlich ist, hatte er eine Vorliebe für Wunder- und Klatschgeschichten und legte viel Wert auf die Verherrlichung seiner eigenen gens Valeria.

Da von den römischen Annalisten vor Livius außer wenigen Zitaten bei anderen Autoren nichts erhalten ist, bietet sich für einen näheren Vergleich mit Livius in erster Linie Polybios (um 205 bis 125) an, der in der modernen Literatur unter dem Aspekt wissenschaftlicher Zuverlässigkeit Livius in der Regel vorgezogen wird. Polybios, der seinen Ruhm einer Geschichte der drei Punischen Kriege verdankt, kam 168 als politischer Gefangener nach Rom und blieb dort 17 Jahre. Er gewann die Freundschaft des Scipio Minor und lernte durch ihn die führenden Männer Roms kennen. Er begleitete Scipio im Dritten Punischen Krieg und war beim Untergang Karthagos zugegen.

Für Polybios ist Geschichte ohne Wahrheit eine nutzlose Erzählung,[35] die sich lieber um einen anderen Namen bemühen sollte,[36] und er erklärt auch, wie wahre Geschichte möglich ist – durch Bereitschaft zur Unparteilichkeit[37] und durch das „pragmatische", also tatsachengetreue Verfahren, sich strikt an die Taten und Handlungen (πράξεις) der Völker, Städte und Dynasten zu halten[38] und die Sachlichkeit der Darstellung abzusichern durch Überprüfung der Quellen sowie durch eine auf Ortskenntnis und politisch-militärische Erfahrung gestützte Sachkunde.[39]

Pragmatisch bedeutet aber auch, im Inhaltlichen so umfassend wie möglich zu sein: sofern Handlungsentscheidungen von bestimmten Menschen ausgehen,[40] müssen deren Motive eingehend verdeutlicht werden;[41] und über die Motive einzelner Beteiligter hinaus müssen größere Ereignisse auch auf ihre objektiven Gründe und Ursachen zurückgeführt werden;[42] sonst wäre Historie keine Wissenschaft, sondern Unterhaltung.[43]

Das Hauptziel des Polybios, den unerwartet schnellen Aufstieg Roms zur Weltmacht zu erklären,[44] ist theoretischer Natur und fügt sich leicht einem so bestimmten Begriff von pragmatischer Geschichtsschreibung. Das Ziel des Livius aber ist praktischer Natur und reicht sehr viel weiter: er will die Römer überzeugen, sie dürften auf keinen Fall die Chance vertun, die sich ihnen im Blick auf ihre geschichtliche Mission durch den Prinzipat biete. Gewiss spielen die Kunst-

---

[35] Polybios I 14,6.
[36] Ebd. XII 11,8.
[37] Vgl. Anm. 32.
[38] Ebd. IX 1.
[39] Ebd. XII 25e 1ff.; vgl. XII 4c 3-5 und 28a 8.
[40] Ebd. II 56,16.
[41] Ebd. XII 25a 3.
[42] Ebd. III 7,5.
[43] Ebd. III 31,12 und XI 19a 1-3.
[44] Ebd. I 1.

regeln, die Polybios nach rein wissenschaftlichen Kriterien aufgestellt hatte, auch bei Livius eine Rolle, jedoch keineswegs eine beherrschende, sondern eher eine dienende; denn sie verhelfen allenfalls zu größerer Wahrscheinlichkeit in diesem oder jenem Detail. Im Blick auf das Ganze aber spricht aus dem Geist der Priesterannalen und aus der tradierten Überzeugung, dass Rom mit dem Willen der Götter Weltmacht wird, die wirklich gründende Wahrheit, die für Livius letztverbindlich ist, und zwar, wie gesagt, nicht aus wissenschaftlichen Gründen, sondern aus praktischen: denn gerade jetzt soll diese Wahrheit wieder wirksam werden.

7. Ist Livius ein zünftiger Historiker?

Die von Polybios aufgestellten Zunftregeln hat Livius nach Vermögen, im Übrigen aber relativ auf seine Aussageabsicht befolgt. Gewiss werden bei Livius Ortskunde[45] und militärische Erfahrung[46] vermisst; und ein politisches Amt hat er auch nie innegehabt. Dafür war er aber mit Sicherheit in seiner Darstellung nie einseitig parteiisch, was weder zu seinem Wesen gepasst hätte – der gewiss selten lobende Tacitus rühmt seine Gewissenhaftigkeit (fides)[47] – noch zu seinem zeitgemäßen Interesse, der concordia zuliebe das Trennende zu übergehen und das Verbindende zu betonen. So wird denn auch in der Literatur übereinstimmend Livius zugebilligt, er habe die parteiische Einseitigkeit der jüngeren Annalisten überwunden.

Wie Livius mit den Quellen, die direkt zu den „Tatsachen" führen, umgeht, lässt sich nur in sehr wenigen Fällen durch Vergleich mit der Originalvorlage studieren.[48] Im Übrigen

---

[45] Vgl. Livius XXI 47,5.
[46] Vgl. ebd. III 5,12; XXVI 49,1.
[47] Tacitus, Annalen IV 34.
[48] Wörtliche Zitate solcher Stellen finden sich bei Cicero und Gellius.

sind wir zu diesem Thema auf das angewiesen, was Livius selbst diesbezüglich durchblicken lässt. Häufig beruft sich Livius schlicht auf einen bestimmten Annalisten, dessen Bericht er durchgängig übernimmt. So wird Polybios zum Teil in der Darstellung des Zweiten Punischen Krieges herangezogen, als Hauptzeuge aber für alle Ereignisse in Griechenland und in Kleinasien sowie für den afrikanischen Kriegsschauplatz in den Büchern 29 und 30. Oft aber heißt es lediglich: quidam auctores sunt, quidam scripsere, tradunt oder proditum est. Die zitierte Quelle trägt dann auch die Verantwortung für den Bericht. Quellenkritik findet selten statt, dann etwa, wenn in einem Bericht z.B. die Zahl der Volkstribunen nicht stimmen kann (vix credibile: IV 16,4); und bei leicht Ungereimtem will er zwar nicht gerne glauben, fühlt sich aber trotzdem dazu berechtigt;[49] oder er hält das für gesichert, worin alle übereinstimmen, und lässt das Übrige in der Schwebe.[50] Glaubhafter ist ein Autor immer dann, wenn er wie Fabius älter ist[51] oder sogar Zeitgenosse wie wiederum Fabius.[52] Im Übrigen hofft Livius, die Wahrheit am ehesten dann zu treffen, wenn er sich für die Mitte zwischen extremen Möglichkeiten entscheidet[53] oder darauf verzichtet, die Dinge aufzubauschen.[54] Fehlen aber inhaltlich wie formal durchschlagende Gründe, einer bestimmten Version zuzustimmen, so stellt Livius entweder überlieferte Angaben kommentarlos nebeneinander, auch wenn sie sich widersprechen,[55] oder er verzichtet ausdrücklich, durch Vermutung das vom Alter Verdunkelte wieder aufzuklären.[56] Hat er sich aber mit welchen Gründen auch immer für eine ein-

---

[49] Livius IV 29,6.
[50] Ebd. IV 55,8.
[51] Ebd. II 40,10.
[52] Ebd. XXII 7,4.
[53] Ebd. XXVI 49.
[54] Ebd. XXII 7,4.
[55] Ebd. XXVI 49,1-6.
[56] Ebd. XXIX 14,9.

zige bestimmte Quelle entschieden, so stellt er ganz im Sinne seiner Wahrscheinlichkeitsregeln einen bestimmten Handlungsablauf ausschließlich nach dieser einen Quelle dar.

Livius geht also mit den Quellen so sorgfältig um, wie diese es zulassen. Zu gut kennt er im Übrigen die Grenzen dieses Mediums, zumal über das 3. Jahrhundert kaum eine schriftliche Quelle zurückreicht.[57] Gleichwohl denkt aber Livius nicht daran, deshalb an seiner Aufgabe aus Mangel an zuverlässigen Dokumenten zu verzweifeln,[58] denn die Quelle ist für ihn nicht der einzige Zugang zu seinem Stoff: neben der schriftlichen steht die mündliche Tradition und darüber als letztinstanzliche Größe der Geist der mores maiorum, der in allen wie immer gesicherten vergangenen Taten der Römer ebenso durchscheint wie im alltäglichen Reden und Handeln, sei es im Hause oder auf dem Markt.

Die diesem Geist verpflichtete Aussageabsicht des Livius reduziert die Bedeutung der Quelle. So weiß Livius sehr wohl, dass die Tat des Horatius Cocles, so ruhmreich sie war, kaum zuverlässig gesichert ist;[59] gleichwohl erzählt er diese Geschichte in aller Ausführlichkeit wegen ihrer Beispielhaftigkeit für die Nachwelt. Und in seinem Bericht über die Schlacht am Tessin lehnt Livius die Version seines sonst so wichtigen Zeugen Coelius, ein ligurischer Sklave habe den alten Scipio gerettet, mit der Begründung ab, er wolle lieber wahr haben (malim ... verum esse), der jüngere Scipio habe die Tat vollbracht, wie andere Autoren und die mündliche Überlieferung (fama) behaupteten.[60]

Die Quelle ist für Livius offenbar keine letztinstanzliche Größe; den Ausschlag gibt vielmehr der Geist der in den

---

[57] Ebd. VI 1,2; VIII 40,5.
[58] Ebd. IV 23,3.
[59] Ebd. II 10,11.
[60] Ebd. XXI 46,10.

Jahrhunderten bewährten praktischen Vernunft der Römer. Wie jeder Redner, der sich auf die mores maiorum beruft, ist auch Livius sicher, dass er den Geist dieser Tradition auch ohne allzu penible Buchstabentreue im Ganzen schon richtig getroffen hat. So beachtet Livius gewissermaßen hilfsweise die Kunstregeln der Zunft, um Glaubhaftigkeit, soweit es geht, bei den Details zu verbürgen. Aber diese Methode der Absicherung spielt bei ihm nur eine Nebenrolle. Wesentlich ist für ihn allein die Einholung des Geistes, in dem die Römer seit Romulus immer schon ihre res gestae vollbracht haben. Diese methodische Maxime trifft sich mit der praktischen Absicht des Livius, den Beweis zu liefern, dass in diesem Geiste immer noch gehandelt wird und gehandelt werden muss. Somit weicht, was die Zunftregeln angeht, Livius von Polybios um einiges, von den modernen Historikern aber ganz beträchtlich ab.

8. Skeptizismus und tradierte Leitidee

In der modernen Welt sichert sich die „kritische" Geschichtsschreibung gegen den denkbaren Trug von Legenden und Mythen, Vorurteilen und Traditionen, indem sie nur das als wahr akzeptiert, was sie aus Quellen, Dokumenten und Urkunden in nachprüfbarer Interpretation ableiten kann. Umgekehrt mutet Livius seinem kritischen Urteilsvermögen nur wenig zu, nämlich die sporadische Plausibilitätskontrolle nach der Wahrscheinlichkeit, während die Herkunft unbezweifelt für die Wahrheit von überliefertem Inhalt samt zugrunde liegender Leitidee bürgt.

Dieser Unterschied der Alten und der Modernen ist kein Zufall. Die moderne Erkenntnistheorie richtet all ihre Skepsis gegen Tradition und äußere Umstände, während sie alles Heil im selbstständigen Urteil der kritischen Vernunft sucht. Umgekehrt misstrauen die alten Skeptiker dem menschlichen Urteilsvermögen[61] und empfehlen zur Orientierung vernünftiger Lebenspraxis Sitte und Herkommen;[62] wird aber eine Urteilsentscheidung unumgänglich, so genügt das Wahrscheinliche (verisimile/ probabile) oder Glaubhafte (credibile),[63] denn eine weitergehende Festlegung könnte im Falle der Widerlegung ein so unnötiges wie schmerzliches Irrtumseingeständnis erzwingen, wodurch nur innere Ruhe und Selbstvertrauen gestört würden.[64]

Auf eine derartige Version von Skepsis stützt sich offenbar Livius, wenn er das Wahre in einer tradierten Leitidee samt ihrer Bewährung durch res gestae auffindet, statt das Wahre im kritischen Nachprüfen des gebildeten Einzelgängers zu suchen.[65] Dass Romulus bei seiner Vergöttlichung den Römern einen Auftrag erteilt,[66] steht für ihn als tradierter Bestand fest; dass die Römer dem kontinuierlich nachgekommen sind, beweisen die Ergebnisse; und dass nach hundert Jahre währender Kursabweichung Augustus sich nunmehr anschickt, den Auftrag zu einem glücklichen Ende zu führen, kann Livius mit eigenen Augen sehen: für kritisches Nachgrübeln bleibt da nur sehr wenig Raum.

Auch in seinem Verhältnis zum Staatskult lässt sich Livius ganz vom antiken Skeptizismus leiten. Obgleich er selbst an

---

[61] Sextus Empiricus, Grundriß der Pyrrhonischen Skepsis I 36-186 (die Lehre von den Tropen).
[62] Ebd. I 23f. – Dasselbe empfiehlt Descartes in seiner Lehre von der provisorischen Moral, aber nur zähneknirschend.
[63] Ebd. I 227; vgl. Cicero, Acad. II 99.
[64] Dies ist das lebenspraktische Motiv auch der stoischen Dialektik und Zustimmungslehre (Diogenes Laertios VII 47f. und 127).
[65] Antike Intellektuelle fanden den Gottesbeweis „ex consensu gentium", dass es also Götter geben müsse, weil alle Welt von ihrer Existenz überzeugt sei, vollauf diskutabel (Cicero, de natura deorum II, 5). Kleine Zirkel aufgeklärter Gottesleugner des XVIII. Jahrhunderts, im Salon versammelt zum kritischen Räsonnieren über schlimme Vorurteile, hätten die gentes mit Sicherheit als unerheblich abgetan.
[66] Livius I 16.

Prodigien nicht mehr glauben mag, verzeichnet er sie aus Respekt vor den weisen Alten „in seinen Annalen" ebenso wie diese das einst in den ihren getan hätten;[67] und obgleich er innerlich gewiss ganz anders denkt, besteht Livius darauf, dass die Beachtung überlieferter Religionsbräuche für Sitte und Gedeihen des Staates unverzichtbar seien, weil sich dies immer wieder so erwiesen habe.[68] Entsprechend verteidigt Cicero, gleichfalls ein überzeugter Skeptiker, die Weissagung gegen die gar nicht erst widerlegten theoretischen Einwände des Karneades schlicht mit dem praktischen Hinweis, sie seien aber im Volke verankert und somit dem Staate dienlich.[69]

Solches Denken ist auch Polybios nicht fremd: Er war überzeugt, dass es richtig sei, mit Hilfe einer gut erfundenen Mythologie, an die er selbst natürlich nicht glaubte, die Menge ohne Gewaltausübung zu zügeln.[70] Edward Gibbon erklärt diese Art, Widersprüche aufzulösen, als ein gut ausgewogenes Rollenspiel, das Frieden unter allen Beteiligten garantiert: „The various modes of worship which prevailed in the Roman world were all considered by the people as equally true, by the philosopher as equally false, and by the magistrate as equally useful."[71] Wenn also die Intellektuellen ihre privaten Meinungen hegen, so bleiben sie doch stets skeptisch genug sich selbst gegenüber, solche Meinungen gleichsam wie Luxus zu behandeln, durch den sie sich niemals hindern ließen, sich hinter die öffentlich anerkannte Wahrheit zu stellen, sobald es ernst würde.

Polybios hielt sich im Übrigen nicht nur, wenn er praktisch dachte, an das immer schon Bewährte. Auch bei seiner theoretischen Argumentation lässt er oberhalb seiner Wis-

---

[67] Ebd. XLIII 13,1-2.
[68] Vgl. oben Abschnitt 4.
[69] Cicero, leg. II 32f.; de divinatione II 28 und 70; vgl. de re publ. II 26f.
[70] Polybios VI 56,4-16.
[71] E. Gibbon, The Decline and Fall of the Roman Empire (1776) chap. 2.

senschaft noch eine Leitidee gelten, die allein aus der Überlieferung und nicht aus eigener Einsicht stammt. Seine gewiss durch und durch wissenschaftliche Frage nach den Gründen des schnellen Aufstiegs Roms zur Weltmacht[72] beantwortet er ganz unbekümmert im Rahmen des tradierten Weltkonzepts vom Kreislauf der Verfassungen[73] oder vom ewigen Auf und Ab der menschlichen Dinge.[74] Gewiss hat Polybios dieses letztlich theologische Dogma „pragmatisch" vermittelt, wenn er den Aufstieg Roms aus der Mischverfassung und dem überlegenen Militärsystem erklärt[75] und den drohenden Untergang aus Habgier des Adels und Aufsässigkeit des Volkes.[76] Aber die Naturnotwendigkeit,[77] von der Polybios dieses Auf und Ab getragen sieht, bleibt nur ein plausibler Begriff, wenn er sagen will, jene Stärken und Schwächen der Menschen seien eben das Mittel der Natur, ihr ewiges Gesetz zu vollstrecken.

Solche Wissenschaft ist nicht selbstursprünglich; sie sammelt vielmehr systematisch Tatsachen, um eine ihr überlegene Leitidee zu demonstrieren. Noch so „pragmatisch" dargestellte Ereignisse können auf diese Weise zum exemplarischen Ausdruck eben dieser Idee werden: so lässt Polybios Scipio beim Untergang Karthagos seine Feinde beweinen, weil ihm das Unglück der Stadt symptomatisch für das erschien, was allen Menschen, also auch den Römern droht.[78]

Indes haben nicht nur Livius und seine Vorgänger Geschichte als Ausdruck einer jeder menschlichen Kritik überlegenen Leitidee verstanden. Dasselbe gilt auch für das christ-

---

[72] Polybios I 1-2; vgl. VI 57.
[73] Polybios VI 9; vgl. Platon, rep. VIII und Cicero, de re publ. I 65-68.
[74] Vgl. Herodot I 207,2 und I 5,4.
[75] Polybios VI 11-42; vgl. Cicero, de re publ. I 69-71.
[76] Polybios VI 57.
[77] Ebd. VI 9/11.
[78] Ebd. XXXVIII 22.

liche Konzept von der Weltgeschichte als Heilsgeschehen,[79] das vom Gottesstaat des hl. Augustinus bis zu Sir Robert Filmer (gest. 1653) und Bischof Jacques-Bénigne Bossuet (1627-1704) Bestand hatte. Nach dieser Lehre verläuft die gesamte Geschichte der Menschheit (procursus generis humani) nach göttlichem Heilsplan als einheitliches Geschehen zwischen Schöpfung und Jüngstem Gericht. Dieses Konzept vor Augen, stellen Filmer in seiner „Patriarcha" (publ. 1680) den englischen König und Bossuet in seinem „Discours sur l'histoire universelle" (1681) den französischen König in die direkte Nachfolge Adams, um die Begünstigten so im Sinne des Gottesgnadenkönigtums zu legitimieren. Noch Hegel erklärt im Blick auf die geschichtliche Verwirklichung der menschlichen Freiheit im Rechtsstaat, es sei der „Gang Gottes in der Welt, dass der Staat ist".[80] Für sein skeptisches Konzept, das Wesentliche in einer durch Tradition bewährten Leitidee zu sehen und das kritische Urteil nur hilfsweise zu bemühen, kann Livius auf jeden Fall eine Reihe illustrer Zeugen für sich benennen. Die Konzentration auf kritisch nachprüfbare Wahrheit wird erst dann zu einer Notwendigkeit für die Geschichtsschreibung, wenn die Historiker nicht mehr voll und ganz auf dem Boden der von ihnen dargestellten Ereignisse stehen, weil das von ihnen Geschilderte sie unmittelbar nichts mehr angeht.[81]

---

[79] Siehe hierzu K. Löwith, Weltgeschichte und Heilsgeschehen, Stuttgart ³1953.
[80] Hegel, Grundlinien der Philosophie des Rechts § 257Z.
[81] In Würdigung dieses Tatbestandes nennt Hegel in seinen Vorlesungen „Die Vernunft in der Geschichte" die antike Geschichtsschreibung die „ursprüngliche", weil die von ihr geschilderte Welt unmittelbar auch ihre eigene ist, mit deren substanziellen Interessen sie sich voll und ganz identifiziert.

9. Antike Geschichtsschreibung als poetisch-rhetorische Kunstprosa

In Anwendung von Grundzügen des antiken Skeptizismus steht bei Livius auf der einen Seite das feste Tradtitionsvertrauen und auf der anderen die Hilfsfunktion des kritischen Urteils. Damit ist nur die Mitte zwischen diesen beiden Seiten noch nicht erörtert, und zwar die konstruktive Formierung des tradierten Stoffes – durch Erzählen. Diese in der Mitte liegende Tätigkeit macht aber das Hauptgeschäft des Livius aus. Das kritische Urteilen weiß, dass es den vorgegebenen Stoff weder in organisierter noch in unorganisierter Form je aus sich hervorbringen könnte; und dessen bedarf es auch gar nicht, da dieser Stoff ja schon vorgegeben ist und danach drängt, erzählt zu werden.[82]

Im Sinne dieses Drängens muss Livius sich sagen: „Ich habe die Pflicht zu berichten, was erzählt wird."[83] Das Erzählen des Erzählten ist indes seit alters die Domäne von Dichtung und Rhetorik, auf deren Vorbild die Geschichtsschreibung, wenn sie gleichfalls erzählen will, zurückgreifen musste. Daher stützt sich die Geschichtsschreibung, wenn sie in erster Linie Erzählkunst ist, zwangsläufig mehr auf die von Dichtung und Rhetorik entwickelten Darstellungsformen als auf ihre eigenen Zunftregeln. Daraufhin sei nunmehr die These aufgestellt, dass die Arbeit des Livius im Kern erzählendes Hervorbringen poetisch-rhetorischer Kunstprosa durch Einholung überlieferter res gestae unter Anleitung einer tradierten Leitidee ist.

Die Nähe zur Dichtung muss nicht überraschen; denn den Inhalt hatten die Historiker auch in qualitativer Hinsicht je

---

[82] Auf diese Weise seien Überlegungen in die Antike zurückübertragen, die O. Marquard, Apologie des Zufälligen, Stuttgart 1986, S. 104f., in Bezug auf die modernen Geisteswissenschaften als Medien traditionsvergegenwärtigender Erzählung anstellt.

[83] G. Funaioli, Nr. 30, S. 287.

mit den Dichtern gemeinsam. Wie für Vergil Roms Ursprungsmythen nicht minder real sind als die „geschichtlichen" Taten, die er in der „Römerschau" von Aeneas bis in die Gegenwart verfolgt,[84] so stellt auch Fabius Pictor Aeneas und Romulus auf dieselbe Realitätsebene wie die Scipionen, wenn er die schon aus dem 6. Und 5. Jahrhundert stammenden Darstellungen griechischer Autoren aufnimmt, die in Etruskern und Römern Abkömmlinge der geflüchteten Trojaner wiedererkannt hatten.[85] Die Römer dürften diesen Spekulationen um so lieber geglaubt haben, weil es sie ehren mochte, wenn sie auf diese Weise in den griechischen Sagenkreis aufgenommen wurden.[86]

Mit der Anknüpfung an die Ursprungsmythen Roms beginnen die römischen Geschichtsschreiber zu derselben Zeit wie die Dichter. Wie seit dem 3. Jahrhundert die Annalisten in Prosa die Zeitgeschichte bis zu den Anfängen Roms zurückzuverfolgen begannen, so taten dies in Versen die epischen Dichter Naevius (ca. 265-195) in seinem „bellum Punicum" und Ennius (239-169) in seinen 18 Büchern „annales" (sic!); und bei gleicher Zielsetzung werden zwei Jahrhunderte später in der Nachfolge des Ennius Vergil stehen und Livius in der des Fabius Pictor.

Die Nähe der Geschichtsschreiber zur Rhetorik ist schon dadurch gegeben, dass sie wie übrigens auch die Dichtung nicht als Buch zum Lesen, sondern als Unterlage für den mündlichen Vortrag vor Hörpublikum konzipiert ist. Daher sind in ihrer antiken Bestimmung Dichtung und Geschichtsschreibung ebenso wie die Festrede beliebig wiederholbare „Wiedergebrauchsreden", während die nur auf einen bestimmten Anlass zugeschnittenen Beratungs- und Gerichtsreden „Verbrauchsreden"[87] sind. Der gemeinsame Oberbe-

---

[84] Vergil, Aeneis VI 756-886.
[85] A. Alföldi, Nr. 3, Kapitel 4 und 6.
[86] R.M. Ogilvie, Nr. 75, S. 35.
[87] H. Lausberg, Elemente der literarischen Rhetorik, München 1963, §§ 10-19.

griff aller drei Gattungen wäre damit „Rede überhaupt". Auch dieser Umstand möchte dazu beigetragen haben, dass die Geschichtsschreiber mit Vorliebe Reden, die sie einfühlsam rekonstruierten, in ihre Darstellungen einlegten.

Bei allen kompositorischen Entscheidungen nimmt Livius für sich dieselbe Freiheit in Anspruch wie die Dichter und Rhetoren. So gibt er die durchgängig pragmatische, also am tatsächlichen Ablauf orientierte Darstellung des Polybios auf und bietet stattt dessen „eine lange Reihe von exempla", die er je nach Aussageabsicht anführt, indem er „Einzelerzählungen" als kleinste Bauglieder heraushebt und anderes daneben entweder sehr kurz fasst oder ganz auslässt.[88]

Aussageabsichten lassen sich auch aus der Disposition eines Buches ablesen: so relativiert Livius die im Anfang von Buch IX geschilderte Niederlage bei Caudium gegen die Samniten, indem er gleich darauf die geglückte Revanche, eine schmeichelhafte Gegenüberstellung der Römer mit Alexander dem Großen und weitere römische Siege gegen Samniten und Etrusker folgen lässt.[89] Die kompositorischen Kunstgriffe dienen auch der Spannung, wenn Livius den Leser vor der Schilderung der Schlacht bei Zama durch ausführliche Darstellung von Verhandlungen, Feldherrnreden und Truppenaufstellungen für längere Zeit hinhält. Auch das kompositorische Mittel des Vergleichs weiß Livius zu nutzen, wenn er in jener Verhandlung vor Zama den deprimierten Hannibal über die Unzuverlässigkeit des menschlichen Glücks eine ausführliche Erörterung vortragen lässt, während der siegesgewisse Scipio auf dieses Thema nur ganz kurz eingeht.

Rhetorisch ist Livius auch insofern, als die Ideale der narratio (des Bindegliedes zwischen Vorrede und eigentlicher Argumentation), nämlich kurz, deutlich und wahrscheinlich

[88] K. Witte, Nr. 101, S. 273, 368f., 379f.
[89] Vgl. E. Burck, Nr. 18.

zu sein,[90] bei jeder seiner „Einzelerzählungen" Anwendung finden. Rhetorisch ist ferner der häufige Gebrauch von Stil- und Redefiguren[91] zur Hervorhebung des Kerns der Aussage, und poetisch ist schließlich die Diktion in Rhythmus und Wortwahl.[92] Ganz besonders „poetisch" ist Livius, wenn er unter Vernachlässigung von militärischen und technischen Details das Leiden der Belagerten etwa in Sagunt oder das der in der Schlacht Besiegten herausstellt, um beim Hörer die tragische Wirkung von Furcht und Mitleid zu erzielen. Und die berühmte Klage Maharbals über das Zögern Hannibals nach Cannae ist eine verkappte Peripetie, ein „Umschlag", bei dessen Vortrag der Hörer mitvollzieht: dieser Tiefpunkt ist zugleich die Wende zum Besseren oder markiert mindestens das Ende der Rückschläge. Mit seinem schon an den hellenistischen Historikern festgemachten Begriff von der „tragischen Geschichtsschreibung" hat E. Schwartz[93] dargetan, dass Livius auch insofern in einer bestimmten Tradition steht.

Somit dürfte erwiesen sein, dass Livius als Erzähler eines überlieferten Stoffes mit aktueller Anwendungsabsicht poetisch-rhetorische Kunstprosa hervorgebracht hat. Das aber bedeutet, dass Frucht seiner Arbeit nicht Fachwissenschaft ist, sondern „Literatur", die allerdings nicht still gelesen, sondern laut vorgetragen wurde.

10. Cicero, Quintilian und Plinius über die Geschichtsschreibung

Es dürfte ohne weiteres einleuchten, dass schon die bloße Feststellung, Livius sei Autor von Literatur und nicht von

---

[90] H. Lausberg, Handbuch der literarischen Rhetorik, München 1960, § 294.
[91] Siehe dazu den Anhang 3.
[92] Vgl. P.G. Walsh, Nr. 99, sowie den Anhang 2.
[93] E. Schwartz, Nr. 86.

Fachwissenschaft, nur aus einem modernen Gesichtswinkel erfolgen konnte. Für die Alten wäre eine solche Alternative nicht einmal denkbar gewesen; denn sie stellten die Geschichtsschreibung von vornherein ausschließlich in die Nähe von Dichtung und Rhetorik, also von Künsten, die nach Aristoteles auf dem „poietischen" (schöpferisch hervorbringenden) Vermögen beruhen und weder zur wissenschaftlichen Theorie noch zum praktischen Handeln gehören.[94]

Eine solche Ortsbestimmung der Geschichtsschreibung muss im Übrigen gar nicht mühsam auf indirektem Wege rückerschlossen werden; sie ist vielmehr direkt greifbar, sofern so prominente Zeugen wie Cicero, Quintilian und Plinius sie ausdrücklich bestätigen.

In einer Vorrede lässt Cicero sich auffordern, eine „historia" zu schreiben, damit das von ihm gerettete Vaterland von ihm auch verherrlicht werde; dies sei nach Ciceros eigener Versicherung ein höchst rhetorisches Geschäft (opus ... unum hoc oratorium maxime), dem aber noch niemand genügt habe: die Priesterannalen seien trocken und langweilig (ieiunus), sämtliche älteren Annalisten saft- und kraftlos (exilis); die jüngeren zeigten teils dieselbe Langweiligkeit und Unkenntnis (languor et inscientia) wie die älteren, teils glänzten sie durch albernes Pathos (inepta elatio) und höchste Unverschämtheit (summa impudentia); selbst der noch am ehesten erträgliche Sisenna zähle als Rhetor nicht und sei als Historiker einseitig und naiv.[95]

Im Einklang also mit der von den Annalisten selbst schon gestellten Forderung nach mehr rhetorischem Schwung[96] misst Cicero die römischen Historiker zu ihrem Nachteil an der Rhetorik. Warum die griechischen Historiker diesen Vergleich besser vertrügen, hat Cicero anderswo erklärt: die rhetorischen Talente der Römer verbrauchten sich auf dem Fo-

---

[94] Aristoteles, Nikomachische Ethik VI 4.
[95] Cicero, de legibus I 4-11.
[96] Vgl. oben Abschnitt 6.

rum, während die Griechen bar solcher Pflichten sich uneingeschränkt der Historie widmen könnten.[97] Rhetorisierung der Geschichtsschreibung sei aber unvermeidlich: wie der Rhetor müsse der Historiker wahrhaftig und unparteiisch sein, seinen Stoff nachvollziehbar gliedern; Gründe und Ursachen, Plan und Absicht, Ausführung und Folgen wertend erörtern; dazu gehöre schließlich eine angemessene Sprache, die allerdings frei sein müsse von Schroffheit und Spitzen der hektischen Auseinandersetzung vor Gericht, sondern zwanglos und entspannt und ohnehin Entschiedenes darlege.[98]

Während nun Cicero nach dem Nutzen der Rhetorik für die Geschichte fragt, stellt der Rhetoriklehrer Quintilian die Frage genau umgekehrt und warnt seine Schüler vor der Historie: diese stehe der Dichtung, dem Medium der Zurschaustellung (ostentatio) und des Vergnügens (voluptas), des Unwahrscheinlichen und Unwahren,[99] nur allzu nahe, als sei sie gewissermaßen Prosadichtung (quodam modo carmen solutum), die erzähle, aber nicht beweise. Gemeinsamer Zweck von Dichtung und Historie sei nicht die direkte Auseinandersetzung, sondern die Pflege des Gedächtnisses großer Männer. Der kultivierte Stil der Geschichtsschreibung tauge nicht als Vorbild für den Redner, der es oft mit ungebildeten Richtern zu tun habe; insbesondere die wie Milch strömende Überladenheit (lactea ubertas) des Livius – das ist wohl im Gegensatz zur brevitas Sallusts gemeint – werde denjenigen wenig beeindrucken, dem nicht am glänzenden, sondern am überzeugenden Vortrag liege.[100] Damit bestätigt auch Quintilian den literarischen Charakter der Historie, arbeitet aber im Gegensatz zu Cicero heraus, was diese von der Rhetorik trennt. Nur hätte er das nicht tun

---

[97] Cicero, de oratore II 55.
[98] Ebd. II 62-64.
[99] Quintilian, institutio oratoria X 1,28.
[100] Ebd. X 1,31-34.

müssen, wenn sich die Historie ohnehin schon erkennbar deutlich von der Rhetorik unterschieden hätte, wie dies bei einer Fachwissenschaft sicher gegeben war.

Plinius, der Schüler des Quintilian, fragt wieder wie Cicero nach dem Nutzen der Rhetorik für die Historie, nachdem auch er aufgefordert war, Geschichte zu schreiben. Im Gegensatz zu Cicero fürchtet er aber, die Redekunst, die er seit seinem 19. Jahre auf dem Forum ausübe, könne ihm da nur wenig helfen: ohne Wortgewandtheit (eloquentia) gelte zwar in der Tat eine Rede oder ein Gesang nichts, wohl aber die Geschichtsschreibung, sofern sie nur die Neugier befriedige. Auch das Argument, ein und derselbe müsse gehaltene Gerichtsreden von neuem schreiben und geschichtliche Ereignisse darstellen können, überzeuge ihn nicht; denn die vielen Ähnlichkeiten beider Künste erwiesen sich bei näherem Hinsehen oft als Unähnlichkeiten. Gewiss seien sowohl Historie wie Rhetorik erzählende Künste; aber während Rhetorik das Gemeine und Alltägliche behandle, widme sich Historie dem Außergewöhnlichen, das weniger am Tage liege, tue dies mühelos statt angestrengt und in verbindlichem Dahingleiten statt in bissiger Augenblickserregung. Aus diesen Gründen fühlt Plinius sich durch seine bislang ausgeübte rhetorische Tätigkeit ungenügend vorbereitet für die Historie und zieht es vor, bei seinen Leisten zu bleiben.[101]

Wenngleich Plinius Cicero damit widerspricht und wenngleich er anders als Quintilian die Verwandtschaft von Dichtung und Rhetorik stärker betont, so setzen doch alle drei Autoren trotz verschiedener Akzente unausgesprochen voraus, dass Geschichtsschreibung poetisch-rhetorische Kunstprosa ist und nur deshalb eine vergleichende Abgrenzung gegen Dichtung und Rhetorik zulässt. Die wissenschaftliche Komponente, durch Prüfung der Wahrscheinlichkeit mehr

---

[101] Plinius, epist. V 8 (an C. Plinius Titinius Capito).

Glaubhaftigkeit im Einzelnen zu erzielen, erwähnen sie allenfalls am Rande. Im Mittelpunkt der Aufmerksamkeit steht allein die poetisch-rhetorische Komponente, und diese bildet denn auch die Form, in der die Livianische Kunstprosa ihren Auftrag ausführt, die durch Überlieferung bekannten res gestae erzählend einzuholen, und zwar unter der Leitidee eines politisch-theologischen Weltkonzepts, das Romulus formuliert hatte und das allen Zweiflern zum Trotz Augustus jetzt zu Ende führen soll. Kunstprosa aber von solcher Bandbreite ist nicht nur Literatur, sie ist klassische Literatur; und als ein solcher Klassiker ist Livius nach wie vor Schulautor, während andererseits noch so exzellente Fachwissenschaftler wie Leopold von Ranke, Heinrich von Treitschke oder Gerhard Ritter diesen Status nie zu erreichen vermochten.

Text

Vorrede des Livius zum Gesamtwerk

Facturusne operae pretium sim, si a primordio urbis res populi Romani perscripserim, nec satis scio, nec, si sciam, dicere ausim, quippe qui cum veterem tum vulgatam esse 2 rem videam, dum novi semper scriptores aut in rebus certius aliquid allaturos se aut scribendi arte rudem vetustatem superaturos credunt. Utcumque erit, iuvabit tamen rerum 3 gestarum memoriae principis terrarum populi pro virili parte et ipsum consuluisse; et si in tanta scriptorum turba mea fama in obscuro sit, nobilitate ac magnitudine eorum me, qui nomini officient meo, consoler.

Res est praeterea et immensi operis, ut quae supra 4 septingentesimum annum repetatur et quae ab exiguis profecta initiis eo creverit, ut iam magnitudine laboret sua; et legentium plerisque haud dubito quin primae origines proximaque originibus minus praebitura voluptatis sint, festinantibus ad haec nova, quibus iam pridem preavalentis populi vires se ipsae conficiunt. Ego contra hoc quoque 5 laboris praemium petam, ut me a conspectu malorum, quae nostra tot per annos vidit aetas, tantisper certe, dum prisca illa tota mente repeto, avertam, omnis expers curae, quae scribentis animum etsi non flectere a vero, sollicitum tamen efficere posset.

Quae ante conditam condendamve urbem poeticis magis 6 decora fabulis quam incorruptis rerum gestarum monumentis traduntur, ea nec adfirmare nec refellere in animo est. Datur haec venia antiquitati, ut miscendo humana divinis 7 primordia urbium augustiora faciat. Et si cui populo licere oportet consecrare origines suas et ad deos referre auctores, ea belli gloria est populo Romano, ut, cum suum conditorisque sui parentem Martem potissimum ferat, tam et hoc gentes humanae patiantur aequo animo quam imperium

8 patiuntur. Sed haec et his similia utcumque animadversa aut existimata erunt, haud in magno equidem ponam discrimine: 9 ad illa mihi pro se quisque acriter intendat animum, quae vita, qui mores fuerint, per quos viros quibusque artibus domi militiaeque et partum et auctum imperium sit; labente deinde paulatim disciplina velut desidentes primo mores sequatur animo, deinde ut magis magisque lapsi sint, tum ire coeperint praecipites, donec ad haec tempora, quibus nec vitia nostra nec remedia pati possumus, perventum est. 10 Hoc illud est praecipue in cognitione rerum salubre ac frugiferum, omnis te exempli documenta in illustri posita monumento intueri; inde tibi tuaeque rei publicae, quod imitere, capias, inde foedum inceptu, foedum exitu, quod vites.

11   Ceterum aut me amor negotii suscepti fallit, aut nulla umquam res publica nec maior nec sanctior nec bonis exemplis ditior fuit, nec in quam civitatem tam serae avaritia luxuriaque immigraverint, nec ubi tantus ac tam diu paupertati ac parsimoniae honos fuerit: adeo quanto rerum 12 minus, tanto minus cupiditatis erat. Nuper divitiae avaritiam et abundantes voluptates desiderium per luxum atque libidinem pereundi perdendique omnia invexere. Sed querellae, ne tum quidem gratae futurae, cum forsitan necessariae erunt, ab initio certe tantae ordiendae rei absint; 13 cum bonis potius ominibus votisque et precationibus deorum dearumque, si, ut poetis, nobis quoque mos esset, libentius inciperemus, ut orsis tantum operis successus prosperos darent.

A. Die Königszeit

Aus dem von den Griechen zerstörten Troja entkommt mit wenigen Begleitern Aeneas, der Sohn des Anchises und der Göttin Venus. Vom Schicksal dazu ausersehen, den Grund zu legen für ein großes Reich[1], gelangt er nach langen, gefahrvollen Irrfahrten an die Küste von Latium. Hier heiratet er Lavinia, die Tochter des Königs Latinus. Nach ihr erhält die von Aeneas gegründete Stadt den Namen Lavinium. Dem Volke, das sich aus den Ureinwohnern des Landes (Aborigines) und den Trojanern bildet, gibt Aeneas zu Ehren seines Schwiegervaters den Namen Latiner. Ascanius, Sohn des Aeneas, gründet 30 Jahre später die Stadt Alba Longa. Der zwölfte Nachfolger des Aeneas ist Proca.

1. Romulus
a) Abkunft und Jugend des Romulus und Remus

I 3

... Proca deinde regnat: Is Numitorem atque Amulium procreat; Numitori, qui stirpis maximus erat, regnum vetustum Silviae gentis legat. Plus tamen vis potuit, quam voluntas patris aut verecundia aetatis. Pulso fratre Amulius regnat. Addit sceleri scelus: stirpem fratris virilem interimit, fratris filiae Reae Silviae per speciem honoris, cum Vestalem eam legisset, perpetua virginitate spem partus adimit.

Sed debebatur, ut opinor, fatis tantae origo urbis maximique secundum deorum opes imperii principium. Vi compressa Vestalis cum geminum partum edidisset, seu ita rata, seu quia deus auctor culpae honestior erat, Martem incertae stirpis patrem nuncupat. Sed nec dii nec homines aut ipsam aut stirpem a crudelitate regia vindicant; sacerdos vincta in custodiam datur; pueros in profluentem aquam mitti iubet.

Forte quadam divinitus super ripas Tiberis effusus lenibus stagnis nec adiri usquam ad iusti cursum poterat amnis et posse quamvis languida mergi aqua infantes spem ferentibus dabat. Ita, velut defuncti regis imperio, in proxima alluvie,

---

[1] ad maiora (quam Antenorem) rerum ducentibus fatis.

Kapitolinische Wölfin mit Romulus und Remus

ubi nunc ficus Ruminalis est – Romularem vocatam ferunt –, pueros exponunt. Vastae tum in his locis solitudines erant.
6 Tenet fama, cum fluitantem alveum, quo expositi erant pueri, tenuis in sicco aqua destituisset, lupam sitientem ex montibus, qui circa sunt, ad puerilem vagitum cursum flexisse; eam summissas infantibus adeo mitem praebuisse mammas, ut lingua lambentem pueros magister regii pecoris
7 invenerit – Faustulo fuisse nomen ferunt –; ab eo ad stabula Larentiae uxori educandos datos ...
8 Ita geniti itaque educati, cum primum adolevit aetas, nec in stabulis nec ad pecora segnes, venando peragrare saltus.
9 Hinc robore corporibus animisque sumpto iam non feras tantum subsistere, sed in latrones praeda onustos impetus facere pastoribusque rapta dividere et cum his crescente in dies grege iuvenum seria ac iocos celebrare.

Nachdem Romulus und Remus das Geheimnis ihrer Herkunft erfahren haben, töten sie den Thronräuber Amulius und setzen ihren Großvater Numitor wieder in seine Herrschaft ein.

b) Die Gründung der Stadt Rom

6 Ita Numitori Albana re permissa Romulum Remumque cupido cepit in iis locis, ubi expositi ubique educati erant, urbis condendae. Et supererat multitudo Albanorum Latinorumque; ad id pastores quoque accesserant, qui omnes facile spem facerent parvam Albam, parvum Lavinium prae ea urbe, quae conderetur, fore. Intervenit deinde his cogitationibus avitum malum, regni cupido, atque inde foedum certamen, coortum a satis miti principio. Quoniam gemini essent nec aetatis verecundia discrimen facere posset, ut dii, quorum tutelae ea loca essent, auguriis legerent, qui nomen novae urbi daret, qui conditam imperio regeret, Palatium Romulus, Remus Aventinum ad inaugurandum templa capiunt.

7 Priori Remo augurium venisse fertur, sex vultures, iamque nuntiato augurio cum duplex numerus Romulo se ostendisset, utrumque regem sua multitudo consalutaverat: tempore illi praecepto, at hi numero avium regnum trahebant. Inde cum altercatione congressi certamine irarum ad caedem vertuntur; ibi in turba ictus Remus cecidit. Vulgatior fama est ludibrio fratris Remum novos transiluisse muros; inde ab irato Romulo, cum verbis quoque increpitans adiecisset ‚sic deinde, quicumque alius transiliet moenia mea!' interfectum. Ita solus potitus imperio Romulus; condita urbs conditoris nomine appellata.

c) Die Ordnung des Gemeinwesen

Palatium primum, in quo ipse erat educatus muniit. Sacra diis aliis Albano ritu, Graeco Herculi, ut ab Euandro instituta erant, facit.

Als Hercules auf seinen weiten Abenteuerfahrten an den Tiber kam, soll Euander ihn mit folgenden Worten begrüßt haben: „Sei gegrüßt, Hercules, Sohn Jupiters! Meine Mutter, die der Götter Willen richtig zu künden wusste, hat mir prophezeit, du werdest die Zahl der Himmlischen mehren. Dir werde hier ein Altar geweiht werden, den das dereinst mächtigste Volk der Erden den ‚Großen' nennen und nach dem von dir begründeten Ritus zum Opfern benutzen werde." (Diese ara maxima lag auf dem ‚Rindermarkt' zwischen Palatin und Tiber.) Livius fährt fort: Hercules gab ihm die Hand und sagte, er nehme das (in dem Wort enthaltene) Vorzeichen an und werde die Göttersprüche erfüllen, wenn der Altar gegründet und geweiht sei.

15   Haec tum sacra Romulus una ex omnibus peregrina suscepit, iam tum immortalitatis virtute partae, ad quam eum sua fata ducebant, fautor.

8   Rebus divinis rite perpetratis vocataque ad concilium multitudine, quae coalescere in populi unius corpus nulla 2 re praeterquam legibus poterat, iura dedit; quae ita sancta generi hominum agresti fore ratus, si se ipse venerabilem insignibus imperii fecisset, cum cetero habitu se augustiorem, tum maxime lictoribus duodecim sumptis 3 fecit. Alii ab numero avium, quae augurio regnum portenderant, eum secutum numerum putant; me haud paenitet eorum sententiae esse, quibus et apparitores hoc genus ab Etruscis finitimis, unde sella curulis, unde toga praetexta sumpta est, et numerum quoque ipsum ductum placet; et ita habuisse Etruscos, quod ex duodecim populis communiter creato rege singulos singuli populi lictores dederint.

4   Crescebat interim urbs munitionibus alia atque alia appetendo loca, cum in spem magis futurae multitudinis 5 quam ad id, quod tum hominum erat, munirent. Deinde, ne vana urbis magnitudo esset, adiciendae multitudinis causa locum, qui nunc saeptus descendentibus inter duos lucos 6 est, asylum aperit. Eo ex finitimis populis turba omnis sine discrimine, liber an servus esset, avida novarum rerum perfugit, idque primum ad coeptam magnitudinem roboris

fuit. Cum iam virium haud paeniteret, consilium deinde 7
viribus parat: centum creat senatores, sive quia is numerus
satis erat, sive quia soli centum erant, qui creari patres possent.
Patres certe ab honore, patriciique progenies eorum appellati.

d) Der Raub der Sabinerinnen und die ersten Kriege

Iam res Romana adeo erat valida, ut cuilibet finitimarum **9**
civitatum bello par esset; sed penuria mulierum hominis
actatem duratura magnitudo erat, quippe quibus nec domi spes
prolis nec cum finitimis conubia essent. Tum ex consilio patrum 2
Romulus legatos circa vicinas gentes misit, qui societatem
conubiumque novo populo peterent. Nusquam benigne legatio 5
audita est; adeo simul spernebant, simul tantam in medio
crescentem molem sibi ac posteris suis metuebant: a plerisque
rogitantibus dimissi, ecquod feminis quoque asylum
aperuissent; id enim demum compar conubium fore.

Aegre id Romana pubes passa, et haud dubie ad vim 6
spectare res coepit. Cui tempus locumque aptum ut daret
Romulus, aegritudinem animi dissimulans ludos ex industria
parat Neptuno equestri sollemnes: Consualia vocat. Indici 7
deinde finitimis spectaculum iubet, quantoque apparatu tum
sciebant aut poterant, concelebrant, ut rem claram ex-
spectatamque facerent. Multi mortales convenere, studio 8
etiam videndae novae urbis, maxime proximi quique,
Caeninenses, Crustumini, Antemnates; iam Sabinorum 9
omnis multitudo cum liberis ac coniugibus venit. Invitati
hospitaliter per domos cum situm moeniaque et frequentem
tectis urbem vidissent, mirantur tam brevi rem Romanam
crevisse. Ubi spectaculi tempus venit deditaeque eo mentes 10
cum oculis erant, tum ex composito orta vis, signoque dato
iuventus Romana ad rapiendas virgines discurrit. Magna pars 11
forte, in quem quaeque inciderat, raptae; quasdam forma
excellentes primoribus patrum destinatas ex plebe homines,
quibus datum negotium erat, domos deferebant.

13 Turbato per metum ludicro maesti parentes virginum profugiunt, incusantes violati hospitii scelus deumque invocantes, cuius ad sollemne ludosque per fas ac fidem decepti
14 venissent. Nec raptis aut spes de se melior aut indignatio est minor. Sed ipse Romulus circumibat docebatque patrum id superbia factum, qui conubium finitimis negassent; illas tamen in matrimonio, in societate fortunarum omnium civitatisque et, quo nihil carius humano generi sit, liberum
15 fore; mollirent modo iras et, quibus fors corpora dedisset, darent animos. Saepe ex iniuria postmodum gratiam ortam, eoque melioribus usuras viris, quod adnisurus pro se quisque sit, ut, cum suam vicem functus officio sit, parentium etiam
16 patriaeque expleat desiderium. Accedebant blanditiae virorum factum purgantium cupiditate atque amore, quae maxime ad muliebre ingenium efficaces preces sunt.

10 Iam admodum mitigati animi raptis erant; at raptarum parentes tum maxime sordida veste lacrimisque et querellis civitates concitabant. Nec domi tantum indignationes continebant, sed congregabantur undique ad T. Tatium, rem Sabinorum, et legationes eo, quod maximum Tatii nomen in
2 iis regionibus erat, conveniebant. Caeninenses Crustuminique et Antemnates erant, ad quos eius iniuriae pars pertinebat. Lente agere his Tatius Sabinique visi sunt; ipsi inter se
3 tres populi communiter bellum parant. Ne Crustumini quidem atque Antemnates pro ardore iraque Caeninensium satis se impigre movent; ita per se ipsum nomen Caeninum
4 in agrum Romanum impetum facit. Sed effuse vastantibus fit obvius cum exercitu Romulus levique certamine docet vanam sine viribus iram esse. Exercitum fundit fugatque, fusum persequitur; regem in proelio obtruncat et spoliat; duce hostium occiso urbem primo impetu capit.
5 Inde exercitu victore reducto ipse, cum factis vir magnificus tum factorum ostentator haud minor, spolia ducis hostium caesi suspensa fabricato ad id apte ferculo gerens in Capitolium escendit ibique ea cum ad quercum pastoribus

sacram deposuisset, simul cum dono designavit templo Iovis finis, cognomenque addidit deo. ‚Iuppiter Feretri' inquit, 6 ‚haec tibi victor Romulus rex regia arma fero templumque his regionibus, quas modo animo metatus sum, dedico sedem opimis spoliis, quae regibus ducibusque hostium caesis me auctorem sequentes posteri ferent.' Haec templi est origo, 7 quod primum omnium Romae sacratum est. Ita deinde diis visum, nec inritam conditoris templi vocem esse, qua laturos eo spolia posteros nuncupavit, nec multitudine compotum eius doni vulgari laudem. Bina postea inter tot annos, tot bella opima parta sunt spolia; adeo rara eius fortuna decoris fuit.

Leicht besiegt Romulus die Antemnaten und Crustuminer. Er nimmt die Völker in den römischen Staat auf und sichert den neuen Besitz durch Kolonien.

Novissimum ab Sabinis bellum ortum, multoque id maximum fuit; nihil enim per iram aut cupiditatem actum est, nec ostenderunt bellum prius quam intulerunt. Consilio 6 etiam additus dolus ...

Durch Verrat der Tochter des Kommandanten Tarpeius bringt der Feind die römische Burg in seinen Besitz.

Tenuere tamen arcem Sabini atque inde postero die, cum **12** Romanus exercitus instructus, quod inter Palatinum Capitolinumque collem campi est, complesset, non prius descenderunt in aequum, quam ira et cupiditate recuperandae arcis stimulante animos in adversum Romani subiere. Principes utrimque pugnam ciebant, ab Sabinis Mettius 2 Curtius, ab Romanis Hostius Hostilius. Hic rem Romanam iniquo loco ad prima signa animo atque audacia sustinebat. Ut Hostius cecidit, confestim Romana inclinatur acies 3 fusaque est ad veterem portam Palatii. Romulus et ipse turba 4 fugientium actus arma ad caelum tollens ‚Iuppiter, tuis' inquit ‚iussus avibus hic in Palatio prima urbi fundamenta ieci. Arcem iam scelere emptam Sabini habent; inde huc armati superata media valle tendunt. At tu, pater deum hominumque, hinc saltem arce hostes, deme terrorem Romanis fugamque foedam siste. Hic ego tibi templum Statori Iovi, quod monumentum sit posteris tua praesenti ope servatam urbem esse, voveo.' Haec precatus, velut si sensisset auditas preces, ‚Hinc' inquit, ‚Romani, Iuppiter optimus maximus resistere atque iterare pugnam iubet.'

Restitere Romani tamquam caelesti voce iussi; ipse ad primores Romulus provolat. Mettius Curtius ab Sabinis princeps ab arce decucurrerat et effusos egerat Romanos, toto quantum foro spatium est. Nec procul iam a porta Palatii erat clamitans: ‚Vicimus perfidos hospites, imbelles hostes; iam sciunt longe aliud esse virgines rapere, aliud pugnare cum viris.' In eum haec gloriantem cum globo ferocissimorum iuvenum Romulus impetum facit. Ex equo tum forte Mettius pugnabat; eo pelli facilius fuit. Pulsum Romani persequuntur; et alia Romana acies audacia regis accensa fundit Sabinos. Mettius in paludem sese strepitu sequentium trepidante equo coniecit; averteratque ea res etiam Sabinos tanti periculo viri. Et ille quidem annuentibus ac vocantibus suis favore multorum addito animo evadit; Romani Sabinique in media convalle duorum montium redintegrant proelium; sed res Romana erat superior.

13 Tum Sabinae mulieres, quarum ex iniuria bellum ortum erat, crinibus passis scissaque veste victo malis muliebri pavore ausae se inter tela volantia inferre, ex transverso impetu facto dirimere infestas acies, dirimere iras, hinc patres hinc viros orantes, ne se sanguine nefando soceri generique respergerent ne parricidio macularent partus suos, nepotum illi, hi liberum progeniem. ‚Si affinitatis inter vos, si conubii piget, in nos vertite iras: nos causa belli, nos vulnerum ac caedium viris ac parentibus sumus; melius peribimus quam sine alteris vestrum viduae aut orbae vivemus.' Movet res cum

multitudinem tum duces; silentium et repentina fit quies; inde
ad foedus faciendum duces prodeunt; nec pacem modo, sed
civitatem unam ex duabus faciunt: regnum consociant; impe- 5
rium omne conferunt Romam. Ita geminata urbe, ut Sabinis
tamen aliquid daretur, Quirites a Curibus appellati ...

Romulus arbeitet weiter an dem inneren Ausbau des Römerstaates
und sichert Roms Stellung in siegreichen Kämpfen gegen Fidenae
und Veji.

e) Das Ende des Romulus

Haec ferme Romulo regnante domi militiaeque gesta, 6
quorum nihil absonum fidei originis divinitatisque post
mortem creditae fuit, non animus in regno avito recu-
perando, non condendae urbis consilium, non bello ac pace
firmandae. Ab illo enim profecto viribus datis tantum valuit, 7
ut in quadraginta deinde annos tutam pacem haberet.

His immortalibus editis operibus cum ad exercitum **16**
recensendum contionem in campo ad Caprae paludem
haberet, subito coorta tempestas cum magno fragore toni-
tribusque tam denso regem operuit nimbo, ut conspectum
eius contioni abstulerit. Nec deinde in terris Romulus fuit.
Romana pubes sedato tandem pavore, postquam ex tam 2
turbido die serena et tranquilla lux rediit, ubi vacuam sedem
regiam vidit, etsi satis credebat patribus, qui proximi steterant,
sublimem raptum procella, tamen velut orbitatis metu icta
maestum aliquamdiu silentium obtinuit. Deinde a paucis 3
initio facto deum deo natum, regem parentemque urbis
Romanae salvere universi Romulum iubent; pacem precibus
exposcunt, uti volens propitius suam semper sospitet
progeniem.

Et consilio etiam unius hominis addita rei dicitur fides. 5
Namque Proculus Iulius, sollicita civitate desiderio regis et
infensa patribus, gravis, ut traditur, quamvis magnae rei auctor,
in contionem prodit. ‚Romulus' inquit, ‚Quirites, parens

urbis huius, prima hodierna luce caelo repente delapsus se mihi obvium dedit. Cum perfusus horrore venerabundusque
7 adstitissem, petens precibus, ut contra intueri fas esset: „Abi, nuntia' inquit ,Romanis, caelestes ita velle, ut mea Roma caput orbis terrarum sit; proinde rem militarem colant sciantque et ita posteris tradant nullas opes humanas armis Romanis resistere posse." Haec' inquit ,locutus sublimis abiit.' ...

2. Numa Pompilius

18 1   Inclita iustitia religioque ea tempestate Numae Pompili erat. Curibus Sabinis habitabat, consultissimus vir, ut in illa quisquam esse aetate poterat, omnis divini atque humani iuris.
5   Audito nomine Numae patres Romani quamquam inclinari opes ad Sabinos rege inde sumpto videbantur, tamen neque se quisquam nec factionis suae alium nec denique patrum aut civium quemquam praeferre illi viro ausi ad unum omnes Numae Pompilio regnum deferendum decernunt.
6 Accitus, sicut Romulus augurato urbe condenda regnum adeptus est, de se quoque deos consuli iussit. Inde ab augure, cui deinde honoris ergo publicum id perpetuumque sacerdotium fuit, deductus in arcem in lapide ad meridiem
7 versus consedit. Augur ad laevam eius capite velato sedem cepit, dextra manu baculum sine nodo aduncum tenens, quem lituum appellarunt. Inde ubi prospectu in urbem agrumque capto deos precatus regiones ab oriente ad occasum determinavit, dextras ad meridiem partes, laevas
8 ad septentrionem esse dixit, signum contra, quoad longissime conspectum oculi ferebant, animo finivit; tum lituo in laevam manum translato dextra in caput Numae
9 imposita precatus ita est: ,Iuppiter pater, si est fas hunc Numam Pompilium, cuius ego caput teneo, regem Romae esse, uti tu signa nobis certa adclarassis inter eos fines, quos

feci.' Tum peregit verbis auspicia, quae mitti vellet. Quibus 10
missis declaratus rex Numa de templo descendit.

Qui regno ita potitus urbem novam, conditam vi et armis, **19**
iure eam legibusque ac moribus de integro condere parat.
Quibus cum inter bella adsuescere videret non posse, quippe 2
efferari militia animos, mitigandum ferocem populum armorum desuetudine ratus, Ianum ad infimum Argiletum indicem pacis bellique fecit, apertus ut in armis esse civitatem,
clausus pacatos circa omnes populos significaret. Bis deinde 3
post Numae regnum clausus fuit, semel T. Manlio consule
post Punicum primum perfectum bellum, iterum, quod
nostrae aetati dii dederunt ut videremus, post bellum actiacum ab imperatore Caesare Augusto pace terra marique parta.

Numa ordnet die Einteilung des Jahres, stellt den Festkalender auf
und regelt überhaupt den ganzen Götterkult, insbesondere durch
Einsetzung von Priesterschaften.

Ita duo deinceps reges, alius alia via, ille bello, hic pace, 6 **21**
civitatem auxerunt. Romulus septem et triginta regnavit
annos, Numa tres et quadraginta. Cum valida tum temperata
et belli et pacis artibus erat civitas.

Unter Numas kriegerischem Nachfolger Tullus Hostilius wird Alba
Longa, das alte religiöse Zentrum des latinischen Bundes, mit Rom
vereinigt. In das römische Stadtgebiet wird der Caelius einbezogen.
Der Name des Tullus Hostilius lebt fort in der Curia Hostilia, dem
Amtshaus des Senats.
Ancus Marcius gründet die Priesterschaft der Fetialen. Diese fordern bei einem Streit mit einem anderen Volk zunächst in genau
festgelegten Formen Genugtuung. Erst wenn das Recht auf diese
Weise nicht zu erlangen ist, erklären sie den Krieg. Unter Ancus
Regierung werden weitere Latiner in den römischen Staat aufgenommen: secutusque morem regum priorum, qui rem Romanam auxerant
hostibus in civitatem accipiendis, multitudinem omnem Romam
traduxit, et cum circa Palatium, sedem veterem Romanorum, Sabini
Capitolium atque arcem, Caelium montem Albani implessent,
Aventinum novae multitudini datum (I **33**, 1-2). In die Zeit dieses

Königs setzt die römische Tradition auch die Gründung von Ostia, in dessen Nähe Salinen angelegt werden.

Es folgt die Zeit der etruskischen Vorherrschaft, an die nicht nur der Name der Dynastie der Tarquinier, sondern vor allem zahlreiche Einrichtungen des religiösen und staatlichen Lebens der Römer erinnern. Auch nach Livius Darstellung steigt Roms Macht und Geltung gewaltig unter den Königen L. Tarquinius Priscus, Servius Tullius und L. Tarquinius Superbus: Es wird politische Vormacht der latinischen Gemeinden. Zum Zeugnis dessen erhebt sich auf dem Aventin der Dianatempel: (Servius) perpulit tandem, ut Romae fanum Dianae populi Latini cum populo Romano facerent. Ea erat confessio caput rerum Romam esse, de quo totiens armis certatum fuerat (I **45**, 2-3). Auch der in seinen Fundamenten noch heute erhaltene Jupitertempel auf dem Kapitol wird unter einem Etruskerkönig erbaut. Durch die Entwässerung der Senke zwischen Palatin und Kapitol gewinnt Rom sein Forum. Als neue Bezirke werden in die Stadt einbezogen der Quirinal, Viminal und Esquilin. Servius soll die nach ihm benannte Stadtmauer geschaffen haben. Dem gleichen König wird die sogenante Servianische Verfassung zugeschrieben, in der die politischen Rechte nach dem Grundbesitz abgestuft waren: gradus facti, ut neque exclusus quisquam suffragio videretur et vis omnis penes primores civitatis esset (I **43**, 10). Aber persönliche Willkür und Abkehr von strenger römischer Sitte und Art machen das Regiment des letzten Tarquiniers reif zum Sturz.

3. Tarquinius Superbus

a) Der verbrecherische Thronraub

46 3 Tulit enim et Romana regia sceleris tragici exemplum, ut taedio regum maturior veniret libertas ultimumque regnum 4 esset, quod scelere partum foret. L. Tarquinius ... fratrem 5 habuerat Arruntem Tarquinium, mitis ingenii iuvenem. His duobus ... duae Tulliae, regis filiae, nupserant, et ipsae longe dispares moribus. Forte ita inciderat, ne duo violenta ingenia matrimonio iungerentur, fortuna, credo, populi Romani, quo diuturnius Servi regnum esset constituique civitatis mores 6 possent. Angebatur ferox Tullia nihil materiae in viro neque ad cupiditatem neque ad audaciam esse; tota in alterum aversa Tarquinium eum mirari, cum virum dicere ac regio sanguine ortum; spernere sororem, quod virum nacta muliebri cessaret audacia. Contrahit celeriter similitudo eos, ut fere fit: malum malo aptissimum; sed initium turbandi omnia a femina ortum est. Ea secretis viri alieni assuefacta sermonibus nullis verborum contumeliis parcere de viro ad fratrem, de sorere ad virum; et se rectius viduam et illum caelibem futurum fuisse contendere, quam cum impari iungi, ut elanguescendum aliena ignavia esset. Si sibi eum, quo digna esset, dii dedissent virum, domi se propediem visuram regnum fuisse, quod apud patrem videat. Celeriter adulescentem suae temeritatis implet. Lucius Tarquinius et Tullia minor, prope continuatis funeribus cum domos vacuas novo matrimonio fecissent, iunguntur nuptiis magis non prohibente Servio quam approbante.

Tum vero in dies infestior Tulli senectus, infestius coepit regnum esse. Iam enim ab scelere ad aliud spectare mulier scelus, nec nocte nec interdiu virum conquiescere pati, ne gratuita praeterita parricidia essent: non sibi defuisse, cui nupta diceretur, nec cum quo tacita serviret; defuisse, qui se regno dignum putaret, qui meminisset se esse Prisci Tarquini filium, qui habere quam sperare regnum mallet. ‚Si tu is es, cui nuptam esse me arbitror, et virum et regem appello; sin minus, eo nunc peius mutata res est, quod istic cum ignavia est scelus. Quin accingeris? Non tibi ab Corintho nec ab Tarquiniis, ut patri tuo, peregrina regna moliri necesse est; di te penates patriique et patris imago et domus regia et in domo regale solium et nomen Tarquinium creat vocatque regem. Aut si ad haec parum est animi, quid frustraris civitatem? Quid te ut regium iuvenem conspici sinis? Facesse hinc Tarquinios aut Corinthum, devolvere retro ad stirpem, fratis similior quam patris.' His aliisque increpando iuvenem instigat nec conquiescere ipsa potest, si, cum Tanaquil, peregrina mulier, tantum moliri potuisset animo, ut duo continua regna viro ac deinceps genero dedisset, ipsa, regio semine orta, nullum momentum in dando adimendoque regno faceret.

7 His muliebribus instinctus furiis Tarquinius circumire et prensare minorum maxime gentium patres, admonere paterni beneficii ac pro eo gratiam repetere; allicere donis iuvenes; cum de se ingentia pollicendo tum regis criminibus 8 omnibus locis crescere. Postremo, ut iam agendae rei tempus visum est, stipatus agmine armatorum in forum inrupit. Inde omnibus perculsis pavore in regia sede pro curia sedens patres in curiam per praeconem ad regem Tarquinium citari 9 inssit. Convenere extemplo, alii iam ante ad hoc praeparati, alii metu, ne non venisse fraudi esset, novitate ac miraculo 10 attoniti et iam de Servio actum rati. Ibi Tarquinius maledicta ab stirpe ultima orsus: servum servaque natum muliebri dono 11 regnum occupasse. Ita natum, ita creatum regem, fautorem infimi generis hominum, ex quo ipse sit, odio alienae honestatis ereptum primoribus agrum sordidissimo cuique 12 divisisse; omnia onera, quae communia quondam fuerint, inclinasse in primores civitatis; instituisse censum, ut insignis ad invidiam locupletiorum fortuna esset et parata, unde, ubi vellet, egentissimis largiretur.

48 Huic orationi Servius cum intervenisset trepido nuntio excitatus, extemplo a vestibulo curiae magna voce ‚quid hoc' inquit, ‚Tarquini, rei est? Qua tu audacia me vivo vocare ausus 2 es patres aut in sede considere mea?' Cum ille ferociter ad haec: se patris sui tenere sedem, multo quam servum potiorem filium regis regni heredem, satis illum diu per licentiam eludentem insultasse dominis, clamor ab utriusque fautoribus oritur, et concursus populi fiebat in curiam, 3 apparebatque regnaturum, qui vicisset. Tum Tarquinius necessitate iam etiam ipsa cogente ultima audere, multo et aetate et viribus validior, medium arripit Servium elatumque e curia in inferiorem partem per gradus deicit; inde ad 4 cogendum senatum in curiam redit. Fit fuga regis apparitorum atque comitum; ipse prope exanguis, cum sine regio

comitatu domum se reciperet, ab iis, qui missi ab Tarquinio
fugientem consecuti erant, interficitur. Creditur, quia non 5
abhorret a cetero scelere, admonitu Tulliae id factum. Car-
pento certe, id quod satis constat, in forum invecta nec reverita
coetum virorum evocavit virum e curia regemque prima
appellavit. A quo facessere iussa ex tanto tumultu cum se 6
donum reciperet pervenissetque ad summum Cyprium vicum, ubi Dianium nuper fuit, flectenti carpentum dextra in
Urbium clivum, ut in collem Esquiliarum eveheretur, restitit
pavidus atque inhibuit frenos is, qui iumenta agebat, iacen-
temque dominae Servium trucidatum ostendit. Foedum 7
inhumanumque inde traditur scelus, monumentoque locus
est: Sceleratum vicum vocant, quo amens agitantibus furiis
sororis ac viri Tullia per patris corpus carpentum egisse
fertur partemque sanguinis ac caedis paternae cruento
vehiculo, contaminata ipsa respersaque, tulisse ad penates
suos virique sui, quibus iratis malo regni principio similes
prope diem exitus sequerentur.

Nach der Übernahme der Herrschaft zeigt Tarquinius Superbus die
Züge eines echten Tyrannen und sucht durch List und Tücke (mimine
arte Romana, fraude et dolo) seine Ziele zu erreichen. Schon dadurch
setzt er sich in Gegensatz zu dem verpflichtenden Beispiel seiner
Vorgänger und zu dem Geiste des Staates und Volkes, die er führen
sollte. Als einer seiner Söhne jegliche Ehrfurcht vor anderen vermis-
sen lässt, wird die Dynastie verjagt und das Königtum abgeschafft.

b) Lucretia und der Sturz des Tarquinius

Ardeam Rutuli habebant, gens, ut in ea regione atque in **57**
ea aetate, divitiis praepollens. Eaque ipsa causa belli fuit,
quod rex Romanus cum ipse ditari, exhaustus magnificentia
publicorum operum, tum praeda delenire popularium
animos studebat, praeter aliam superbiam regno infestos 2
etiam, quod se in fabrorum ministeriis ac servili tam diu

3 habitos opere ab rege indignabantur. Temptata res est, si primo impetu capi Ardea posset. Ubi id parum processit, 4 obsidione munitionibusque coepti premi hostes. In his stativis, ut fit longo magis quam acri bello, satis liberi commeatus 5 erant, primoribus tamen magis quam militibus; regii quidem iuvenes interdum otium conviviis comisationibusque inter 6 se terebant. Forte potantibus his apud Sex. Tarquinium, ubi et Collatinus cenabat Tarquinius, Egerii filius, incidit de 7 uxoribus mentio; suam quisque laudare miris modis. Inde certamine accenso Collatinus negat verbis opus esse, paucis id quidem horis posse sciri, quantum ceteris praestet Lucretia sua. ‚Quin, si vigor iuventae inest, conscendimus equos invisimusque praesentes nostrarum ingenia? Id cuique spectatissimum sit, quod necopinato viri adventu occurrerit 8 oculis.' Incaluerant vino; ‚age sane!' omnes; citatis equis avolant Romam. Quo cum primis se intendentibus tenebris 9 pervenissent, pergunt inde Collatiam, ubi Lucretiam haudquaquam ut regias nurus, quas in convivio luxuque cum aequalibus viderant tempus terentes, sed nocte sera deditam lanae inter lucubrantes ancillas in medio aedium sedentem inveniunt. Muliebris certaminis laus penes Lucretiam fuit. 10 Adveniens vir Tarquiniique excepti benigne; victor maritus comiter invitat regios iuvenes. Ibi Sex. Tarquinium mala libido Lucretiae per vim stuprandae capit; cum forma tum spectata castitas incitat. Et tum quidem ab nocturno iuvenali ludo in castra redeunt.

Einige Tage später führt Sextus Tarquinius sein schändliches Vorhaben aus.

58 5 ... Lucretia maesta tanto malo nuntium Romam eundem ad patrem Ardeamque ad virum mittit, ut cum singulis fidelibus amicis veniant: ita facto maturatoque opus esse; rem 6 atrocem incidisse. Sp. Lucretius cum P. Valerio, Volesi filio, Collatinus cum L. Iunio Bruto venit, cum quo forte Romam 7 rediens ab nuntio uxoris erat conventus. Lucretiam sedentem

maestam in cubiculo inveniunt. Adventu suorum lacrimae
obortae quaerentique viro ‚satin salvae'? ‚Minime' inquit;
‚quid enim salvi est mulieri amissa pudicitia? Vestigia viri
alieni, Collatine, in lecto sunt tuo; ceterum corpus est tantum
violatum, animus insons; mors testis erit. Sed date dexteras
fidemque haud impune adultero fore. Sex. est Tarquinius, 8
qui hostis pro hospite priore nocte vi armatus mihi sibique,
si vos viri estis, pestiferum hinc abstulit gaudium.' Dant 9
ordine omnes fidem; consolantur aegram animi avertendo
noxam in auctorem delicti: mentem peccare, non corpus, et
unde consilium afuerit, culpam abesse. ‚Vos' inquit ‚videritis, 10
quid illi debeatur; ego me etsi peccato absolvo, supplicio
non libero; nec ulla deinde impudica Lucretiae exemplo
vivet.' Cultrum, quem sub veste abditum habebat, eum in 11
corde defigit prolapsaque in vulnus moribunda cecidit.
Conclamat vir paterque.
                                                        12
Brutus illis luctu occupatis cultrum ex vulnere Lucretiae **59**
extractum manante cruore prae se tenens ‚per hunc' inquit
‚castissimum ante regiam iniuriam sanguinem iuro, vosque,
dii, testes facio me L. Tarquinium Superbum cum scelerata
coniuge et omni liberorum stirpe ferro, igni, quacumque
dehinc vi possim, exsecuturum nec illos nec alium quemquam regnare Romae passurum'. Cultrum deinde Collatino 2
tradit, inde Lucretio ac Valerio, stupentibus miraculo rei,
unde novum in Bruti pectore ingenium. Ut praeceptum erat,
iurant; totique ab luctu versi in iram Brutum iam inde ad
expugnandum regnum vocantem sequuntur ducem. Elatum 3
domo Lucretiae corpus in forum deferunt concientque
miraculo, ut fit, rei novae atque indignitate homines. Pro se
quisque scelus regium ac vim queruntur. Movet cum patris 4
maestitia, tum Brutus castigator lacrimarum atque inertium
querellarum auctorque, quod viros, quod Romanos deceret,
arma capiendi adversus hostilia ausos. Ferocissimus quisque 5
iuvenum cum armis voluntarius adest, sequitur et cetera
iuventus. Inde parte praesidio relicta Collatiae custo-

dibusque ad portas locatis, ne quis eum motum regibus nuntiaret, ceteri armati duce Bruto Romam profecti.

6 Ubi eo ventum est, quacumque incedit armata mulitudo, pavorem ac tumultum facit; rursus ubi anteire primores
7 civitatis vident, quidquid sit, haud temere esse rentur. Nec minorem motum animorum Romae tam atrox res facit, quam Collatiae fecerat. Ergo ex omnibus locis urbis in forum
11 curritur. Quo simul ventum est, ... Brutus ... oratione incensam multitudinem perpulit, ut imperium regi abrogaret exsulesque esse iuberet L. Tarquinium cum coniuge ac
12 liberis. Ipse iunioribus, qui ultro nomina dabant, lectis armatisque ad concitandum inde adversus regem exercitum Ardeam in castra est profectus; imperium in urbe Lucretio,
13 praefecto urbis iam ante ab rege instituto, relinquit. Inter hunc tumultum Tullia domo profugit exsecrantibus, quacumque incedebat, invocantibusque parentum furias viris mulieribusque.

60 Harum rerum nuntiis in castra perlatis cum re nova trepidus rex pergeret Romam ad comprimendos motus, flexit viam Brutus – senserat enim adventum –, ne obvius fieret; eodemque fere tempore diversis itineribus Brutus Ardeam,
2 Tarquinius Romam venerunt. Tarquinio clausae portae exsiliumque indictum; liberatorem urbis laeta castra accepere, exactique inde liberi regis ...
3 L. Tarquinius Superbus regnvit annos quinque et viginti. Regnatum Romae ab condita urbe ad liberatam annos ducentos quadraginta quattuor. Duo consules inde comitiis centuriatis a praefecto urbis ex commentariis Servi Tulli creati sunt, L. Iunius Brutus et L. Tarquinius Collatinus.

B. Die ersten Jahrhunderte der Republik

1. Das Ende der Königsherrschaft

Liberi iam hinc populi Romani res pace belloque gestas, 1 annuos magistratus imperiaque legum potentiora quam hominum peragam. Quae libertas ut laetior esset, proximi 2 regis superbia fecerat. Nam priores ita regnarunt, ut haud immerito omnes deinceps conditores partium certe urbis, quas novas ipsi sedes ab se auctae multitudinis addiderunt, numerentur. Neque ambigitur, quin Brutus idem, qui tantum 3 gloriae Superbo exacto rege meruit, pessimo publico id facturus fuerit, si libertatis immaturae cupidine priorum regum alicui regnum extorsisset. Quid enim futurum fuit, si 4 illa pastorum convenarumque plebs, transfuga ex suis populis, sub tutela inviolati templi aut libertatem aut certe impunitatem adepta, soluta regio metu, agitari coepta esset tribuniciis procellis et in aliena urbe cum patribus serere 5 certamina, priusquam pignera coniugum ac liberorum caritasque ipsius soli, cui longo tempore assuescitur, animos eorum consociasset? Dissipatae res nondum adultae 6 discordia forent, quas fovit tranquilla moderatio imperii eoque nutriendo perduxit, ut bonam frugem libertatis maturis iam viribus ferre possent. Libertatis autem originem 7 inde magis, quia annuum imperium consulare factum est, quam quod deminutum quicquam sit ex regia potestate, numeres. Omnia iura, omnia insignia primi consules 8 tenuere; id modo cautum est, ne, si ambo fasces haberent, duplicatus terror videretur. Brutus prior concedente collega fasces habuit, qui non acrior vindex libertatis fuerat, quam deinde custos fuit. Omnium primum avidum novae libertatis 9 populum, ne postmodum flecti precibus aut donis regiis posset, iure iurando adegit neminem Romae passuros regnare; deinde, quo plus virium in senatu frequentia etiam 10 ordinis faceret, caedibus regis deminutum patrum numerum

primoribus equestris gradus lectis ad trecentorum summam
11 explevit; traditumque inde fertur, ut in senatum vocarentur,
qui patres quique conscripti essent: conscriptos, videlicet
novum senatum, appellabant lectos. Id mirum quantum
profuit ad concordiam civitatis iungendosque patribus plebis
animos.

2. Der Rückkehrversuch der vertriebenen Dynastie
a) Der Beginn des Krieges mit Porsinna

9   Iam Tarquinii ad Lartem Porsinnam, Clusinum regem,
perfugerant. Ibi miscendo consilium precesque nunc
orabant, ne se, oriundos ex Etruscis, eiusdem sanguinis
2 nominisque, egentes exsulare pateretur, nunc monebant
etiam, ne orientem morem pellendi reges inultum sineret.
3 Satis libertatem ipsam habere dulcedinis. Nisi, quanta vi
civitates eam expetant, tanta regna reges defendant, aequari
summa infimis; nihil excelsum, nihil, quod supra cetera
emineat, in civitatibus fore; adesse finem regnis, rei inter
4 deos hominesque pulcherrimae. Porsinna, cum regem esse
Romae tum Etruscae gentis regem amplum Tuscis ratus,
5 Romam infesto exercitu venit. Non umquam alias ante tantus
terror senatum invasit, adeo valida res tum Clusina erat
magnumque Porsinnae nomen. Nec hostes modo timebant,
sed suosmet ipsi cives, ne Romana plebs metu perculsa
receptis in urbem regibus vel cum servitute pacem acciperet.
6 Multa igitur blandimenta plebi per id tempus ab senatu data.
Annonae in primis habita cura, et ad frumentum comparandum missi alii in Volscos, alii Cumas. Salis quoque
vendendi arbitrium, quia impenso pretio venibat, in publicum omni sumptu recepto ademptum privatis; portoriisque
et tributo plebes liberata, ut divites conferrent, qui oneri
ferendo essent: pauperes satis stipendii pendere, si liberos
7 educarent. Itaque haec indulgentia patrum asperis postmodum rebus in obsidione ac fame adeo concordem civi-

tatem tenuit, ut regium nomen non summi magis quam infimi horrerent, nec quisquam unus malis artibus postea tam popularis esset, quam tum bene imperando universus senatus fuit.

b) Horatius Cocles

Der Heldenmut eines einzelnen Mannes verhindert, dass Rom im ersten Ansturm genommen wird.

Cum hostes adessent, pro se quisque in urbem ex agris demigrant, urbem ipsam saepiunt praesidiis. Alia muris, alia Tiberi obiecto videbantur tuta. Pons sublicius iter paene hostibus dedit, ni unus vir fuisset, Horatius Cocles; id munimentum illo die fortuna urbis Romanae habuit. Qui positus forte in statione pontis, cum captum repentino impetu Ianiculum atque inde citatos decurrere hostes vidisset trepidamque turbam suorum arma ordinesque relinquere, reprehensans singulos, obsistens, obtestansque deum et hominum fidem testabatur nequiquam deserto praesidio eos fugere; si transitum [pontem] a tergo reliquissent, iam plus hostium in Palatio Capitolioque quam in Ianiculo fore. Itaque monere, praedicere, ut pontem ferro, igni, quacumque vi possint, interrumpant: se impetum hostium, quantum corpore uno posset obsisti, excepturum.

Vadit inde in primum aditum pontis insignisque inter conspecta cedentium pugnae terga obversis comminus ad ineundum proelium armis ipso miraculo audaciae obstupefecit hostes. Duos tamen cum eo pudor tenuit, Sp. Larcium ac T. Herminium, ambos claros genere factisque. Cum his primam periculi procellam et quod tumultuosissimum pugnae erat parumper sustinuit. Deinde eos quoque ipsos exigua parte pontis relicta, revocantibus, qui rescindebant, cedere in tutum coegit. Circumferens inde truces minaciter oculos ad proceres Etruscorum nunc singulos provocare, nunc increpare omnes: servitia regum

superborum, suae libertatis immemores alienam oppugnatum venire.
9 Cunctati aliquamdiu sunt, dum alius alium, ut proelium incipiant, circumspectant. Pudor deinde commovit aciem, et clamore sublato undique in unum hostem tela coniciunt.
10 Quae cum in obiecto cuncta scuto haesissent neque ille minus obstinatus ingenti pontem obtineret gradu, iam impetu conabantur detrudere virum, cum simul fragor rupti pontis, simul clamor Romanorum, alacritate perfecti operis sublatus,
11 pavore subito impetum sustinuit. Tum Cocles ‚Tiberine pater' inquit, ‚te sancte precor, haec arma et hunc militem propitio flumine accipias.' Ita sic armatus in Tiberim desiluit multisque superincidentibus telis incolumis ad suos tranavit, rem ausus plus famae habituram ad posteros quam fidei.
12 Grata erga tantam virtutem civitas fuit: statua in comitio
13 posita, agri quantum uno die circumaravit, datum. Privata quoque inter publicos honores studia eminebant; nam in magna inopia pro domesticis copiis unusquisque ei aliquid fraudans se ipse victu suo contulit.

Porsinna schließt die Stadt ein. Bei einem Beutezug werden die Etrusker vom Konsul Valerius in eine Falle gelockt und erleiden eine Schlappe.

c) Mucius Scaevola

12 Obsidio erat nihilo minus et frumenti cum summa caritate inopia, sedendoque expugnaturum se urbem spem Porsinna
2 habebat, cum C. Mucius, adulescens nobilis, cui indignum videbatur populum Romanum servientem, cum sub regibus esset, nullo bello nec ab hostibus ullis obsessum esse, liberum eundem populum ab iisdem Etruscis obsideri, quorum saepe
3 exercitus fuderit –; itaque magno audacique aliquo facinore eam indignitatem vindicandam ratus primo sua sponte
4 penetrare in hostium castra constituit; dein metuens, ne, si consulum iniussu et ignaris omnibus iret, forte deprehensus

Horatius Cocles
Bronzemedaillon aus der Zeit des Kaisers Antoninus Pius

a custodibus Romanis retraheretur ut transfuga, fortuna tum urbis crimen adfirmante, senatum adit. ‚Transire Tiberim' inquit, ‚patres, et intrare, si possim, castra hostium volo, non praedo nec populationum in vicem ultor: maius, si di iuvant, in animo est facinus.' Approbant patres. Abdito intra vestem ferro proficiscitur.

Ubi eo venit, in confertissima turba prope regium tribunal constitit. Ibi cum stipendium militibus forte daretur et scriba cum rege sedens pari fere ornatu multa ageret eumque milites vulgo adirent, timens sciscitari, uter Porsinna esset, ne ignorando regem semet ipse aperiret, quis esset, quo temere traxit fortuna facinus, scribam pro rege obtruncat. Vadentem inde, qua per trepidam turbam cruento mucrone sibi ipse fecerat viam, cum concursu ad clamorem facto comprehensum regii satellites retraxissent, ante tribunal regis destitutus, tum quoque inter tantas fortunae minas metuendus magis quam metuens, ‚Romanus sum' inquit

‚civis; C. Mucium vocant. Hostis hostem occidere volui, nec
10 ad mortem minus animi est, quam fuit ad caedem: et facere
et pati fortia Romanum est. Nec unus in te ego hos animos
gessi; longus post me ordo est idem petentium decus.
Proinde in hoc discrimen, si iuvat, accingere, ut in singulas
horas capite dimices tuo, ferrum hostemque in vestibulo
habeas regiae. Hoc tibi iuventus Romana indicimus bellum.
11 Nullam aciem, nullum proelium timueris; uni tibi et cum
singulis res erit.'

12 Cum rex simul ira infensus periculoque conterritus
circumdari ignes minitabundus iuberet, nisi expromeret
propere, quas insidiarum sibi minas per ambages iaceret,
13 ‚en tibi' inquit, ‚ut sentias, quam vile corpus sit iis, qui
magnam gloriam vident', dextramque accenso ad sacrificium
foculo inicit. Quam cum velut alienato ab sensu torreret
animo, prope attonitus miraculo rex, cum ab sede sua
14 prosiluisset amoverique ab altaribus iuvenem iussisset, ‚tu
vero abi' inquit, ‚in te magis quam in me hostilia ausus.
Iuberem macte virtute esse, si pro mea patria ista virtus staret;
nunc iure belli liberum te intactum inviolatumque hinc
15 dimitto.' Tunc Mucius quasi remunerans meritum ‚quando
quidem' inquit ‚est apud te virtuti honos, ut beneficio tuleris
a me, quod minis nequisti: trecenti coniuravimus principes
16 iuventutis Romanae, ut in te hac via grassaremur. Mea prima
sors fuit; ceteri, ut cuiusque ceciderit primi, quoad te
opportunum fortuna dederit, suo quisque tempore aderunt.'

13 Mucium dimissum, cui postea Scaevolae a clade dextrae
manus cognomen inditum, legati a Porsinna Romam secuti
2 sunt; adeo moverat eum et primi periculi casus, a quo nihil
se praeter errorem insidiatoris texisset, et subeunda dimicatio
totiens, quot coniurati superessent, ut pacis condiciones
3 ultro ferret Romanis. Iactatum in condicionibus nequiquam
de Tarquiniis in regnum restituendis, magis quia id negare
ipse nequiverat Tarquiniis, quam quod negatum iri sibi ab
4 Romanis ignoraret. De agro Veientibus restituendo impe-

tratum, expressaque necessitas obsides dandi Romanis, si
Ianiculo praesidium deduci vellent. His condicionibus
composita pace exercitum ab Ianiculo deduxit Porsinna et
agro Romano excessit. Patres C. Mucio virtutis causa trans
Tiberim agrum dono dedere, quae postea sunt Mucia prata 5
appellata.

d) Cloelia

Ergo ita honorata virtute feminae quoque ad publica 6
decora excitatae. Et Cloelia virgo, una ex obsidibus, cum castra
Etruscorum forte haud procul ripa Tiberis locata essent,
frustrata custodes, dux agminis virginum inter tela hostium
Tiberim tranavit sospitesque omnes Romam ad propinquos
restituit. Quod ubi regi nuntiatum est, primo incensus ira 7
oratores Romam misit ad Cloeliam obsidem deposcendam:
alias haud magni facere; deinde in admirationem versus supra 8
Coclites Muciosque dicere id facinus esse et prae se ferre,
quem ad modum, si non dedatur obses, pro rupto foedus se
habiturum, sic deditam intactam inviolatamque ad suos
remissurum. Utrimque constitit fides: et Romani pignus pacis 9
ex foedere restituerunt, et apud regem Etruscum non tuta
solum, sed honorata etiam virtus fuit, laudatamque virginem
parte obsidum se donare dixit; ipsa, quos vellet, legeret.
Productis omnibus elegisse impubes dicitur, quod et 10
virginitati decorum et consensu obsidum ipsorum probabile
erat, eam aetatem potissimum liberari ab hoste, quae maxime
opportuna iniuriae esset. Pace redintegrata Romani novam 11
in femina virtutem novo genere honoris, statua equestri,
donavere: in summa Sacra via fuit posita virgo insidens equo.

3. Der Ständekampf

Die latinischen Gemeinden halten den Sturz des Königtums für eine günstige Gelegenheit, sich von der römischen Vorherrschaft frei zu machen. Die Römer vereiteln diesen Plan, haben aber langwierige Kriege zu führen. Diese lasten besonders schwer auf der Masse der Kleinbauern, die ihre Felder nicht bestellen können und allmählich verschulden. Als die patrizischen Gläubiger rücksichtslos das harte Schuldrecht anwenden, kommt es zur Empörung gegen das Adelsregiment. Der innere Zwist lähmt bald Roms Widerstandkraft gegen die Nachbarstämme und gefährdet seinen Bestand. In der äußersten Not erweist sich aber das Bewusstsein der Zusammengehörigkeit als stärker denn alle Gegensätze, zumal sich im Adel weitblickende Männer durchsetzen, die über das enge Standesinteresse hinaus das Wohl des Ganzen im Auge behalten Doch sobald die Gefahr von außen behoben ist, gewinnt der Eigennutz der führenden Schicht die Oberhand. Ein Ausgleich kommt erst zustande, als die Plebejer – der Tradition nach im Jahre 494 – durch die Auswanderung auf den heiligen Berg ihren Forderungen Nachdruck verleihen.

a) Notlage der Plebs und Versuch eines Ausgleichs

23 Sed et bellum Volscum imminebat, et civitas secum ipsa discors intestino inter patres plebemque flagrabat odio, 2 maxime propter nexos ob aes alienum. Fremebant se foris pro libertate et imperio dimicantes domi a civibus captos et oppressos esse, tutioremque in bello quam in pace et inter hostes quam inter cives libertatem plebis esse; invidiamque eam sua sponte gliscentem insignis unius calamitas accendit. 3 Magno natu quidam cum omnium malorum suorum insignibus se in forum proiecit. Obsita erat squalore vestis, 4 foedior corporis habitus pallore ac macie perempti. Ad hoc promissa barba et capilli efferaverant speciem oris. Noscitabatur tamen in tanta deformitate, et ordines duxisse aiebant aliaque militiae decora vulgo miserantes eum iactabant; ipse testes honestarum aliquot locis pugnarum 5 cicatrices adverso pectore ostentabat. Sciscitantibus, unde ille habitus, unde deformitas, cum circumfusa turba esset prope in contionis modum, Sabino bello ait se militantem, quia propter populationes agri non fructu modo caruerit, sed villa incensa fuerit, direpta omnia, pecora abacta, tributum iniquo suo tempore imperatum, aes alienum fecisse. Id 6 cumulatum usuris primo se agro paterno avitoque exuisse, deinde fortunis aliis, postremo velut tabem pervenisse ad corpus; ductum se ab creditore non in servitium, sed in ergastulum et carnificinam esse. Inde ostentare tergum foedum 7 recentibus vestigiis verberum.

Ad haec visa auditaque clamor ingens oritur. Non iam foro se tumultus continet, sed passim totam urbem pervadit. Nexi, 8 vincti solutique, se undique in publicum proripiunt, implorant Quiritium fidem. Nullo loco deest seditionis voluntarius comes. Multis passim agminibus per omnes vias cum clamore in forum curritur.

Magno cum periculo suo, qui forte patrum in foro erant, 9 in eam turbam inciderunt. Nec temperatum manibus foret, 10 ni propere consules P. Servilius et Ap. Claudius ad comprimendam seditionem intervenissent. At in eos multitudo versa ostentare vincula sua deformitatemque aliam. Haec se 11 meritos dicere exprobrantes suam quisque alius alibi militiam; postulare multo minaciter magis quam suppliciter, ut senatum vocarent, curiamque ipsi futuri arbitri moderatoresque publici consilii circumsistunt. Pauci admodum 12 patrum, quos casus obtulerat, contracti ab consulibus; ceteros metus non curia modo, sed etiam foro arcebat. Nec agi quicquam per infrequentiam poterat senatus. Tum vero eludi 13 atque extrahi se multitudo putare, et patrum qui abessent, non casu, non metu, sed impediendae rei causa abesse, et consules ipsos tergiversari, nec dubie ludibrio esse miserias suas. Iam prope erat, ut ne consulum quidem maiestas 14 coerceret iras hominum, cum incerti, morando an veniendo plus periculi contraherent, tandem in senatum veniunt; frequentique tandem curia non modo inter patres, sed ne inter consules quidem ipsos satis conveniebat. Appius, 15 vehementis ingenii vir, imperio consulari rem agendam censebat: uno aut altero arrepto quieturos alios; Servilius, lenibus remediis aptior, concitatos animos flecti quam frangi putabat cum tutius tum facilius esse.

24 Inter haec maior alius terror: Latini equites cum tumultuoso advolant nuntio Volscos infesto exercitu ad urbem oppugnandam venire. Quae audita – adeo duas ex una civitate discordia fecerat – longe aliter patres ac plebem adfecere. 2 Exultare gaudio plebes, ultores superbiae patrum adesse dicere deos; alius alium confirmare, ne nomina darent: cum omnibus potius quam solos perituros; patres militarent, patres arma caperent, ut penes eosdem pericula belli, penes 3 quos praemia essent. At vero curia maesta ac trepida ancipiti metu et ab cive et ab hoste Servilium consulem, cui ingenium magis populare erat, orare, ut tantis circumventam terroribus 4 expediret rem publicam. Tum consul misso senatu in contionem prodit. Ibi curae esse patribus ostendit, ut consulatur plebi; ceterum deliberationi de maxima quidem illa, sed tamen parte civitatis metum pro universa re publica inter- 5 venisse. Nec posse, cum hostes prope ad portas essent, bello praeverti quicquam, nec, si sit laxamenti aliquid, aut plebi honestum esse nisi mercede prius accepta arma pro patria non cepisse, aut patribus satis decorum per metum potius quam postmodo voluntate adflictis civium suorum fortunis 6 consuluisse. Contioni deinde edicto addidit fidem, quo edixit, ne quis civem Romanum vinctum aut clausum teneret, quo minus ei nominis edendi apud consules potestas fieret, neu quis militis, donec in castris esset, bona possideret aut 7 venderet, liberos nepotesve eius moraretur. Hoc proposito edicto et, qui aderant nexi, profiteri extemplo nomina, et undique ex tota urbe proripientium se ex privato, cum retinendi ius creditori non esset, concursus in forum, ut 8 sacramento dicerent, fieri. Magna ea manus fuit, neque aliorum magis in Volsco bello virtus atque opera enituit.

Die Römer besiegen Volsker, Sabiner und Aurunker.

b) Verhärtung der Fronten und Wahl eines Diktators

Fusis Auruncis victor tot intra paucos dies bellis Romanus **27**
promissa consulis fidemque senatus expectabat, cum Appius
et insita superbia animo et ut collegae vanam faceret fidem,
quam asperrime poterat, ius de creditis pecuniis dicere.
Deinceps et, qui ante nexi fuerant, creditoribus tradebantur
et nectebantur alii. Quod ubi cui militi inciderat, collegam 2
appellabat. Concursus ad Servilium fiebat; illius promissa
iactabant, illi exprobrabant sua quisque belli merita cica-
tricesque acceptas. Postulabant, ut aut referret ad senatum
aut ut auxilio esset consul civibus suis, imperator militibus.
Movebant consulem haec; sed tergiversari res cogebat; adeo 3
in alteram causam non collega solum praeceps erat, sed omnis
factio nobilium. Ita medium se gerendo nec plebis vitavit
odium nec apud patres gratiam iniit; patres mollem con- 4
sulem et ambitiosum rati, plebes fallacem; brevique apparuit
aequasse eum Appii odium.

Das Volk überträgt die Einweihung des Merkurtempels keinem
Konsul, sondern einem Legionsoffizier.

Saevire inde utique consulum alter patresque; sed plebi 7
creverant animi, et longe alia, quam primo instituerant, via
grassabantur. Desperato enim consulum senatusque auxilio, 8
cum in ius duci debitorem vidissent, undique convolabant,
neque decretum exaudiri consulis prae strepitu et clamore
poterat, neque, cum decresset, quisquam obtemperabat. Vi
agebatur, metusque omnis et periculum, cum in conspectu
consulis singuli a pluribus violarentur, in creditores a
debitoribus verterant.

Super haec timor incessit Sabini belli; dilectuque decreto 10
nemo nomen dedit, furente Appio et insectante ambitionem
collegae, qui populari silentio rem publicam proderet et ad

id, quod de credita pecunia ius non dixisset, adiceret, ut ne
11 dilectum quidem ex senatus consulto haberet; non esse
tamen desertam omnino rem publicam neque proiectum
consulare imperium; se unum et suae et patrum maiestatis
12 vindicem fore. Cum circumstaret cotidiana multitudo licentia
accensa, arripi unum insignem ducem seditionum iussit. Ille
cum a lictoribus iam traheretur, provocavit; nec cessisset
provocationi consul, quia non dubium erat populi iudicium,
nisi aegre victa pertinacia foret consilio magis et auctoritate
principum quam populi clamore; adeo supererant animi ad
13 sustinendam invidiam. Crescere inde malum in dies non
clamoribus modo apertis, sed, quod multo perniciosius erat,
secessione occultisque colloquiis. Tandem invisi plebi
consules magistratu abeunt, Servilius neutris, Appius
patribus mire gratus.

Nach dem Amtsantritt der neuen Konsuln A. Verginius und T. Vetusius
hält die Plebs sogar nächtliche Geheimversammlungen ab. Der Senat
ist empört: nunc in mille curias contionesque disperrsam et dissipatam
esse rem publicam. Die Konsuln werden angewiesen, die Truppenaushebung
für das neue Jahr mit aller Strenge durchzuführen.

28 6 Dimisso senatu consules in tribunal escendunt; citant
nominatim iuniores. Cum ad nomen nemo responderet,
circumfusa multitudo in contionis modum negare ultra
7 decipi plebem posse; numquam unum militem habituros,
ni praestaretur fides publica; libertatem unicuique prius
reddendam esse quam arma danda, ut pro patria civibusque,
8 non pro dominis pugnent. Consules, quid mandatum esset
a senatu, videbant, sed eorum, qui intra parietes curiae
ferociter loquerentur, neminem adesse invidiae suae
9 participem. Et apparebat atrox cum plebe certamen. Prius
itaque quam ultima experirentur, senatum iterum consulere
placuit. Tum vero ad sellas consulum propere convolavere
minimus quisque natu patrum, abdicare consulatum iubentes
et deponere imperium, ad quod tuendum animus deesset.

Utraque re satis experta tum demum consules: ‚Ne 29
praedictum negetis, patres conscripti, adest ingens seditio.
Postulamus, ut ii, qui maxime ignaviam increpant, adsint
nobis habentibus dilectum. Acerrimi cuiusque arbitrio,
quando ita placet, rem agemus.' Redeunt in tribunal; citari 2
nominatim unum ex iis, qui in conspectu erant, dedita opera
iubent. Cum staret tacitus et circa eum aliquot hominum, ne
forte violaretur, constitisset globus, lictorem ad eum consules
mittunt. Quo repulso tum vero indignum facinus esse 3
clamitantes, qui patrum consulibus aderant, devolant de
tribunali, ut lictori auxilio essent. Sed ab lictore nihil aliud 4
quam prendere prohibito cum conversus in patres impetus
esset, consulum intercursu rixa sedata est, in qua tamen sine
lapide, sine telo plus clamoris atque irarum quam iniuriae
fuerat.

In einer neuen, stürmischen Senatssitzung tritt Appius vermittelnden Vorschlägen scharf entgegen. Um den Übermut der rebellischen
Plebs zu brechen – denn von wirklicher Not könne keine Rede sein –,
fordert er die Wahl eines Diktators, gegen dessen Maßnahmen es
keine Berufung an die Volksversammlung gebe. Denn das Berufungsrecht (ius provocationis) sei ein Krebsschaden des öffentlichen Lebens.

Multis, ut erat, horrida et atrox videbatur Appi sententia; 30
... sed factione respectuque rerum privatarum, quae semper 2
offecere officientque publicis consiliis, Appius vicit, ac prope
fuit, ut dictator ille idem crearetur; quae res utique alienasset 3
plebem periculosissimo tempore, cum Volsci Aequique et
Sabini forte una omnes in armis essent. Sed curae fuit con- 4
sulibus et senioribus patrum, ut imperium sua vi vehemens
mansueto permitteretur ingenio. M'. Valerium dictatorem, 5
Volesi Filium, creant. Plebes etsi adversus se creatum
dictatorem videbat, tamen, cum provocationem fratris lege
haberet, nihil ex ea familia triste nec superbum timebat.
Edictum deinde a dictatore propositum confirmavit animos 6

Servili fere consulis edicto conveniens. Sed et homini et potestati melius rati credi omisso certamine nomina dedere. 7 Quantus numquam ante exercitus, legiones decem effectae; ternae inde datae consulibus, quattuor dictator usus.

8 Nec iam poterat bellum differri. Aequi Latinum agrum invaserant. Oratores Latinorum ab senatu petebant, ut aut mitterent subsidium aut se ipsos tuendorum finium causa 9 capere arma sinerent. Tutius visum est defendi inermes Latinos quam pati retractare arma ...

Die Aequer, Volsker und Sabiner werden geschlagen.

c) Die Lösung des Konflikts

31 7 Ita trifariam re bello bene gesta de domesticarum rerum eventu nec patribus nec plebi cura decesserat: tanta cum gratia tum arte praeparaverant faeneratores, quae non modo 8 plebem, sed ipsum etiam dictatorem frustrarentur. Namque Valerius post Vetusi consulis reditum omnium actionum in senatu primam habuit pro victore populo rettulitque, quid 9 de nexis fieri placeret. Quae cum reiecta relatio esset, ‚non placeo' inquit ‚concordiae auctor; optabitis, mediusfidius, propediem, ut mei similes Romana plebes patronos habeat. Quod ad me attinet, neque frustrabor ultra cives meos, neque 10 ipse frustra dictator ero. Discordiae intestinae, bellum externum fecere, ut hoc magistratu egeret res publica; pax foris parta est, domi impeditur: privatus potius quam dictator seditioni intero.' Ita curia egressus dictatura se abdicavit. 11 Apparuit causa plebi, suam vicem indignantem magistratu abisse: itaque velut persoluta fide, quoniam per eum non stetisset, quin praestaretur, decedentem domum cum favore ac laudibus prosecuti sunt.

32 Timor inde patres incessit, ne, si dimissus exercitus foret, rursus coetus occulti coniurationesque fierent. Itaque, quamquam per dictatorem dilectus habitus esset, tamen, quoniam in consulum verba iurassent, sacramento teneri militem rati, per causam renovati ab Aequis belli educi ex urbe legiones iussere. Quo facto maturata est seditio. Et primo 2 agitatum dicitur de consulum caede, ut solverentur sacramento; doctos deinde nullam scelere religionem exsolvi, Sicinio quodam auctore iniussu consulum in Sacrum montem secessisse; – trans Anienem amnem est, tria ab urbe milia passuum; ea frequentior fama est quam, cuius Piso auctor 3 est, in Aventinum secessionem factam esse –; ibi sine ullo 4 duce vallo fossaque communitis castris quieti, rem nullam nisi necessariam ad victum sumendo, per aliquot dies neque lacessiti neque lacessentes sese tenuere.

Pavor ingens in urbe, metuque mutuo suspensa erant 5 omnia. Timere relicta ab suis plebes violentiam patrum; timere patres residem in urbe plebem, incerti, manere eam an abire mallent. Quamdiu autem tranquillam, quae se- 6 cesserit, multitudinem fore? Quid futurum deinde, si quod externum interim bellum exsistat? Nullam profecto nisi in 7 concordia civium spem reliquam ducere: eam per aequa, per iniqua reconciliandam civitati esse. Placuit igitur 8 oratorem ad plebem mitti, Menenium Agrippam, facundum virum et, quod inde oriundus erat, plebi carum.

Is intromissus in castra prisco illo dicendi et horrido modo nihil aliud quam hoc narrasse fertur: tempore, quo in homine 9 non, ut nunc, omnia in unum consentiant, sed singulis membris suum cuique consilium, suus sermo fuerit, indignatas reliquas partes sua cura, suo labore ac ministerio ventri omnia quaeri, ventrem in medio quietum nihil aliud quam datis voluptatibus frui; conspirasse inde, ne manus ad os 10 cibum ferrent, nec os acciperet datum, nec dentes conficerent. Hac ira dum ventrem fame domare vellent, ipsa una membra totumque corpus ad extremam tabem venisse. Inde apparuisse ventris quoque haud segne ministerium 11 esse, nec magis ali quam alere cum reddentem in omnes corporis partes hunc, quo vivimus vigemusque, divisum

Concordia-Tempel
Münzbild aus der Zeit des Kaisers Tiberius

12 pariter in venas, maturum confecto cibo sanguinem. Comparando hinc, quam intestina corporis seditio similis esset irae plebis in patres flexisse mentes hominum.

33 Agi deinde de concordia coeptum concessumque in condiciones, ut plebi sui magistratus essent sacrosancti, quibus auxilii latio adversus consules esset, neve cui patrum
2 capere eum magistratum liceret. Ita tribuni plebei creati duo, C. Licinius et L. Albinus. Hi tres collegas sibi creaverunt ...

4. Coriolan und Veturia

Vielen Patriziern sind die Erfolge der Plebs ein Dorn im Auge. Keiner kämpft leidenschaftlicher für den unbedingten Führungsanspruch des Adels als Cnaeus Marcius, dem ein kühner Handstreich auf die volskische Stadt Corioli den Beinamen „Coriolanus" eingebracht hat. Eine Missernte kommt den Reaktionären gelegen: Coriolan schlägt vor, das aus Sizilien eingeführte Getreide an Plebejer nur um den Preis des Verzichtes auf die gewonnenen Rechte abzugeben. Die

Plebs verlangt Bestrafung des „Volksfeindes". Vermittlungsversuche der Patrizier scheitern an der Wut der aufs äußerste gereizten Massen. Verbittert geht Coriolan in die Verbannung zu Roms gefährlichsten Gegnern, den Volskern. An der Spitze ihres Heeres zieht er nach kurzer Zeit gegen seine Vaterstadt (im Jahre 488). Erst Coriolans Mutter Veturia vermag das Unheil zu wenden: Ganz Römerin in Wort und Haltung, bringt sie ihren pflichtvergessenen Sohn zur Besinnung.

39 Imperatores ad id bellum de omnium populorum sententia lecti Attius Tullius et Cn. Marcius, exul Romanus, in quo aliquanto plus spei repositum. Quam spem nequaquam fefellit, ut facile appareret ducibus validiorem quam exercitu rem Romanam esse. Cerceios profectus primum colonos inde Romanos expulit liberamque eam urbem Volscis tradidit ... Postremum ad urbem a Pedo ducit et ad fossas Cluilias quinque ab urbe milia passuum castris positis populatur inde agrum Romanum custodibus inter populatores missis, qui patriciorum agros intactos servarent, sive infensus plebi magis, sive ut discordia inde inter patres plebemque oreretur. Quae profecto orta esset – adeo tribuni iam ferocem per se plebem criminando in primores civitatis instigabant –, sed externus timor, maximum concordiae vinculum, quamvis suspectos infensosque inter se iungebat animos. Id modo non conveniebat, quod senatus consulesque nusquam alibi spem quam in armis ponebant, plebes omnia quam bellum malebat.

Sp. Nautius iam et Sex. Furius consules erant. Eos recensentes legiones, praesidia per muros aliaque, in quibus stationes vigiliasque esse placuerat, loca distribuentis multitudo ingens pacem poscentium primum seditioso clamore conterruit, deinde vocare senatum, referre de legatis ad Cn. Marcium mittendis coegit. Acceperunt relationem patres, postquam apparuit labare plebis animos, missique de pace ad Marcium oratores. Atrox responsum rettulerunt: si Volscis ager redderetur, posse agi de pace; si praeda belli per otium frui velint, memorem se et civium iniuriae et hospitum beneficii adnisurum, ut appareat exilio sibi inritatos, non fractos animos esse. Iterum deinde iidem missi non recipiuntur in castra. Sacerdotes quoque suis insignibus velatos isse supplices ad castra hostium traditum est; nihilo magis quam legatos flexisse animum.

40 Tum matronae ad Veturiam, matrem Coriolani, Volumniamque uxorem frequentes coeunt. Id publicum consilium an muliebris timor fuerit, parum invenio; pervicere certe, ut et Veturia, magno natu mulier, et Volumnia duos parvos ex Marcio ferens filios secum in castra hostium irent, et, quoniam armis viri defendere urbem non possent, mulieres precibus lacrimisque defenderent. Ubi ad castra ventum est nuntiatumque Coriolano est adesse ingens mulierum agmen, primo, ut qui nec publica maiestate in legatis nec in sacerdotibus tanta offusa oculis animoque religione motus esset, multo obstinatior adversus lacrimas muliebres erat. Dein familiarium quidam, qui insignem maestitia inter ceteras cognoverat Veturiam inter nurum nepotesque stantem, ‚nisi me frustrantur' inquit ‚oculi, mater tibi coniunxque et liberi adsunt.' Coriolanus prope ut amens consternatus ab sede sua cum ferret matri obviae complexum, mulier in iram ex precibus versa ‚sine, priusquam complexum accipio, sciam' inquit, ‚ad hostem an ad filium venerim, captiva materne in castris tuis sim. In hoc me longa vita et infelix senecta traxit, ut exulem te, deinde hostem viderem? Potuisti populari hanc terram, quae te genuit atque aluit? Non tibi quamvis infesto animo et minaci ingredienti fines ira cecidit? Non, cum in conspectu Roma fuit, succurrit: ‚intra illa moenia domus ac penates mei sunt, mater coniunx liberique'? Ergo ego nisi peperissem, Roma non oppugnaretur; nisi filium haberem, libera in libera patria mortua essem. Sed ego nihil iam pati nec tibi turpius nec mihi miserius possum nec, ut sum miserrima, diu futura sum; de his videris, quos, si pergis, aut immatura mors aut longa servitus manet.' Uxor deinde ac liberi amplexi, fletusque ab

omni turba mulierum ortus et comploratio sui patriaeque
fregere tandem virum. Complexus inde suos dimittit; ipse
retro ab urbe castra movit.

5. Lucius Quinctius Cincinnatus

In einer schlimmen Phase des inneren Zwistes (vgl. S. 33) von zwei
Seiten zugleich angegriffen, kämpfen die Römer unter Konsul Nautius
gegen die Sabiner erfolgreich, während Konsul Minucius mit seinem
ganzen Heere von den Aequern eingeschlossen wird (im Jahre 458).
In dieser Not wird L. Quinctius Cincinnatus zum Diktator ernannt.

26 Operae pretium est audire, qui omnia prae divitiis humana
spernunt neque honori magno locum neque virtuti putant
esse, nisi ubi effuse affluant opes: spes unica imperii populi
Romani, L. Quinctius, trans Tiberim contra eum ipsum
locum, ubi nunc navalia sunt, quattuor iugerum colebat
agrum, quae prata Quinctia vocantur. Ibi ab legatis, seu fossam
fodiens palae innixus, seu cum araret, operi certe, id quod
constat, agresti intentus, salute data in vicem redditaque
rogatus, ut, quod bene verteret ipsi reique publicae, togatus
mandata senatus audiret, admiratus rogitansque ‚satin salve?'
togam propere e tugurio proferre uxorem Raciliam iubet.
Qua simul absterso pulvere ac sudore velatus processit,
dictatorem eum legati gratulantes consalutant, in urbem
vocant, qui terror sit in exercitu, exponunt. Navis Quinctio
publice parata fuit, transvectumque tres obviam egressi filii
excipiunt, inde alii propinqui atque amici, tum patrum maior
pars. Ea frequentia stipatus antecedentibus lictoribus
deductus est donum. Et plebis concursus ingens fuit; sed ea
nequaquam tam laeta Quinctium vidit, et imperii nimium et
virum ipso imperio vehementiorem rata. Et illa quidem nocte
nihil praeterquam vigilatum est in urbe.

27 Postero die dictator cum ante lucem in forum venisset,
magistrum equitum dicit L. Tarquitium, patriciae gentis, sed
qui, cum stipendia pedibus propter paupertatem fecisset,

bello tamen primus longe Romanae iuventutis habitus esset.
2 Cum magistro equitum in contionem venit, iustitium edicit, claudi tabernas tota urbe iubet, vetat quemquam privatae quic-
3 quam rei agere. Tum quicumque aetate militari essent, armati cum cibariis in dies quinque coctis vallisque duodenis ante
4 solis occasum in Martio campo adessent; quibus aetas ad militandum gravior esset, vicino militi, dum is arma pararet
5 vallumque peteret, cibaria coquere iussit. Sic iuventus discurrit ad vallum petendum. Sumpsere, unde cuique proximum fuit; prohibitus nemo est; impigreque omnes ad edic-
6 tum dictatoris praesto fuere. Inde composito agmine non itineri magis apti quam proelio, si res ita tulisset, legiones ipse dictator, magister equitum suos equites ducit. In utroque agmine, quas tempus ipsum poscebat, adhortationes erant:
7 adderent gradum; maturato opus esse, ut nocte ad hostem perveniri posset. Consulem exercitumque Romanum obsideri, tertium diem iam clausos esse; quid quaeque nox aut dies ferat, incertum esse; puncto saepe temporis maxi-
8 marum rerum momenta verti. ,Accelera, signifer!' ,sequere, miles!' inter se quoque gratificantes ducibus clamabant. Media nocte in Algidum perveniunt et, ut sensere se iam prope hostes esse, signa constituunt.

28 Ibi dictator, quantum nocte prospici poterat, equo circumvectus contemplatusque, qui tractus castrorum quaeque forma esset, tribunis militum imperavit, ut sarcinas in unum conici iubeant, militem cum armis valloque redire in ordines
2 suos. Facta, quae imperavit. Tum, quo fuerant ordine in via, exercitum omnem longo agmine circumdat hostium castris et, ubi signum datum sit, clamorem omnes tollere iubet, clamore sublato ante se quemque ducere fossam et iacere
3 vallum. Edito imperio signum secutum est. Iussa miles exsequitur. Clamor hostes circumsonat; superat inde castra hostium et in castra consulis venit; alibi pavorem, alibi
4 gaudium ingens facit. Romani civilem esse clamorem atque auxilium adesse inter se gratulantes, ultro ex stationibus ac

vigiliis territant hostem. Consul differendum negat: illo 5
clamore non adventum modo significari, sed rem ab suis
coeptam; mirumque esse, ni iam exteriore parte castra
hostium oppugnentur. Itaque arma suos capere et se subsequi
iubet. Nocte initum proelium est. Legionibus dictatoris 6
clamore significant ab ea quoque parte rem in discrimine
esse. Iam se ad prohibenda circumdari opere Aequi para- 7
bant, cum ab interiore hoste proelio coepto, ne per media
sua castra fieret eruptio, a munientibus ad pugnantes introrsum
versi vacuam noctem operi dedere; pugnatumque cum
consule ad lucem est. Luce prima iam circumvallati ab dic- 8
tatore erant et vix adversus unum exercitum pugnam sustinebant.
Tum a Quinctiano exercitu, qui confestim a perfecto
opere ad arma rediit, invaditur vallum. Hic instabat nova
pugna; illa nihil remiserat prior. Tum ancipiti malo urgent a 9
proelio ad preces versi hinc dictatorem, hinc consulem orare,
ne in occidione victoriam ponerent, ut inermes se inde abire
sinerent. Ab consule ad dictatorem ire iussi; is ignominiam
infensus addidit: Gracchum Cloelium ducem principesque 10
alios vinctos ad se adduci iubet, oppido Corbione decedi.
Sanguinis se Aequorum non egere; licere abire; sed, ut
exprimatur tandem confessio subactam domitamque esse
gentem, sub iugum abituros. Tribus hastis iugum fit humi 11
fixis duabus superque eas transversa una deligata. Sub hoc
iugum dictator Aequos misit.

Castris hostium receptis plenis omnium rerum – nudos **29**
enim emiserat – praedam omnem suo tantum militi dedit;
consularem exercitum ipsumque consulem increpans
‚carebis' inquit ‚praedae parte, miles, ex eo hoste, cui prope 2
praedae fuisti. Et tu, L. Minuci, donec consularem animum
incipias habere, legatus his legionibus praeeris.' Ita se 3
Minucius abdicat consulatu iussusque ad exercitum manet.
Sed adeo tum imperio meliori animus mansuete oboediens
erat, ut beneficii magis quam ignominiae hic exercitus
memor et coronam auream dictatori libram ponto decreverit

et proficiscentem eum patronum salutaverit.

4 Romae a Q. Fabio praefecto urbis senatus habitus triumphantem Quinctium, quo veniebat agmine, urbem ingredi iussit. Ducti ante currum hostium duces, militaria
5 signa praelata, secutus exercitus praeda onustus. Epulae instructae dicuntur fuisse ante omnium domos epulantesque cum carmine triumphali et sollemnibus iocis comissantium
7 modo currum secuti sunt ... Quinctius sexto decimo die dictatura in sex menses accepta se abdicavit ...

Im weiteren Verlauf des dritten Buches berichtet Livius über die Forderung nach einer Kodifikation des Rechtes, die zur Einsetzung der Decemvirn führt (451). Die neue Regierungsform verspricht zunächst eine großartige Entwicklung, schlägt aber schnell infolge von ambitio und cupiditas in eine Willkürherrschaft um. Das entrechtete und herausgeforderte Volk zwingt die Decemvirn abzutreten, von denen Appius und Oppius durch Selbstmord enden, während die anderen enteignet und verbannt werden (449). – Berichtet wird ferner über Kämpfe mit den Aequern, Volskern und Sabinern. – Im folgenden Buch (4.) wird zunächst das Ringen um das Recht der Ehegemeinschaft zwischen Patriziern und Plebejern dargestellt, welches im Jahre 445 durch die lex Canuleia bestätigt wird. Weitere Ereignisse aus der inneren Geschichte: Im Jahre 444 stehen erstmals Consulartribunen an der Spitze des römischen Staates. Im folgenden Jahre wird die Zensur errichtet, im Jahre 442 eine Kolonie nach Ardea entsandt. Der Versuch des Sp. Maelius, durch Getreidespenden die Gunst des Volkes zu gewinnen und König zu werden, wird vereitelt, da er auf Befehl des Diktators Cincinnatus getötet wird (439). Äußere Kämpfe: Postumius Tubertus siegt über die Aequer (432), Mamercus Aemilius erobert Fidenae (426), weitere Kämpfe mit Volskern, Aequern, Fidenaten und Faliskern. Am Schluss des Buches wird berichtet, dass sich nach der Zerstörung der volskischen Stadt Artena die ganze römische Macht gegen Veji wandte.

Livius V

6. M. Furius Camillus

M. Furius Camillus, zum Diktator ernannt, von Livius als fatalis dux bezeichnet, bereitet den entscheidenden Schlag gegen die Stadt Veji, die gefährliche Widersacherin Roms, vor. U.a. lässt er einen unterirdischen Stollen gegen die Burg treiben, um durch eingeschleuste Bewaffnete die Besatzung zu überrumpeln und die Stadt sturmreif zu machen. Überlegungen, was mit der zu erwartenden reichen Beute zu machen sei, führen zu der Bekanntmachung des Senates, alle, die an der Beute teilhaben möchten, sollten sich zum Diktator ins Lager begeben.

a) Camillus erobert Veji

Ingens profecta multitudo replevit castra. Tum dictator auspicato egressus cum edixisset, ut arma milites caperent, ‚tuo ductu', inquit, ‚Pythice Apollo, tuoque numine instinctus pergo ad delendam urbem Veios tibique hinc decimam partem praedae voveo. Te simul, Iuno regina, quae nunc Veios colis, precor, ut nos victores in nostram tuamque mox futuram urbem sequare, ubi te dignum amplitudine tua templum accipiat.' Haec precatus superante multitudine ab omnibus locis urbem aggreditur, quo minor ab cuniculo ingruentis periculi sensus esset.

Veientes, ignari se iam a suis vatibus, iam ab externis oraculis proditos, iam in partem praedae suae vocatos deos, alios votis ex urbe sua evocatos hostium templa navasque sedes spectare seque ultimum illum diem agere, nihil minus timentes quam subrutis cuniculo moenibus arcem iam plenam hostium esse, in muros pro se quisque armati discurrunt mirantes, quidnam id esset, quod, cum tot per dies nemo se ab stationibus Romanus movisset, tum velut repentino icti furore improvidi currerent ad muros.

Cuniculus delectis militibus eo tempore plenus in aedem Iunonis, quae in Veientana arce erat, armatos repente edidit.

Et pars aversos in muris invadunt hostes, pars claustra portarum revellunt, pars, cum ex tectis saxa tegulaeque a mulieribus ac servitiis iacerentur, inferunt ignes. Clamor omnia variis terrentium ac paventium vocibus mixto mulierum ac puerorum ploratu complet. Momento temporis deiectis ex muro undique armatis patefactisque portis cum alii agmine irruerent, alii desertos scanderent muros, urbs hostibus impletur; omnibus locis pugnatur. Deinde multa iam edita caede senescit pugna, et dictator praecones edicere iubet, ut ab inermi abstineatur. Is finis sanguinis fuit.

Dedi inde inermes coepti, et ad praedam miles permissu dictatoris discurrit. Quae cum ante oculos eius aliquantum spe atque opinione maior maiorisque pretii ferretur, dicitur manus ad caelum tollens precatus esse, ut, si cui deorum hominumque nimia sua fortuna populique Romani videretur, ut eam invidiam lenire quam minimo suo privato incommodo publicoque populi Romani liceret. Convertentem se inter hanc venerationem traditur memoriae prolapsum cecidisse; idque omen pertinuisse postea eventu rem coniectantibus visum ad damnationem ipsius Camilli, captae deinde urbis Romanae, quod post paucos accidit annos, cladem. Atque ille dies caede hostium ac direptione urbis opulentissimae est consumptus.

22 Postero die libera corpora dictator sub corona vendidit. Ea sola pecunia in publicum redigitur, haud sine ira plebis.

Cum iam humanae opes egestae a Veiis essent, amoliri tum deum dona ipsosque deos, sed colentium magis quam rapientium modo, coepere. Namque delecti ex omni exercitu iuvenes pure lautis corporibus, candida veste, quibus deportanda Romam regina Iuno assignata erat, venerabundi templum iniere, primo religiose admoventes manus, quod id signum more Etrusco nisi certae gentis sacerdos attrectare non esset solitus. Dein cum quidam seu spiritu divino tactus seu iuvenali ioco: ‚visne Romam ire, Iuno?' dixisset, annuisse

ceteri deam conclamaverunt. Inde fabulae adiectum est 6
vocem quoque dicentis ‚velle' auditam; motam certe sede
sua parvi molimenti adminiculis sequentis modo accepimus
levem ac facilem tralatu fuisse integramque in Aventinum, 7
aeternam sedem suam, quo vota Romani dictatoris vocaverant,
perlatam, ubi templum ei postea idem, qui voverat, Camillus
dedicavit.

Hic Veiorum occasus fuit, urbis opulentissimae Etrusci 8
nominis magnitudinem suam vel ultima clade indicantis,
quod decem aestates hiemesque continuas circumsessa, cum
plus aliquanto cladium intulisset quam accepisset, postremo
iam fato quoque urgente operibus tamen, non vi expugnata
est.

Große Freude in Rom. Feierlicher Einzug des Siegers Camillus in
Rom, der bald an die Abgabe des dem Apollo versprochenen Zehnten
gemahnt und sich dadurch die Gemüter des Volkes entfremdet, aus
dem der Vorschlag kommt, nach Veji überzusiedeln. Wahl des Camillus
zum Consulartribunen. Er zieht gegen die Falisker zu Felde.

b) Der Anstand des Camillus gegenüber den Faliskern

Et Camillo quem adversarium maxime metuerant gloria **26**
in Faliscis crevit. Nam cum primo moenibus se hostes 4
tenerent, tutissimum id rati, populatione agrorum atque
incendiis villarum coegit eos egredi urbe. Sed timor longius 5
progredi prohibuit. Mille fere passuum ab oppido castra
locant, nulla re alia fidentes ea satis tuta esse quam difficultate
aditus, asperis confragosisque circa et partim artis, partim
arduis viis. Ceterum Camillus captivum indidem ex agris 6
secutus ducem castris multa nocte motis prima luce aliquanto
superioribus locis se ostendit. Trifariam Romani muniebant, 7
alius exercitus proelio intentus stabat. Ibi impedire opus
conatos hostes fundit fugatque; tantumque inde pavoris
Faliscis iniectum est, ut effusa fuga castra sua, quae propiora
erant, praelati urbem peterent. Multi caesi vulneratique, 8

priusquam paventes portis inciderent. Castra capta, praeda ad quaestores redacta cum magna militum ira; sed severitate imperii victi eandem virtutem et oderant et mirabantur.
9 Obsidio inde urbis et munitiones; et interdum per occasionem impetus oppidanorum in Ramanas stationes proeliaque parva fieri, et teri tempus neutro inclinata spe, cum frumentum copiaeque aliae ex ante convecto largius obsessis quam
10 obsidentibus suppeterent. Videbaturque aeque diuturnus futurus labor, ac Veiis fuisset, ni fortuna imperatori Romano simul et incognitae rebus bellicis virtutis specimen et maturam victoriam dedisset.

27 Mos erat Faliscis eodem magristro liberorum et comite uti; simulque plures pueri, quod hodie quoque in Graecia manet, unius curae demandabantur. Principum liberos, sicut
2 fere fit, qui scientia videbatur praecellere, erudiebat. Is cum in pace instituisset pueros ante urbem lusus exercendique causa producere, nihil eo more per belli tempus intermisso modo brevioribus modo longioribus spatiis trahendo eos a porta, lusu sermonibusque variatis, longius solito ubi res dedit progressus, inter stationes eos hostium castraque inde
3 Romana in praetorium ad Camillum perduxit. Ibi scelesto
4 facinori scelestiorem sermonem addit: Falerios se in manus Romanis tradidisse, quando eos pueros, quorum parentes capita ibi rerum sint, in potestatem dediderit.
5 Quae ubi Camillus audivit, ‚non ad similem', inquit, ‚tui nec populum nec imperatorem scelestus ipse cum scelesto
6 munere venisti. Nobis cum Faliscis, quae pacto fit humano, societas non est; quam ingeneravit natura utrisque, est eritque. Sunt et belli sicut pacis iura, iusteque ea non minus
7 quam fortiter didicimus gerere. Arma habemus non adversus eam aetatem, cui etiam captis urbibus parcitur, sed adversus armatos et ipsos, qui nec laesi nec lacessiti a nobis castra
8 Romana ad Veios oppugnarunt. Eos tu, quantum in te fuit, novo scelere vicisti; ego Romanis artibus, virtute, opere, armis,
9 sicut Veios, vincam.' Denudatum deinde eum manibus post

tergum illigatis reducendum Falerios pueris tradidit virgasque eis, quibus proditorem agerent in urbem verberantes, dedit.

Ad quod spectaculum concursu populi primum facto, 10 deinde a magistratibus de re nova vocato senatu tanta mutatio animis est iniecta, ut, qui modo efferati odio iraque Veientium exitum paene quam Capenatium pacem mallent, apud eos pacem universa posceret civitas. Fides Romana, iustitia 11 imperatoris in foro et curia celebrantur; consensuque omnium legati ad Camillum in castra atque inde permissu Camilli Romam ad senatum, qui dederent Falerios, proficiscuntur. Introducti ad senatum ita locuti traduntur: 12 ‚Patres conscripti, victoria, cui nec deus nec homo quisquam invideat, victi a vobis et imperatore vestro dedimus nos vobis, rati, quo nihil victori pulchrius est, melius nos sub imperio vestro quam legibus nostris victuros. Eventu huius belli duo 13 salutaria exempla prodita humano generi sunt: vos fidem in bello quam praesentem victoriam maluistis, nos fide provocati victoriam ultro detulimus. Sub dicione vestra sumus. Mittite, 14 qui arma, qui obsides, qui urbem patentibus portis accipiant. Nec vos fidei nostrae nec nos imperii vestri paenitebit.‘ Ca- 15 millo et ab hostibus et a civibus gratiae actae. Faliscis in stipendium militum eius anni, ut populus Romanus tributo vacaret, pecunia imperata. Pace data exercitus Romam reductus.

Republikanische Münze

Trotz seines großartigen Sieges und seines gefestigten Ansehens sieht sich Camillus erbitterten Gegnern gegenüber, die ihn durch den Volkstribunen Lucius Apuleius der Unterschlagung anklagen. Um der Verurteilung zu entgehen, begibt sich Camillus nach Ardea in die Verbannung. In seiner Abwesenheit wird er zu einer hohen Geldstrafe verurteilt.

7. Der Krieg mit den Galliern

Die Römer, von den Clusinern gegen die einbrechenden Gallier zu Hilfe gerufen, schickten Gesandte, um den Zwist friedlich beizulegen. Die Gesandten aber nahmen gegen das Völkerrecht an dem ausbrechenden Kampf teil. Das römische Volk billigte zudem ihr Verhalten. Darüber aufgebracht, entschloss sich der Gallierfürst Brennus zum Rachezug gegen Rom.

a) Die Schlacht an der Allia (390)

Cum tanta moles mali instaret – adeo obcaecat animos fortuna, ubi vim suam ingruentem refringi non vult –, civitas, quae adversus Fidenatem ac Veientem hostem aliosque finitimos populos ultima experiens auxilia dictatorem multis
2 tempestatibus dixisset, ea tunc invisitato atque inaudito hoste ab Oceano terrarumque ultimis oris bellum ciente nihil
3 extraordinarii imperii aut auxilii quaesivit. Tribuni, quorum temeritate bellum contractum erat, summae rerum praeerant dilectumque nihilo accuratiorem, quam ad media bella haberi solitus erat, extenuantes etiam famam belli, habebant.
4 Interim Galli, postquam accepere ultro honorem habitum violatoribus iuris humani elusamque legationem suam esse, flagrantes ira, cuius impotens est gens, confestim signis
5 convulsis citato agmine iter ingrediuntur. Ad quorum praetereuntium raptim tumultum cum exterritae urbes ad arma concurrerent fugaque agrestium fieret, Romam se ire magno clamore significabant, quacumque ibant, equis virisque longe ac late fuso agmine immensum obtinentes
6 loci. Sed antecedente fama nuntiisque Clusinorum, dein-

ceps inde aliorum populorum, plurimum terroris Romam
celeritas hostium tulit, quippe quibus velut tumultuario 7
exercitu raptim ducto aegre ad XI. lapidem occursum est,
qua flumen Allia, Crustuminis montibus praealto defluens
alveo, haud multum infra viam Tiberino amni miscetur. Iam 8
omnia contra circaque hostium plena erant, et nata in vanos
tumultus gens truci cantu clamoribusque variis horrendo
cuncta compleverant sono.

Ibi tribuni militum non loco castris ante capto, non prae- **38**
munito vallo, quo receptus esset, non deorum saltem, si non
hominum memores, nec auspicato nec litato instruunt aciem
diductam in cornua, ne circumveniri multudine hostium
possent. Nec tamen aequari frontes poterant, cum extenuan- 2
do infirmam et vix cohaerentem mediam aciem haberent.
Paulum erat ab dextra editi loci, quem subsidiariis repleri
placuit; eaque res ut initium pavoris ac fugae, sic una salus
fugientibus fuit. Nam Brennuns, regulus Gallorum, in 3
paucitate hostium artem maxime timens, ratus ad id captum
superiorem locum, ut, ubi Galli cum acie legionum recta
fronte concucurrissent, subsidia in aversos transversosque
impetum darent, ad subsidiarios signa convertit, si eos loco 4
depulisset, haud dubius facilem in aequo campi tantum
superanti multitudini victoriam fore. Adeo non fortuna
modo, sed ratio etiam cum barbaris stabat. In altera acie nihil 5
simile Romanis, non apud duces, non apud milites erat. Pavor
fugaque occupaverat animos et tanta omnium oblivio, ut
multo maior pars Veios, in hostium urbem, cum Tiberis
arceret, quam recto itinere Romam ad coniuges ac liberos
fugerent. Parumper subsidiarios tutatus est locus; in reliqua 6
acie, simul est clamor proximis ab latere, ultimis ab tergo
auditus, ignotum hostem prius paene quam viderent, non
modo non temptato certamine, sed ne clamore quidem
reddito integri inactique fugerunt. Nec ulla caedes 7
pugnantium fuit; terga caesa suomet ipsorum certamine in
turba impedientium fugam. Circa ripam Tiberis, quo armis 8

abiectis totum sinistrum cornu refugit, magna strages facta est; multosque imperitos nandi aut invalidos, graves loricis
9 aliisque tegminibus, hausere gurgites. Maxima tamen pars incolumis Veios perfugit, unde non modo praesidii quic-
10 quam, sed ne nuntius quidem cladis Romam est missus. Ab dextro cornu, quod procal a flumine et magis sub monte steterat, Romam omnes petiere et ne clausis quidem portis urbis in arcem confugerunt.

> Die Gallier rücken zögernd ein. Die Bevölkerung flieht aus der Stadt. Priester und Vestalinnen retten die Heiligtümer. Die waffenfähige Jugend soll das Kapitol beschützen.

b) Die Gallier in Rom

41 Romae interim satis iam omnibus, ut in tali re, ad tuendam arcem compositis turba seniorum domos regressi adventum
2 hostium obstinato ad mortem animo exspectabant. Qui eorum curules gesserant magistratus, ut in fortunae pristinae honorumque ac virtutis insignibus morerentur, quae augustissima vestis est tensas ducentibus triumphantibusve, ea vestiti
3 medio aedium eburneis sellis sedere. Sunt, qui M. Folio pontifice maximo praefante carmen devovisse eos se pro patria Quiritibusque Romanis tradant.
4 Galli, et quia interposita nocte a contentione pugnae remiserant animos et quod nec in acie ancipiti usquam certaverant proelio nec tum impetu aut vi capiebant urbem, sine ira, sine ardore animorum ingressi postero die urbem patente Collina porta in forum perveniunt, circumferentes oculos ad templa deum arcemque solam belli speciem
5 tenentem. Inde modico relicto praesidio, ne quis in dissipatos ex arce aut Capitolio impetus fieret, dilapsi ad praedam vacuis occursu hominum viis, pars in proxima quaeque tectorum agmine ruunt, pars ultima, velut ea
6 demum intacta et referta praeda, petunt. Inde rursus ipsa solitudine absterriti, ne qua fraus hostilis vagos exciperet, in

forum ac propinqua foro loca conglobati redibant; ubi eos 7
plebis aedificiis obseratis, patentibus atriis principum maior
prope cunctatio tenebat aperta quam clausa invadendi; adeo 8
haud secus quam venerabundi intuebantur in aedium
vestibulis sedentes viros, praeter ornatum habitumque humano augustiorem maiestate etiam quam vultus gravitasque
oris prae se ferebat simillimos dis. Ad eos velut ad simulacra 9
versi cum starent, M. Papirius, unus ex iis, dicitur Gallo
barbam suam, ut tum omnibus promissa erat, permulcenti
scipione eburneo in caput incusso iram movisse; atque ab eo
initium caedis ortum, ceteros in sedibus suis trucidatos. Post 10
principum caedem nulli deinde mortalium parci, diripi
tecta, exhaustis inici ignes.

Die Römer ziehen sich auf das Kapitol zurück. Nach Veji verschlagene Römer betreiben Vorbereitungen zur Wiedereroberung Roms und die Wiederberufung des Camillus, der in Abwesenheit zum Diktator ernannt wird.

c) Der Handstreich auf das Kapitol

Dum haec Veiis agerentur, interim arx Romae Capitolium- **47**
que in ingenti periculo fuit. Namque Galli seu vestigio nota- 2
to humano, qua nuntius a Veiis pervenerat, seu sua sponte
animadverso ad Carmentis saxo ascensu aequo, nocte
sublustri, cum primo inermem, qui temptaret viam,
praemisissent, tradentes inde arma, ... tanto silentio in 3
summum evasere, ut non custodes solum fallerent, sed ne
canes quidem, sollicitum animal ad nocturnos strepitus,
excitarent. Anseres non fefellere, quibus sacris Iunonis in 4
summa inopia cibi tamen abstinebatur. Quae res saluti fuit;
namque clangore eorum alarumque crepitu excitus M.
Manlius, qui triennio ante consul fuerat, vir bello egregius,
armis arreptis simul ad arma ceteros ciens vadit et, dum ceteri
trepidant, Gallum, qui iam in summo constiterat, umbone
ictum deturbat. Cuius casus prolapsi cum proximos sterne- 5

ret, trepidantes alios armisque omissis saxa, quibus adhaerebant, manibus amplexos trucidat. Iamque et alii congregati telis missilibusque saxis proturbare hostes ruinaque tota
6 prolapsa acies in praeceps deferri. Sedato deinde tumultu reliquum noctis, quantum in turbatis mentibus poterat, cum praeteritum quoque periculum sollicitaret, quieti datum est.
7 Luce orta vocatis classico ad concilium militibus ad tribunos, cum et recte et perperam facto pretium deberetur, Manlius primum ob virtutem laudatus donatusque non ab tribunis
8 solum militum, sed consensu etiam militari; cui universi selibras farris et quartarios vini ad aedes eius, quae in arce erant, contulerunt – rem dictu parvam, ceterum inopia fecerat eam argumentum ingens caritatis, cum se quisque victu suo fradans detractum corpori atque usibus necessariis ad
9 honorem unius viri conferret. Tum vigiles eius loci, qua fefellerat ascendens hostis, citati; et cum in omnes more militari se animadversurum Q. Sulpicius tribunus militum
10 pronuntiasset, consentiente clamore militum in unum vigilem conicientium culpam deterritus a ceteris abstinuit, reum haud dubium eius noxae approbantibus cunctis de
11 saxo deiecit. Inde intentiores utrimque custodiae esse, et apud Gallos, quia vulgatum erat inter Veios Romamque nuntios commeare, et apud Romanos ab nocturni periculi memoria.

d) Camillus als Retter Roms

48   Sed ante omnia obsidionis bellique mala fames utrimque
2 exercitum urgebat, Gallos pestilentia etiam, cum loco iacente inter tumulos castra habentes, tum ab incendiis torrido et vaporis pleno cineremque, non pulverem modo ferente, cum
3 quid venti motum esset. Quorum intolerantissima gens umorique ac frigori assueta, cum aestu et angore vexata vulgatis velut in pecua morbis morerentur, iam pigritia singulos sepeliendi promiscue acervatos cumulos hominum

urebant; bustorumque inde Gallicorum nomine insignem locum fecere. Indutiae deinde cum Romanis factae, et 4 colloquia permissu imperatorum habita, ... iactantibus non 7 obscure Gallis haud magna mercede se adduci posse, ut obsidionem relinquant. Tum senatus habitus, tribunisque 8 militum negotium datum, ut paciscerentur. Inde inter Q. Sulpicium tribunum militum et Brennum, regulum Gallorum, colloquio transacta res est, et mille pondo auri pretium populi gentibus mox imperaturi factum. Rei 9 foedissimae per se adiecta indignitas est; pondera ab Gallis allata iniqua, et tribuno recusante additus ab insolente Gallo ponderi gladius, auditaque intoleranda Romanis vox: vae victis!

Sed diique et homines prohibuere redemptos vivere **49** Romanos. Nam forte quadam, priusquam infanda merces perficeretur, per altercationem nondum omni auro appenso dictator intervenit auferrique aurum de medio et Gallos summoveri iubet. Cum illi renitentes pactos dicerent sese, 2 negat eam pactionem ratam esse, quae, postquam ipse dictator creatus esset, iniussu suo ab inferioris iuris magistratu facta esset; denuntiatque Gallis, ut se ad proelium expediant. Suos in acervum conicere sarcinas et arma aptare ferro- 3 que, non auro recuperare patriam iubet in conspectu habentes fana deum et coniuges et liberos et solum patriae deforme belli malis et omnia, quae defendi repetique et ulcisci fas sit. Instruit deinde aciem, ut loci natura patiebatur, in semirutae 4 solo urbis et natura inaequali et omnia, quae arte belli secunda suis eligi praepararive poterant, providit.

Galli nova re tgrepidi arma capiunt iraque magis quam 5 consilio in Romanos incurrunt. Iam verterat fortuna, iam deorum opes humanaque consilia rem Romanam adiuvabant. Igitur primo concursu haud maiore momento fusi Galli sunt, quam ad Alliam vicerant. Iustiore altero deinde proelio ad 6 octavum lapidem Gabina via, quo se ex fuga contulerant, eiusdem ductu auspicioque Camilli vincuntur. Ibi caedes

omnia obtinuit. Castra capiuntur, et ne nuntius quidem cladis
7 relictus. Dictator recuperata ex hostibus patria triumphans
in urbem redit interque iocos militares, quos inconditos iaci-
unt, Romulus ac parens patriae conditorque alter urbis haud
vanis laudibus appellabatur.
8   Servatam deinde bello patriam iterum in pace haud dubie
servavit, cum prohibuit migrari Veios et tribunis rem intentius
agentibus post incensam urbem et per se inclinata magis
9 plebe ad id consilium. Eaque causa fuit non abdicandae post
triumphum dictaturae, senatu obsecrante, ne rem publicam
in incerto relinqueret statu.

Omnium primum, ut erat diligentissimus religionum
cultor, quae ad deos immortales pertinebant, rettulit et se-
2 natus consultum facit: fana omnia, quoad ea hostis posse-
disset, restituerentur, terminarentur expiarenturque expia-
3 tioque eorum in libris per duumviros quaereretur; cum
Caeritibus hospitium publice fieret, quod sacra populi
Romani ac sacerdotes recepissent beneficioque eius populi
4 non intermissus honos deum immoralium esset; ludi
Capitolini fierent, quod Iuppiter optimus maximus suam
sedem atque arcem populi Romani in re trepida tutatus esset,
collegiumque ad eam rem M. Furius dictator constitueret ex
5 iis, qui in Capitolio atque arce habitarent. Expiandae etiam
vocis nocturnae, quae nuntia cladis ante bellum Gallicum
audita neglectaque esset, mentio illata iussumque templum
6 in Nova via Aio Locutio fieri. Aurum, quod Gallis ereptum
erat quodque ex aliis templis inter trepidationem in Iovis
cellam collatum, cum, quo referri oporteret, confusa memoria
esset, sacrum omne iudicatum et sub Iovis sella poni iussum.
7 Iam ante in eo religio civitatis apparuerat, quod, cum in publico deesset aurum, ex quo summa pactae mercedis Gallis
confieret, a matronis collatum acceperant, ut sacro auro
abstineretur. Matronis gratiae actae honosque additus, ut
earum sicut virorum post mortem sollemnis laudatio esset.

e) Die Rede des Camillus gegen einen Exodus

Schon im Jahre 395 nach der Einnahme Vejis war aus den Kreisen der Plebs der törichte Vorschlag gemacht worden, in diese Stadt überzusiedeln. Fünf Jahre später, als die Gallier aus dem eingeäscherten Rom abgezogen waren und an vielen Stellen Unlust herrschte, die zerstörte Stadt wieder aufzubauen, wurde dieser Gedanke von den Tribunen nochmals aufgegriffen. Das von diesen irregeleitete Volk schien nicht abgeneigt zu sein, darauf einzugehen. In dieser ernsten Zeit war nur ein Camillus imstande, durch tatkräftiges Eingreifen den römischen Namen vor Schande zu bewahren.

His peractis, quae ad deos pertinebant quaeque per senatum agi poterant, tum demum agitantibus tribunis plebem assiduis contionibus, ut relictis ruinis in urbem paratam Veios transmigrarent, Camillus in contionem universo senatu prosequente escendit atque ita verba fecit:

‚Adeo mihi acerbae sunt, Quirites, contentiones cum tribunis plebis, ut nec tristissimi exsilii solacium aliud habuerim, quoad Ardeae vixi, quam quod procul ab his certaminibus eram, et ob eadem haec non, si milies senatus consultis populique iussu revocaretis, rediturus umquam fuerim. Nec nunc me, ut redirem, mea voluntas mutata, sed vestra fortuna perpulit; quippe ut in sua sede maneret patria, id agebatur, non ut ego utique in patria essem. Et nunc quiescerem ac tacerem libenter, nisi haec quoque pro patria dimicatio esset, cui deesse, quoad vita suppetat, aliis turpe, Camillo etiam nefas est.

Quid enim repetiimus, quid obsessam ex hostium manibus eripuimus, si recuperatam ipsi deserimus? Et cum victoribus Gallis capta tota urbe Capitolium tamen atque arcem diique et homines Romani tenuerint et ibi habitaverint, victoribus Romanis recuperata urbe arx quoque et Capitolium deseretur, et plus vastitatis huic urbi secunda nostra fortuna faciet quam adversa fecit? Equidem, si nobis cum urbe simul positae traditaeque per manus religiones nullae essent, tamen tam evidens numen hac tempestate rebus adfuit Ro-

manis, ut omnem neglegentiam divini cultus exemptam
5 hominibus putem. Intuemini enim horum deinceps annorum vel secundas res vel adversas; invenietis omnia prospere
6 evinisse sequentibus deos, adversa spernentibus. Iam
omnium primum Veiens bellum – per quot annos quanto
labore gestum! – non ante cepit finem, quam monitu deorum
7 aqua ex lacu Albano emissa est. Quid haec tandem urbis
nostrae clades nova? Num ante exorta est, quam spreta vox
caelo emissa de adventu Gallorum, quam gentium ius ab
legatis nostris violatum, quam a nobis, cum vindicari deberet,
8 eadem neglegentia deorum praetermissum? Igitur victi
captique ac redempti tantum poenarum dis hominibusque
dedimus, ut terrarum orbi documento essemus. Adversae
9 deinde res admonuerunt religionum. Confugimus in Capitolium ad deos, ad sedem Iovis optimi maximi; sacra in ruina
rerum nostrarum alia terra celavimus, alia avecta in finitimas
urbes amovimus ab hostium oculis; deorum cultum deserti
10 ab dis hominibusque tamen non intermisimus. Reddidere
igitur patriam et victoriam et antiquum belli decus amissum;
et in hostes, qui caeci avaritia in pondere auri foedus ac fidem
fefellerunt, verterunt terrorem fugamque et caedem.

52 Haec culti neglectique numinis tanta monumenta in rebus
humanis cernentes ecquid sentitis, Quirites, quantum vixdum
e naufragiis prioris culpae cladisque emergentes paremus
2 nefas? Urbem auspicato inauguratoque conditam habemus;
nullus locus in ea non religionum deorumque est plenus:
sacrificiis sollemnibus non dies magis stati quam loca sunt,
3 in quibus fiant. Hos omnes deos publicos privatosque,
Quirites, deserturi estis? Quam par vestrum factum ei est,
quod in obsidione nuper in egregio adulescente C. Fabio
non minore hostium admiratione quam vestra conspectum
est, cum inter Gallica tela degressus ex arce sollemne Fabiae
4 gentis in colle Quirinali obiit? An gentilicia sacra ne in bello
quidem intermitti, publica sacra et Romanos deos etiam in
pace deseri placet, et pontifices flaminesque neglegentiores

publicarum religionum esse quam privatus in sollemni gentis fuerit?

Forsitan aliquis dicat aut Veis ea nos facturos, aut huc inde missuros sacerdotes nostros, qui faciant; quorum neutrum fieri salvis caerimoniis potest. Et ne omnia generatim sacra omnesque percenseam deos, in Iovis epulo num alibi quam in Capitolio pulvinar suscipi potest? Quid de aeternis Vestae ignibus signoque, quod imperii pignus custodia eius templi tenetur, loquar? Quid de ancilibus vestris, Mars Gradive tuque, Quirine pater? Haec omnia in profano deseri placet sacra aequalia urbi, quaedam vetustiora origine urbis? Et videte, quid inter nos ac maiores intersit. Illi sacra quaedam in monte Albano Laviniique nobis facienda tradiderunt; – an ex hostium urbibus Romam ad nos transferri sacra religiosum fuit, hinc sine piaculo in hostium urbem Veios transferemus?

Recordamini, agite dum, quotiens sacra instaurentur, quia aliquid ex patrio ritu neglegentia casuve praetermissum est. Modo quae res post prodigium Albani lacus nisi instauratio sacrorum auspiciorumque renovatio affectae Veienti bello rei publicae remedio fuit? At etiam, tamquam veterum religionum memores, et peregrinos deos transtulimus Romam et instituimus novos. Iuno regina transvecta a Veis nuper in Aventino quam insigni ob excellens matronarum studium celebrique dedicata est die! Aio Locutio templum propter caelestem vocem exauditam in Nova via iussimus fieri; Capitolinos ludos sollemnibus aliis addidimus collegiumque ad id novum auctore senatu condidimus. Quid horum opus fuit suscipi, si una cum Gallis urbem Romanam relicturi fuimus, si non voluntate mansimus in Capitolio per tot menses obsidionis, sed ab hostibus metu retenti sumus?

De sacris loquimur et de templis. Quid tandem de sacerdotibus? Nonne in mentem venit, quantum piaculi committatur? Vestalibus nempe una illa sedes est, ex qua eas nihil umquam praeterquam urbs capta movit. Flamini Diali noctem unam manere extra urbem nefas est. Hos Veientes pro Romanis facturi estis sacerdotes? Et Vestales tuae te deserent, Vesta? Et flamen peregre habitando in singulas noctes tantum sibi reique publicae piaculi contrahet?

15 Quid alia, quae auspicato agimus omnia fere intra pome-
16 rium, cui oblivioni aut cui neglegentiae damus? Comitia curiata, quae rem militarem continent, comitia centuriata, quibus consules tribunosque militares creatis, ubi auspicato,
17 nisi ubi assolent, fieri possunt? Veiosne haec transferemus? An comitiorum causa populus tanto incommodo in desertam hanc ab dis hominibusque urbem conveniet?

53 ... sed res ipsa cogit vastam incendiis ruinisque relinquere urbem et ad integra omnia Veios migrare nec hic aedificando
2 inopem plebem vexare. Hanc autem iactari magis causam quam veram esse, ut ego non dicam, apparere vobis, Quirites, puto, qui meministis ante Gallorum adventum, salvis tectis publicis privatisque, stante incolumi urbe hanc eandem rem
3 actam esse, ut Veios transmigraremus. Et videte, quantum inter meam sententiam vestramque intersit, tribuni. Vos, etiamsi tunc faciendum non fuerit, nunc utique faciendum putatis; ego contra – nec id mirati sitis, priusquam, quale sit, audieritis – etiam si tum migrandum fuisset incolumi tota
4 urbe, nunc has ruinas relinquendas non censerem. Quippe tum causa nobis in urbem captam migrandi victoria esset, gloriosa nobis ac posteris nostris; nunc haec migratio nobis
5 misera ac turpis, Gallis gloriosa est. Non enim reliquisse victores, sed amisisse victi patriam videbimur; hoc ad Alliam fuga, hoc capta urbs, hoc circumsessum Capitolium necessitatis imposuisse, ut desereremus penates nostros exsiliumque ac fugam nobis ex eo loco consciscerernus, quem tueri non possemus. Et Galli evertere potuerunt Romam,
6 quam Romani restituere non videbuntur potuisse? Quid restat, nisi ut, si iam novis copiis veniant – constat enim vix credibilem multitudinem esse – et habitare in capta ab se,
7 deserta a vobis hac urbe velint, sinatis? Quid? Si non Galli hoc, sed veteres hostes vestri Aequi Volscive faciant, ut com-

migrent Romam, velitisne illos Romanos, vos Veientes esse? An malitis hanc solitudinem vestram quam urbem hostium esse? Non equidem video, quid magis nefas sit. Haec scelera, quia piget aedificare, haec dedecora pati parati estis? Si tota 8 urbe nullum melius ampliusve tectum fieri possit, quam casa illa conditoris est nostri non in casis ritu pastorum agrestiumque habitare est satius inter sacra penatesque nostros quam exsulatum publice ire? Maiores nostri, convenae pastoresque, 9 cum in his locis nihil praeter silvas paludesque esset, novam urbem tam brevi aedificarunt: nos Capitolio atque arce incolumi, stantibus templis deorum aedificare incensa piget? Et quod singuli facturi fuimus, si aedes nostrae deflagrassent, hoc in publico incendio universi recusamus facere?

Quid tandem, si fraude, si casu Veis incendium ortum sit, **54** ventoque, ut fieri potest, diffusa flamma magnam partem urbis absumat, Fidenas inde aut Gabios aliamve quam urbem quaesituri sumus, quo transmigremus? Adeo nihil tenet 2 solum patriae nec haec terra, quam matrem appellamus, sed in superficie tignisque caritas nobis patriae pendet? Equidem – fatebor vobis, etsi minus iniuriae vestrae meaeque 3 calamitatis meminisse iuvat – cum abessem, quotienscumque patria in mentem veniret, haec omnia occurrebant, colles campique et Tiberis et assueta oculis regio et hoc caelum sub quo natus educatusque essem; quae vos, Quirites, nunc moveant potius caritate sua, ut maneatis in sede vestra, quam postea, cum reliqueritis eam, macerent desiderio.

Non sine causa dii hominesque hunc urbi condendae 4 locum elegerunt, saluberrimos colles, flumen opportunum, quo ex mediterraneis locis fruges devehantur, quo maritimi commeatus accipiatur, mare vicinum ad commoditates nec expositum nimia propinquitate ad pericula classium externarum, regionem Italiae mediam, ad incrementum urbis natum unice locum.

Argumento est ipsa magnitudo tam novae urbis. Trecen- 5 tesimus sexagesimus quintus annus urbis, Quirites, agitur;

inter tot veterrimos populos tam diu bella geritis, cum interea, ne singulas loquar urbes, non coniuncti cum Aequis Volsci, tot tam valida oppida, non universa Etruria tantum terra marique pollens atque inter duo maria latitudinem obtinens Italiae bello vobis par est.

6 Quod cum ita sit, quae – malum! – ratio est haec expertis alia experiri, cum, iam ut virtus vestra transire alio possit, 7 fortuna certe loci huius transferri non possit? Hic Capitolium est, ubi quondam capite humano invento responsum est eo loco caput rerum summamque imperii fore; hic, cum augurato liberaretur Capitolium, Iuventas Terminusque maximo gaudio patrum vestrorum moveri se non passi; hic Vestae ignes, hic ancilia caelo demissa, hic omnes propitii manentibus vobis dei.'

55 Movisse eos Camillus cum alia oratione, tum ea, quae ad religiones pertinebat, maxime dicitur. Sed rem dubiam decrevit vox opportune emissa, quod, cum senatus paulo post de his rebus in curia Hostilia haberetur cohortesque ex praesidiis revertentes forte agmine forum transirent, centurio 2 in comitio exclamavit: ,Signifer, statue signum; hic manebimus optime.' Qua voce audita et senatus accipere se omen ex curia egressus conclamavit et plebs circumfusa approbavit. Antiquata deinde lege promiscue urbs aedificari coepta. 3 Tegula publice praebita est; saxi materiaeque caedendae, unde quisque vellet, ius factum praedibus acceptis eo anno 4 aedificia perfecturos. Festinatio curam exemit vicos derigendi, dum omisso sui alienique discrimine in vacuo 5 aedificant. Ea est causa, ut veteres cloacae, primo per publicum ductae, nunc privata passim subeant tecta formaque urbis sit occupatae magis quam divisae similis.

Camillus lebte nach der Rettung Roms noch 25 Jahre in höchstem Ansehen. Er erhielt den Ehrennamen: zweiter Romulus.

8. T. Manlius Torquatus
a) Die pietas des T. Manlius

L. Manlius Imperiosus hat sich als Diktator im Jahre 364 durch
äußerst strenge Amtsführung verhasst gemacht und sein Amt nach
Erfüllung der ihm gestellten Aufgabe beibehalten. Dem Druck der
Volkstribunen muss er aber nachgeben und die Diktatur niederlegen.
Im nächsten Jahr will ihn der Tribun M. Pomponius vor Gericht stellen. Das verhindert der junge T. Manlius, der trotz harter, ungerechter Behandlung durch den Vater seiner Sohnespflicht treu bleibt.

Neque eo minus principio insequentis anni Q. Servilio
Ahala L. Genucio consulibus dies Manlio dicitur a M.
Pomponio tribuno plebis. Acerbitas in dilectu, non damno
modo civium, sed etiam laceratione corporum lata, partim
virgis caesis, qui ad nomina non respondissent, partim in
vincula ductis, invisa erat, et ante omnia invisum ipsum ingenium atrox cognomenque Imperiosi, grave liberae civitati,
ab ostentatione saevitiae adscitum, quam non magis in alienis
quam in proximis ac sanguine ipso suo exerceret. Criminique
ei tribunus inter cetera dabat, quod filium iuvenem, nullius
probri compertum, extorrem urbe domo penatibus, foro luce
congressu aequalium prohibitum, in opus servile, prope in
carcerem atque in ergastulum dederit, ubi summo loco natus
dictatorius iuvenis cotidiana miseria disceret vere imperioso
patre se natum esse. At quam ob noxam? Quia infacundior
sit et lingua impromptus. Quod naturae damnum utrum
nutriendum patri, si quidquam in eo humani esset, an castigandum ac vexatione insigne faciendum fuisse? Ne mutas
quidem bestias minus alere ac fovere, si quid ex progenie
sua parum prosperum sit; at hercule L. Manlium malum malo
augere filii et tarditatem ingenii insuper premere, et, si quid
in eo exiguum naturalis vigoris sit, id extinguere vita agresti
et rustico cultu inter pecudes habendo.

Omnium potius his criminationibus quam ipsius iuvenis
inritatus est animus; quin contra se quoque parenti causam

2 invidiae atque criminum esse aegre passus, ut omnes dii hominesque scirent se parenti opem latam quam inimicis eius malle, capit consilium rudis quidem atque agrestis animi et, quamqam non civilis exempli, tamen pietate laudabile.
3 Inscientibus cunctis cultro succinctus mane in urbem atque a porta domum confestim ad M. Pomponium tribunum pergit; ianitori opus esse sibi domino eius convento extemplo
4 ait; nuntiaret Titum Manlium, Luci filium, esse. Mox introductus – etenim percitum ira in patrem spes erat aut criminis aliquid novi aut consilii ad rem agendam deferre – salute accepta redditaque esse ait, quae cum eo agere arbitris
5 remotis velit. Procul inde omnibus abire iussis cultrum stringit et super lectum stans ferro intento, nisi in quae ipse concepisset verba iuraret se patris eius accusandi causa concilium plebis numquam hibiturum, se eum extemplo
6 transfixurum minatur. Pavidus tribunus, quippe qui ferrum ante oculos micare, se solum inermem, illum praevalidum iuvenem et, quod haud minus timendum erat, stolide ferocem viribus suis cerneret, adiurat in quae adactus est verba. Et prae se deinde tulit ea vi subactum se incepto
7 destitisse. Nec perinde ut maluisset plebes sibi suffragii ferendi de tam crudeli et superbo reo potestatem fieri, ita aegre habuit filium id pro parente ausum; eoque id laudabilius erat, quod animum eius tanta acerbitas patria nihil a pietate avertisset.

b) Der Zweikampf des T. Manlius

9 6   Dictator cum tumultus Gallici causa iustitium edixisset, omnes iuniores sacramento adegit ingentique exercitu ab
7 urbe profectus in citeriore ripa Anienis castra posuit. Pons in medio erat neutris eum rumpentibus, ne timoris indicium esset. Proelia de occupando ponte crebra erant, nec, qui
8 poterentur, incertis viribus satis discerni poterat. Tum eximia corporis magnitudine in vacuum pontem Gallus processit

et, quantum maxima voce potuit, ‚quem nunc' inquit ‚Roma virum fortissimum habet, procedat agedum, ad pugnam, ut noster duorum eventus ostendat, utra gens bello sit melior.'

Diu inter primores iuvenum Romanorum silentium fuit, cum et abnuere certamen vererentur et praecipuam sortem periculi petere nollent. Tum T. Manlius, L. filius, qui patrem a vexatione tribunicia vindicaverat, ex statione ad dictatorem pergit. ‚Iniussu tuo' inquit, ‚imperator, extra ordinem numquam pugnaverim, non si certam victoriam videam; si tu permittis, volo ego illi beluae ostendere, quando adeo ferox praesultat hostium signis, me ex ea familia ortum, quae Gallorum agmen ex rupe Tarpeia deiecit.' Tum dictator ‚macte virtute' inquit ‚ac pietate in patrem patriamque, T. Manli, esto. Perge et nomen Romanum invictum iuvantibus dis praesta.'

Armant inde iuvenem aequales; pedestre scutum capit, Hispano cingitur gladio ad propiorem habili pugnam; armatum adornatumque adversus Gallum stolide laetum et – quoniam id quoque memoria dignum antiquis visum est – linguam etiam ab irrisu exserentem producunt. Recipiunt inde se ad stationem, et duo in medio armati spectaculi magis more quam lege belli destituuntur, nequaquam visu ac specie aestimantibus pares. Corpus alteri magnitudine eximium, versicolori veste pictisque et auro caelatis refulgens armis; media in altero militaris statura modicaque in armis habilibus magis quam decoris species. Non cantus, non exultatio armorumque agitatio vana, sed pectus animorum iraeque tacitae plenum; omnem ferociam in discrimen ipsum certaminis distulerat.

Ubi constitere inter duas acies, tot circa mortalium animis spe metuque pendentibus, Gallus velut moles superne imminens proiecto laeva scuto in advenientis arma hostis vanum caesim cum ingenti sonitu ensem deiecit; Romanus mucrone subrecto, cum scuto scutum imum perculisset totoque corpore interior periculo vulneris factus insinuasset

se inter corpus armaque, uno alteroque subinde ictu ventrem
atque inguina hausit et in spatium ingens ruentem porrexit
11 hostem. Iacentis inde corpus ab omni alia vexatione intactum
uno torque spoliavit, quem respersum cruore collo circum-
12 dedit suo. Defixerat pavor cum admiratione Gallos; Romani
alacres ab statione obviam militi suo progressi, gratulantes
13 laudantesque ad dictatorem perducunt. Inter carminum
prope in modum incondita quaedam militariter ioculantes
Torquati cognomen auditum; celebratum deinde posteris
14 etiam familiaeque honori fuit. Dictator coronam auream
addidit donum mirisque pro contione eam pugnam laudibus
tulit.

11 Et hercule tanti ea ad universi belli eventum momenti
dimicatio fuit, ut Gallorum exercitus proxima nocte relictis
trepide castris in Tiburtem agrum atque inde ... mox in Cam-
paniam transierit.

c) Disciplina militaris.
Vater und Sohn

Roms wachsende Macht in Mittelitalien erweckt bei den latinischen Bundesgenossen die Befürchtung, sie könnten zur Stellung
von Untertanen absinken. Als Rom ihre Forderung auf Gleichberech-
tigung ablehnt, müssen die Waffen sprechen (340-338).

6 14 Agitatum etiam in consilio est, ut, si quando umquam
severo ullum imperio bellum administratum esset, tunc uti
15 disciplina militaris ad priscos redigeretur mores. Curam
acuebat, quod adversus Latinos bellandum erat, lingua,
moribus, armorum genere, institutis ante omnia militaribus
congruentes: milites militibus, centurionibus centuriones,
tribuni tribunis compares collegaeque in iisdem praesidiis,
16 saepe iisdem manipulis permixti fuerant. Per haec ne quo
errore milites caperentur, edicunt consules, ne quis extra
ordinem in hostem pugnaret.
7 Forte inter ceteros turmarum praefectos, qui exploratum

in omnes partes dimissi erant, T. Manlius, consulis filius, super castra hostium cum suis turmalibus evasit, ita ut vix teli iactu ab statione proxima abesset. Ibi Tusculani erant equites; 2 praeerat Geminus Maecius, vir cum genere inter suos tum factis clarus. Is ubi Romanos equites insignemque inter eos 3 praecedentem consulis filium – nam omnes inter se, utique illustres viri, noti erant – cognovit, ‚unane' ait ‚turma, Roma- 4 ni, cum Latinis sociisque bellum gesturi estis? Quid interea consules, quid duo exercitus consulares agent?' ‚Aderunt 5 in tempore' Manlius inquit, ‚et cum illis aderit Iuppiter ipse, foederum a vobis violatorum testis, qui plus potest polletque. Si ad Regillum lacum ad satietatem vestram pugnavimus, hic 6 quoque effciemus profecto, ne nimis acies vobis et collata signa nobiscum cordi sint.' Ad ea Geminus paulum ab suis 7 equo provectus: ‚Visne igitur, dum dies ista venit, qua magno conatu exercitus moveatis, interea tu ipse congredi mecum, ut nostro duorum iam hinc eventu cernatur, quantum eques Latinus Romano praestet?'

Movet ferocem animum iuvenis seu ira seu detractandi 8 certaminis pudor seu inexsuperabilis vis fati. Oblitus itaque imperii patrii consulumque edicti praeceps ad id certamen agitur, quo vinceret an vinceretur haud multum interesset. Equitibus ceteris velut ad spectaculum summotis spatio, quod 9 vacui interiacebat campi, adversos concitant equos; et cum infestis cuspidibus concurrissent, Manli cuspis super galeam hostis, Maeci trans cervicem equi clapsa est. Circumactis 10 deinde equis cum prior ad iterandum ictum Manlius consurrexisset spiculum inter aures equi fixit. Ad cuius vulneris sensum cum equus prioribus pedibus erectis magna vi caput quateret, excussit equitem, quem cuspide parmaque in- 11 nixum attollentem se ab gravi casu Manlius ab iugulo, ita ut per costas ferrum emineret, terrae affixit; spoliisque lectis 12 ad suos revectus cum ovante gaudio turma in castra atque inde ad praetorium ad patrem tendit, ignarus fati futurique, laus an poena merita esset.

13 ‚Ut me omnes' inquit, ‚pater, tuo sanguine ortum vere ferrent, provocatus equestria haec spolia capta ex hoste caeso
14 porto.' Quod ubi audivit consul, extemplo filium aversatus contionem classico advocari iussit. Quae ubi frequens con-
15 venit, ‚quandoque' inquit ‚tu, T. Manli, neque imperium consulare neque maiestatem patriam veritus adversus edictum
16 nostrum extra ordinem in hostem pugnasti et, quantum in te fuit, disciplinam militarem, qua stetit ad hanc diem Romana res, solvisti meque in eam necessitatem adduxisti, ut aut rei publicae mihi aut mei meorumque obliviscendum
17 sit, nos potius nostro delicto plectemur, quam res publica tanto suo damno nostra peccata luat. Triste exemplum, sed
18 in posterum salubre iuventuti erimus. Me quidem cum ingenita caritas liberum tum specimen istud virtutis
19 deceptum vana imagine decoris in te movet; sed cum aut morte tua sancienda sint consulum imperia aut impunitate in perpetuum abroganda, ne te quidem, si quid in te nostri sanguinis est, recusare censeam, quin disciplinam militarem culpa tua prolapsam poena restituas. I, lictor, deliga ad palum.'
20 Exanimati omnes tam atroci imperio, nec aliter quam in se quisque destrictam cernentes securem, metu magis quam
21 modestia quievere. Itaque velut demerso ab admiratione animo, cum silentio defixi stetissent, repente, postquam cervice caesa fusus est cruor, tam libero conquestu coortae voces sunt, ut neque lamentis neque exsecrationibus
22 parceretur spoliisque contectum iuvenis corpus, quantum militaribus studiis funus ullum concelebrari potest, structo extra vallum rogo cremaretur, Manlianaque imperia non in praesentia modo horrenda, sed exempli etiam tristis in posterum essent.

9. Ein Vergleich Alexanders mit den Römern

In Buch IX 1-16 werden die schmerzliche Niederlage der Römer gegen die Samniten bei Caudium (321) und die erfolgreiche Revanche durch L. Papirius Cursor bei Fregellae (319) dargestellt. Um Caudium noch mehr zu relativieren, schließt Livius an eine Würdigung des Papirius die Frage an, wie wohl ein Krieg Alexanders gegen die Römer ausgegangen wäre. Livius antwortet damit auch griechischen Autoren, die Alexander für überlegen hielten. Deren Argumente lassen sich aus den Ausführungen des Livius rekonstruieren.

Nihil minus quaestium a principio huius operis videri potest, quam ut plus iusto ab rerum ordine declinarem varietatibusque distinguendo opere et legentibus velut deverticula amoena et requiem animo meo quaererem; tamen tanti regis ac ducis mentio, quibus saepe tacitis cogitationibus volutavi animum, eas evocat in medium, ut quaerere libeat, quinam eventus Romanis rebus, si cum Alexandro foret bellatum, futurus fuerit. 17 2

Plurimum in bello pollere videntur militum copia et virtus, ingenia imperatorum, fortuna per omnia humana maxime in re bellica potens. Ea et singula intuenti et universa, sicut ab aliis regibus gentibusque, ita ab hoc quoque facile praestant invictum Romanum imperium. 3 4

Iam primum, ut ordiar ab ducibus comparandis, haud equidem abnuo egregium ducem fuisse Alexandrum; sed clariorem tamen eum facit, quod unus fuit, quod adulescens in incremento rerum, nondum alteram fortunam expertus, decessit. Ut alios reges claros ducesque omittam, magna exempla casuum humanorum, Cyrum, quem maxime Graeci laudibus celebrant, quid nisi longa vita, sicut Magnum modo Pompeium, vertenti praebuit fortunae? Recenseam duces Romanos, nec omnes omnium aetatium, sed ipsos eos, cum quibus consulibus aut dictatoribus Alexandro fuit bellandum, M. Valerium Corvum, C. Marcium Rutilum, C. Sulpicium, T. Manlium Torquatum, Q. Publilium Philonem, L. Papirium Cursorem, Q. Fabium Maximum, duos Decios, L. Volumnium, 5 6 7 8

9 M'. Curium? Deinceps ingentes sequuntur viri, si Punicum Romano praevertisset bellum seniorque in Italiam traie-
10 cisset. Horum in quolibet cum indoles eadem quae in Alexandro erat animi ingeniique, tum disciplina militaris, iam ab initiis urbis tradita per manus, in artis perpetuis
12 praeceptis ordinatae modum venerat. Militaria opera pugnando obeunti Alexandro – nam ea quoque haud minus clarum eum faciunt – cessisset videlicet in acie oblatus par Manlius Torquatus aut Valerius Corvus, insignes ante milites
13 quam duces, cessissent Decii, devotis corporibus in hostem
14 ruentes, cessisset Papirius Cursor illo corporis robore, illo animi! Victus esset consiliis iuvenis unius, ne singulos nominem,.senatus ille, quem qui ex regibus constare dixit,
15 unus veram speciem Romani senatus cepit! Id vero erat periculum, ne sollertius quam quilibet unus ex iis, quos nominavi, castris locum caperet, commeatus expediret, ab insidiis praecaveret, tempus pugnae deligeret, aciem
16 instrueret, subsidiis firmaret! Non cum Dareo rem esse dixisset, quem mulierum ac spadonum agmen trahentem, inter purpuram atque aurum, oneratum fortunae apparatibus suae, praedam verius quam hostem, nihil aliud quam bene
17 ausus vana contemnere, incruentus devicit. Longe alius Italiae quam Indiae, per quam temulento agmine comisabundus incessit, visus illi habitus esset, saltus Apuliae ac montes Lucanos cernenti et vestigia recentia domesticae cladis, ubi avunculus eius nuper, Epiri rex Alexander, absumptus erat.

18 Et loquimur de Alexandro nondum merso secundis rebus,
2 quarum nemo intolerantior fuit. Qui si ex habitu novae fortunae novique, ut ita dicam, ingenii, quod sibi victor
3 induerat, spectetur, Dareo magis similis quam Alexandro in Italiam venisset et exercitum Macedoniae oblitum de-
6 generantemque iam in Persarum mores adduxisset. Id vero periculum erat, quod levissimi ex Graecis, qui Parthorum quoque contra nomen Romanum gloriae favent, dictitare

solent, ne maiestatem nominis Alexandri, quem ne fama quidem illis notum arbitror fuisse, sustinere non potuerit populus Romanus, et adversus quem Athenis, in civitate 7 fracta Macedonum armis, cernentes tum maxime prope fumantes Thebarum ruinas, contionari libere ausi sint homines, id quod ex monumentis orationum patet, adversus eum nemo ex tot proceribus Romanis vocem liberam missurus fuerit!

Quantalibet magnitudo hominis concipiatur animo, unius 8 tamen ea magnitudo hominis erit, collecta paulo plus decem annorum felicitate; quam qui eo extollunt quod populus 9 Romanus, etsi nullo bello, multis tamen proeliis victus sit, Alexandro nullius pugnae non secunda fortuna fuerit, non intellegunt se hominis res gestas, et eius iuvenis, cum populi iam quadringentesimum bellantis annum rebus conferre. Miremur, si, cum ex hac parte saecula plura numerentur 10 quam ex illa anni, plus in tam longo spatio quam in aetate tredecim annorum fortuna variaverit? Quin tu hominis cum 11 homine et duces cum duce fortunam cum fortuna confers? Quot Romanos duces nominem, quibus numquam adversa 12 fortuna pugnae fuit! Paginas in annalibus magistratuumque fastis percurrere licet consulum dictatorumque, quorum nec virtutis nec fortunae ullo die populum Romanum paenituit. Et, quo sint mirabiliores quam Alexander aut quisquam rex, 13 denos vicenosque dies quidam dictaturam, nemo plus quam annum consulatum gessit; ab tribunis plebis dilectus 14 impediti sunt; post tempus ad bella ierunt, ante tempus comitiorum causa revocati sunt; in ipso conatu rerum 15 circumegit se annus; collegae nunc temeritas, nunc pravitas impedimento aut damno fuit; male gesstis rebus alterius successum est; tironem aut mala disciplina institutum exercitum acceperunt. At hercule reges, non liberi solum 16 impedimentis omnibus, sed domini rerum temporumque, trahunt consiliis cuncta, non sequuntur. Invictus ergo Alex- 17 ander cum invictis ducibus bella gessisset et eadem fortunae

18 pignora in discrimen detulisset; immo etiam eo plus periculi subisset, quod Macedones unum Alexandrum habuissent, multis casibus non solum obnoxium, sed etiam offerentem
19 se, Romani multi fuissent Alexandro vel gloria vel rerum magnitudine pares, quorum suo quisque fato sine publico discrimine viveret morereturque.

19 9 Iam in opere quis par Romano miles, quis ad tolerandum laborem melior? Uno proelio victus Alexander bello victus esset: Romanum, quem Caudium, quem Cannae non frege-
12 runt, quae fregisset acies? Equidem cum per annos quattuor et viginti primo Punico bello classibus certatum cum Poenis recordor, vix aetatem Alexandri suffecturam fuisse reor ad
13 unum bellum; et forsitan, cum et foederibus vetustis iuncta res Punica Romanae esset et timor par adversus communem hostem duas potentissimas armis virisque urbes armaret,
14 simul Punico Romanoque obrutus bello esset. Non quidem Alexandro duce nec integris Macedonum rebus, sed experti tamen sunt Romani Macedonem hostem adversus Antiochum, Philippum, Persen non modo cum clade ulla, sed ne
15 cum periculo quidem suo. Absit invidia verbo et civilia bella sileant: [numquam ab equite hoste,] numquam a pedite, numquam aperta acie, numquam aequis, utique numquam
16 nostris locis laboravimus; equitum sagittas, saltus impeditos,
17 avia commeatibus loca gravis armis miles timere potest: mille acies graviores quam Macedonum atque Alexandri avertit avertetque, modo sit perpetuus huius, qua vivimus, pacis amor et civilis cura concordiae.

C. Der Kampf um die Vorherrschaft im westlichen Mittelmeer

1. Der Ausbruch des Zweiten Punischen Krieges
a) Vorwort zur 3. Dekade

In parte operis mei licet mihi praefari, quod in principio summae totius professi plerique sunt rerum scriptores, bellum maxime omnium memorabile, quae umquam gesta sint, me scripturum, quod Hannibale duce Carthaginienses cum populo Romano gessere. Nam neque validioribus opibus ullae inter se civitates gentesque contulerunt arma, neque his ipsis tantum umquam virium aut roboris fuit; et haud ignotas belli artes inter sese, sed expertas primo Punico conserebant bello, et adeo varia fortuna belli ancepsque Mars fuit, ut propius periculum fuerint, qui vicerunt. Odiis etiam prope maioribus certarunt quam viribus, Romanis indignantibus, quod victoribus victi ultro inferrent arma, Poenis, quod superbe avareque crederent imperitatum victis esse. Fama est etiam Hannibalem annorum ferme novem pueriliter blandientem patri Hamilcari, ut duceretur in Hispaniam, cum perfecto Africo bello exercitum eo traiecturus sacrificaret, altaribus admotum tactis sacris iure iurando adactum se cum primum posset hostem fore polulo Romano.

b) Hamilkar und Hasdrubal in Spanien

Angebant ingentis spiritus virum Sicilia Sardiniaque amissae: nam et Siciliam nimis celeri desperatione rerum concessam, et Sardiniam inter motum Africae fraude Romanorum stipendio etiam insuper imposito interceptam. His anxius curis ita se Africo bello, quod fuit sub recentem Romanam pacem, per quinque annos, ita deinde novem annis in Hispania augendo Punico imperio gessit, ut appareret maius eum quam quod gereret agitare in animo bellum et, si diutius vixisset, Hamilcare duce Poenos arma Italiae illaturos fuisse, cui Hannibalis ductu intulerunt.

3 Mors Hamilcaris peropportuna et pueritia Hannibalis distulerunt bellum. Medius Hasdrubal inter patrem ac filium
5 octo ferme annos imperium obtinuit. Is plura consilio quam vi gerens hospitiis magis regulorum conciliandisque per amicitiam principum novis gentibus quam bello aut armis
6 rem Carthaginiensem auxit. Ceterum nihilo ei pax tutior fuit: barbarus eum quidam palam ob iram interfecti ab eo domini obtruncat.

7 Cum hoc Hasdrubale, quia mirae artis in sollicitandis gentibus imperioque suo iungendis fuerat, foedus renovaverat populus Romanus, ut finis utriusque imperii esset amnis Hiberus Saguntinisque mediis inter imperia duorum populorum libertas servaretur.

Unter Hasdrubal dient der junge Hannibal drei Jahre in Spanien.

c) Charakteristik Hannibals

4 Missus Hannibal in Hispaniam primo statim adventu
2 omnem exercitum in se convertit; Hamilcarem iuvenem redditum sibi veteres milites credere, eundem vigorem in vultu vimque in oculis, habitum oris lineamentaque intueri. Dein brevi effecit, ut pater in se minimum momentum ad
3 favorem conciliandum esset. Numquam ingenium idem ad res diversissimas, parendum atque imperandum, habilius fuit. Itaque haud facile discerneres, utrum imperatori an
4 exercitui carior esset; neque Hasdrubal alium quemquam praeficere malle, ubi quid fortiter ac strenue agendum esset,
5 neque milites alio duce plus confidere aut audere. Plurimum audaciae ad pericula capessenda, plurimum consilii inter ipsa pericula erat. Nullo labore aut corpus fatigari aut animus
6 vinci poterat. Caloris ac frigoris patientia par; cibi potionisque desiderio naturali, non voluptate modus finitus; vigiliarum somnique nec die nec nocte discriminata tempora:

id, quod gerendis rebus superesset, quieti datum; ea neque 7
molli strato neque silentio accersita; multi saepe militari
sagulo opertum humi iacentem inter custodias stationesque
militum conspexerunt. Vestitus nihil inter aequales excellens; arma atque equi conspiciebantur. Equitum 8
peditumque idem longe primus erat; princeps in proelium
ibat, ultimus conserto proelio excedebat. Has tantas viri 9
virtutes ingentia vitia aequabant: inhumana crudelitas,
perfidia plus quam Punica, nihil veri, nihil sancti, nullus
deum metus, nullum ius iurandum, nulla religio. Cum hac 10
indole virtutum atque vitiorum triennio sub Hasdrubale
imperatore meruit nulla re, quae agenda videndaque magno
futuro duci esset, praetermissa.

Gemäß dem Wunsche des Heeres erhält Hannibal nach dem Tode
Hasdrubals das Oberkommando.

d) Eroberung Sagunts und Reaktion Roms

Ceterum ex quo die dux est declaratus, velut Italia ei 5
provincia decreta bellumque Romanum mandatum esset,
nihil prolatandum ratus, ne se quoque, ut patrem Hamil- 2
carem, deinde Hasdrubalem, cunctantem casus aliquis
opprimeret, Saguntinis inferre bellum statuit.

Zur Sicherung und zum Ausbau der punischen Herrschaft in Spani-
en kämpft Hannibal 221 und 220 zunächst gegen mehrere spanische
Völkerschaften.

Legati a Saguntinis Romam missi auxilium ad bellum iam 6
haud dubie imminens orantes. Consules tunc Romae erant 3
P. Cornelius Scipio et Ti. Sempronius Longus. Qui cum
legatis in senatum introductis de re publica rettulissent,
placuissetque mitti legatos in Hispaniam ad res sociorum
inspiciendas, quibus si videretur digna causa, et Hannibali 4
denuntiarent, ut ab Saguntinis, sociis populi Romani, absti-

neret, et Carthaginem in Africam traicerent ac sociorum po-
5 puli Romani querimonias deferrent, – hac legatione decreta
necdum missa omnium spe celerius Saguntum oppugnari
6 allatum est. Tunc relata de integro res ad senatum est; alii
provincias consulibus Hispaniam atque Africam decernentes
terra marique rem gerendam censebant, alii totum in
7 Hispaniam Hannibalemque indendebant bellum. Erant, qui
non temere movendam rem tantam exspectandosque ex
8 Hispania legatos censerent. Haec sententia, quae tutissima
videbatur, vicit; legatique eo maturius missi P. Valerius Flaccus
et Q. Baebius Tamphilus Saguntum ad Hannibalem atque
inde Carthaginem, si non absisteretur bello, ad ducem ipsum
in poenam foederis rupti deposcendum.

7 1 Dum ea Romani parant consultantque, iam Saguntum
summa vi oppugnabatur ...

Der Kampf verläuft wechselvoll.

9 3 Interim ab ,Roma legatos venisse nuntiatum est; quibus
obviam ad mare missi ab Hannibale, qui dicerent nec tuto eos
adituros inter tot tam effrenatarum gentium arma, nec
Hannibali in tanto discrimine rerum operae esse legationes
4 audire. Apparebat non admissos Carthaginem protinus ituros.
Litteras igitur nuntiosque ad principes factionis Barcinae
praemittit, ut praepararent suorum animos, ne quid pars
altera gratificari populo Romano posset.

10 Itaque, praeterquam quod admissi auditique sunt, ea
2 quoque vana atque irrita legatio fuit. Hanno unus adversus
senatum causam foederis magno silentio propter auctoritatem suam, non cum adsensu audientium egit, per deos
foederum arbitros ac testes senatum obtestans, ne Romanum cum Saguntino suscitarent bellum ...

Cum Hanno perorasset, nemini omnium certare oratione
cum eo necesse fuit; adeo prope omnis senatus Hannibalis
11 erat; infestiusque locutum arguebant Hannonem quam Flac-

cum Valerium, legatum Romanum. Responsum inde legatis Romanis est bellum ortum ab Saguntinis, non ab Hannibale esse; populum Romanum iniuste facere, si Saguntinos vetustissimae Carthaginiensium societati praeponat.

Nach tapferer Gegenwehr wird Sagunt 219 erobert.

Sub idem fere tempus et legati, qui redierant ab Carthagine, Romam rettulerunt omnia hostilia esse, et Sagunti excidium nuntiatum est; tantusque simul maeror patres misericordiaeque sociorum peremptorum indigne et pudor non lati auxilii et ira in Carthaginienses metusque de summa rerum cepit, velut si iam ad portas hostis esset, ut tot uno tempore motibus animi turbati trepidarent magis quam consulerent: nam neque hostem acriorem bellicosioremque secum congressum, nec rem Romanam tam desidem umquam fuisse atque imbellem. Sardos Corsosque et Histros atque Illyrios lacessisse magis quam exercuisse Romana arma et cum Gallis tumultuatum verius quam belligeratum; Poenum hostem veteranum, trium et viginti annorum militia durissima inter Hispanas gentes semper victorem, duci acerrimo assuetum, recentem ab excidio opulentissimae urbis Hiberum transire; trahere secum tot excitos Hispanorum populos conciturum avidas semper armorum Gallicas gentes. Cum orbe terrarum bellum gerendum in Italia ac pro moenibus Romanis esse.

Nominatae iam antea consulibus provinciae erant; tum sortiri iussi. Cornelio Hispania, Sempronio Africa cum Sicilia evenit. Sex in eum annum decretae legiones et socium, quantum ipsis videretur, et classis, quanta parari posset. Latum inde ad populum, vellent iuberent populo Carthaginiensi bellum indici; eiusque belli causa supplicatio per urbem habita atque adorati di, ut bene ac feliciter eveniret, quod bellum populus Romanus iussisset.

e) Die Kriegserklärung

His ita comparatis, ut omnia iusta ante bellum fierent, legatos maiores natu, Q. Fabium, M. Livium, L. Aemilium, C. Licinium, Q. Baebium in Africam mittunt ad percunctandos
2 Carthaginienses, publicone consilio Hannibal Saguntum oppugnasset, et, si, id quod facturi videbantur, faterentur ac defenderent publico consilio factum, ut indicerent populo Carthaginiensi bellum.
3 Romani postquam Carthaginem venerunt, cum senatus datus esset et Q. Fabius nihil ultra quam unum, quod mandat-
4 um erat, percunctatus esset, tum ex Carthaginiensibus unus: ‚Praeceps vestra, Romani, et prior legatio fuit, cum Hannibalem tamquam suo consilio Saguntum oppugnantem de-
5 poscebatis; ceterum haec legatio verbis adhuc lenior est, re asperior. Tunc enim Hannibal et insimulabatur et deposcebatur: nunc ab nobis et confessio culpae exprimitur, et ut a
6 confessis res extemplo repetuntur. Ego autem non, privato publicone consilio Saguntum oppugnatum sit, quaerendum
7 censeam, sed utrum iure an iniuria: nostra enim haec questio atque animadversio in civem nostrum est, quid nostro aut
8 suo fecerit arbitrio; vobiscum una disceptatio est, licueritne per foedus fieri. Itaque quoniam discerni placet, quid publico consilio, quid sua sponte imperatores faciant, nobis vobiscum foedus est a C. Lutatio consule ictum, in quo, cum
9 caveretur utrorumque sociis, nihil de Saguntinis – necdum enim erant socii vestri – cautum est. At enim eo foedere, quod cum Hasdrubale ictum est, Saguntini excipiuntur.
10 Adversus quod ego nihil dicturus sum, nisi quod a vobis didici. Vos enim, quod C. Lutatius consul primo nobiscum foedus icit, quia neque ex auctoritate patrum nec populi iussu ictum erat, negastis vos eo teneri; itaque aliud de integro
11 foedus publico consilio ictum est. Si vos non tenent foedera vestra nisi ex auctoritate aut iussu vestro icta, ne nos quidem Hasdrubalis foedus, quod nobis insciis icit, obligare potuit.

Proinde omittite Sagunti atque Hiberi mentionem facere, 12
et, quod diu parturit animus vester, aliquando patriat.' Tum 13
Romanus sinu ex toga facto ,hic' inquit ,vobis bellum et
pacem portamus; utrum placet, sumite'. Sub hanc vocem
haud minus ferociter, daret, utrum vellet, succlamatum est.
Et cum is iterum sinu effuso bellum dare dixisset, accipere 14
se omnes responderunt et, quibus acciperent animis, iisdem
se gesturos.

Den Plan der Römer, außer dem spanischen Herrschaftsgebiet auch das Stammland der Karthager in Afrika anzugreifen, vereitelt Hannibal durch seine Offensive: Im Sommer 218 zieht er über die Pyrenäen und durch das südliche Gallien. Der Konsul Publius Cornelius Scipio, der durch aufständische Gallier noch in Oberitalien aufgehalten worden ist, erfährt erst in Massilia, dass Hannibal schon die Rhone überschritten hat. Er übergibt das Kommando über Heer und Flotte für den spanischen Krieg seinem Bruder Cn. Scipio und kehrt nach Oberitalien zurück. Hannibal führt sein Heer unter großen Mühsalen über die Alpen. P. Scipio vermag ihm den Übergang über den Po nicht zu verwehren (Schlacht am Ticinus). Im gleichen Jahre schlägt Hannibal noch die vereinigten Heere des P. Scipio und C. Sempronius am Trebia. Im Frühjahr 217 zieht Hannibal über den Apennin nach Etrurien.

2. Die Schlacht am Trasumennischen See

Hannibal, quod agri est inter Cortonam urbem Trasu- 4
mennumque lacum, omni clade belli pervastat, quo magis
iram hosti ad vindicandas sociorum iniurias acuat. Et iam 2
pervenerat ad loca nata insidiis, ubi maxime montes Cortonenses Trasumennus subit. Via tantum interest perangusta,
velut ad id ipsum de industria relicto spatio, deinde paulo
latior patescit campus; inde colles assurgunt. Ibi castra in 3
aperto locat, ubi ipse cum Afris modo Hispanisque consideret; Baliares ceteramque levem armaturam post montes
circumducit; equites ad ipsas fauces saltus tumulis apte
tegentibus locat, ut, ubi intrassent Romani, obiecto equitatu
clausa omnia lacu ac montibus essent.

4 Flaminius cum pridie solis occasu ad lacum pervenisset, inexplorato postero die vixdum satis certa luce angustiis superatis, postquam in patentiorem campum pandi agmen coepit, id tantum hostium, quod ex adverso erat, conspexit; 5 ab tergo ac super caput haud dispectae insidiae. Poenus ubi, id quod petierat, clausum lacu ac montibus et circumfusum suis copiis habuit hostem, signum omnibus dat simul 6 invadendi. Qui ubi, qua cuique proximum fuit, decucurrerunt, eo magis Romanis subita atque improvisa res fuit, quod orta ex lacu nebula campo quam montibus densior sederat agminaque hostium ex pluribus collibus ipsa inter 7 se satis conspecta eoque magis pariter decucurrerant. Romanus clamore prius undique orto, quam satis cerneret, se circumventum esse sensit, et ante in frontem lateraque pugnari coeptum est, quam satis instrueretur acies aut expediri arma stringique gladii possent.

5 Consul perculsis omnibus ipse satis, ut in re trepida, impavidus turbatos ordines, vertente se quoque ad dissonos clamores, instruit, ut tempus locusque patitur, et, quacumque adire audirique potest, adhortatur ac stare ac pugnare iubet: 2 nec enim inde votis aut imploratione deum, sed vi ac virtute evadendum esse. Per media acies ferro viam fieri et, quo 3 timoris minus sit, eo minus ferme periculi esse. Ceterum prae strepitu ac tumultu nec consilium nec imperium accipi poterat, tantumque aberat, ut sua signa atque ordines et locum noscerent, ut vix ad arma capienda aptandaque pugnae competeret animus opprimerenturque quidam onerati magis his quam tecti. Et erat in tanta caligine maior usus 4 aurium quam oculorum. Ad gemitus vulnerum ictusque corporum aut armorum et mixtos strepentium paventiumque 5 clamores circumferebant ora oculosque. Alii fugientes pugnantium globo illati haerebant, alios redeuntes in pugnam avertebat fugientium agmen.

6 Deinde, ubi in omnes partes nequiquam impetus capti et ab lateribus montes ac lacus, a fronte et ab tergo hostium

acies claudebant apparuitque nullam nisi in dextra ferroque salutis spem esse, tum sibi quisque dux adhortatorque factus ad rem gerendam, et nova de integro exorta pugna est, non 7 illa ordinata per principes hastatosque ac triarios, nec ut pro signis antesignani, post signa alia pugnaret acies, nec ut in sua legione miles aut cohorte aut manipulo esset; fors con- 8 globabat, et animus suus cuique ante aut post pugnandi ordinem dabat; tantusque fuit ardor animorum, adeo intentus pugnae animus, ut cum motum terrae, qui multarum urbium Italiae magnas partes prostravit avertitque cursu rapidos amnes, mare fluminibus invexit, montes lapsu ingenti proruit, nemo pugnatium senserit.

Tres ferme horas pugnatum est, et ubique atrociter; circa **6** consulem tamen acrior infestiorque pugna est. Eum et robora 2 virorum sequebantur et ipse, quacumque in parte premi ac laborare senserat suos, impigre ferebat opem; insignemque armis et hostes summa vi petebant et tuebantur cives, donec 3 Insuber eques – Ducario nomen erat – facie quoque noscitans consulem ‚en' inquit ‚hic est' popularibus suis, ‚qui legiones nostras cecidit agrosque et urbem est depopulatus! Iam ego hanc victimam manibus peremptorum foede civium dabo'; subditisque calcaribus equo per confertissimam 4 hostium turbam impetum facit obtruncatoque prius armigero, qui se infesto venienti obviam obiecerat, consulem lancea transfixit; spoliare cupientem triarii obiectis scutis arcuere.

Magnae partis fuga inde primum coepit; et iam nec lacus 5 nec montes pavori obstabant: per omnia arta praeruptaque velut caeci evadunt, armaque et viri super alios alii praecipitantur. Pars magna, ubi locus fugae deest, per prima vada 6 paludis in aquam progressi, quoad capitibus umerisve exstare possunt, sese immergunt. Fuere, quos inconsultus pavor nando etiam capessere fugam impulerit; quae ubi immensa 7 ac sine spe erat, aut deficientibus animis hauriebantur gurgitibus aut nequiquam fessi vada retro aegerrime repete-

bant atque ibi ab ingressis aquam hostium equitibus passim
8 trucidabantur. Sex milia ferme primi agminis per adversos
hostes eruptione impigre facta, ignari omnium, quae post se
agerentur, ex saltu evasere et, cum in tumulo quodam consti-
tissent, clamorem modo ac sonum armorum audientes, quae
fortuna pugnae esset, neque scire nec perspicere prae cali-
9 gine poterant. Inclinata denique re cum incalescente sole
dispulsa nebula aperuisset diem, tum liquida iam luce
montes campique perditas res stratamque ostendere foede
10 Romanam aciem. Itaque, ne in conspectos procul immitte-
retur eques, sublatis raptim signis quam citatissimo poterant
11 agmine sese abripuerunt. Postero die, cum super cetera
extrema fames etiam instaret, fidem dante Maharbale, qui
cum omnibus equestribus copiis nocte consecutus erat, si
arma tradidissent, abire cum singulis vestimentis passurum,
12 sese dediderunt. Quae Punica religione servata fides ab
Hannibale est, atque in vincula omnes coniecti.

7 Haec est nobilis ad Trasumennum pugna atque inter pau-
2 cas memorata populi Romani clades. Quindecim milia
Romanorum in acie caesa; decem milia sparsa fuga per
3 omnem Etruriam diversis itineribus urbem petiere. Duo
milia quingenti hostium in acie, multi postea ex vulneribus
periere. Multiplex caedes utrimque facta traditur ab aliis;
4 ego, praeterquam quod nihil auctum ex vano velim, quo nimis
inclinant ferme scribentium animi, Fabium, aequalem
5 temporibus huiusce belli, potissimum auctorem habui. Hannibal captivorum, qui Latini nominis essent, sine pretio
dimissis, Romanis in vincula datis, segregata ex hostium
coacervatorum cumulis corpora suorum cum sepeliri
iussisset, Flamini quoque corpus funeris causa magna cum
cura inquisitum non invenit.

6 Romae ad primum nuntium cladis eius cum ingenti
terrore ac tumultu concursus in forum populi est factus.
7 Matronae vagae per vias, quae repens clades allata quaeve
fortuna exercitus esset, obvios percunctantur. Et cum fre-

quentis contionis modo turba in comitium et curiam versa
magistratus vocaret, tandem haud multo ante solis occasum 8
M. Pomponius praetor ‚pugna' inquit ‚magna victi sumus'. Et
quamquam nihil certius ex eo auditum est, tamen alius ab
alio impleti rumoribus domos referunt consulem cum magna 9
parte copiarum caesum, superesse paucos aut fuga passim
per Etruriam sparsos aut captos ab hoste.

Quot casus exercitus victi fuerant, tot in curas distracti 10
animi eorum erant, quorum propinqui sub C. Flaminio consule meruerant, ignorantium, quae cuiusque suorum fortuna
esset; nec quisquam satis certum habet, quid aut speret aut
timeat. Postero ac deinceps aliquot diebus ad portas maior 11
prope mulierum quam virorum multitudo stetit, aut suorum
aliquem aut nuntios de iis opperiens; circumfundebanturque
obviis sciscitantes neque avelli, utique ab notis, priusquam
ordine omnia inquisissent, poterant. Inde varios vultus 12
digredientium ab nuntiis cerneres, ut cuique laeta aut tristia
nuntiabantur, gratulantesque aut consolantes redeuntibus
domos circumfusos. Feminarum praecipue et gaudia insignia
erant et luctus. Unam in ipsa porta sospiti filio repente 13
oblatam in complexu eius exspirasse ferunt, alteram, cui mors
filii falso nuntiata erat, maestam sedentem domi ad primum
conspectum redeuntis gaudio nimio exanimatam. Senatum 14
praetores per dies aliquot ab orto usque ad occidentem
solem in curia retinent consultantes, quonam duce aut copiis
quibus resisti victoribus Poenis posset.

Priusquam satis certa consilia essent, repens alia nuntiatur **8**
clades, quattuor milia equitum cum C. Centenio propraetore
missa ad collegam ab Servilio consule in Umbria, quo post
pugnam ad Trasumennum auditam averterant iter, ab
Hannibale circumventa. Eius rei fama varie homines affecit: 2
pars occupatis maiore aegritudine animis levem ex
comparatione priorum ducere recentem equitum iacturam;
pars non id, quod acciderat, per se aestimare, sed, ut in affecto 3
corpore quamvis levis causa magis quam in valido gravior

4 sentiretur, ita tum aegrae et affectae civitati quodcumque adversi inciderit, non rerum magnitudine sed viribus extenuatis, quae nihil, quod aggravaret, pati possent, aestiman-
5 dum esse. Itaque ad remedium iam diu neque desideratum nec adhibitum, dictatorem dicendum, civitas confugit. Et quia et consul aberat, a quo uno dici posse videbatur, nec per occupatam armis Punicis Italiam facile erat aut nuntium aut
6 litteras mitti, nec dictatorem praetor creare poterat, quod numquam ante eam diem factum erat, dictatorem populus creavit Q. Fabium Maximum et magistrum equitum M.
7 Minucium Rufum; iisque negotium ab senatu datum, ut muros turresque urbis firmarent et praesidia disponerent, quibus locis videretur, pontesque rescinderent fluminum: pro urbe ac penatibus dimicandum esse, quando Italiam tueri nequissent.

Vor weiteren schlimmen Schlägen wird Rom durch die vorsichtige Kriegsführung des Diktators Q. Fabius Maximus (Cunctator) bewahrt. Ihm zollt der römische Epiker Ennius das hohe Lob: Unus homo nobis cunctando restituit rem.

3. Cannae: Roms schwerste Bewährungsprobe

Für das 3. Kriegsjahr macht Rom besondere Anstrengungen, um eine günstige Wendung herbeizuführen: Die Konsuln des Jahres 216, L. Aemilius Paulus und C. Terentius Varro, rücken mit einem Heer von 8 Legionen ins Feld.

a) Zwei uneinige Konsuln

38 6   Contiones, priusquam ab urbe signa moverentur, consulis Varronis multae ac feroces fuere, denuntiantis bellum
7 arcessitum in Italiam ab nobilibus mansurumque in visceribus rei publicae, si plures Fabios imperatores haberet; se, quo die hostem vidisset, perfecturum. Collegae eius Pauli una
8 pridie, quam ab urbe proficisceretur, contio fuit, verior quam gratior populo, qua nihil inclementer in Varronem dictum
9 nisi id modo, mirari se, qui dux, priusquam aut suum aut

hostium exercitum, locorum situm, naturam regionis nosset, iam nunc togatus in urbe sciret, quae sibi agenda armato forent, et diem quoque praedicere posset, qua cum hoste 10 signis collatis esset dimicaturus. Se, quae consilia magis res 11 dent hominibus quam homines rebus, ea ante tempus immatura non praecepturum; optare, ut, quae caute ac consulte gesta essent, satis prospere evenirent; temeritatem, 12 praeterquam quod stulta sit, infelicem etiam ad id locorum fuisse. Sua sponte apparebat tuta celeribus consiliis prae- 13 positurum, et, quo id constantius perseveraret, Q. Fabius Maximus sic eum proficiscentem allocutus fertur:

„Si aut collegam, id quod mallem, tui similem, L. Aemili, **39** haberes, aut tu collegae tui esses similis, supervacanea esset oratio mea; nam et duo boni consules etiam me indicente 2 omnia e re publica fideque vestra faceretis et mali nec mea verba auribus vestris nec consilia animis acciperetis. Nunc et 3 collegam tuum et te talem virum intuenti mihi tecum omnis oratio est, quem video nequiquam et virum bonum et civem fore, si altera parte claudente re publica malis consiliis idem ac bonis iuris et potestatis erit.

Erras enim, L. Paule, si tibi minus certaminis cum C. 4 Terentio quam cum Hannibale futurum censes; nescio an infestior hic adversarius quam ille hostis maneat te: cum illo 5 in acie tantum, cum hoc omnibus locis ac temporibus certaturus es; adversus Hannibalem legionesque eius tuis equitibus ac peditibus pugnandum tibi est, Varro dux tuis militibus te est oppugnaturus.

Ominis etiam tibi causa absit C. Flamini memoria. Tamen 6 ille consul demum et in provincia et ad exercitum coepit furere; hic, priusquam peteret consulatum, deinde in petendo consulatu, nunc quoque consul, priusquam castra videat aut hostem, insanit. Et qui tantas iam nunc procellas, 7 proelia atque acies iactando, inter togatos ciet, quid inter armatam iuventutem censes facturum et ubi extemplo res verba sequitur?

8 Atqui si, quod facturum se denuntiat, extemplo pugnaverit, aut ego rem militarem, belli hoc genus, hostem hunc ignoro, aut nobilior alius Trasumenno locus nostris cladibus
9 erit. Nec gloriandi tempus adversus unum est, et ego contemnendo potius quam appetendo gloriam modum excesserim; sed ita res se habet: una ratio belli gerendi adversus Hanniba-
10 lem est, qua ego gessi; nec eventus modo hoc docet – stultorum iste magister est – , sed eadem ratio, quae fuit futuraque, donec res eaedem manebunt, immutabilis est.
11 In Italia bellum gerimus, in sede ac solo nostro; omnia circa plena civium ac sociorum sunt; armis, viris, equis, com-
12 meatibus iuvant iuvabuntque, id iam fidei documentum in adversis rebus nostris dederunt; meliores, prudentiores, con-
13 stantiores nos tempus diesque facit. Hannibal contra in aliena, in hostili est terra, inter omnia inimica infestaque, procul ab domo, ab patria; neque illi terra neque mari est pax; nullae eum urbes accipiunt, nulla moenia; nihil usquam sui videt;
14 in diem rapto vivit; partem vix tertiam exercitus eius habet, quem Hiberum amnem traiecit; plures fame quam ferro
15 absumpti, nec his paucis iam victus suppeditat. Dubitas ergo, quin sedendo superaturi simus eum, qui senescat in dies, non commeatus, non supplementum, non pecuniam habeat?
17 Haec una salutis est via, L. Paule, quam difficilem in-
18 festamque cives tibi magis quam hostes facient. Idem enim tui, quod hostium milites volent, idem Varro consul Romanus, quod Hannibal Poenus imperator cupiet. Duobus ducibus unus resistas oportet. Resistes autem, adversus famam rumoresque hominum si satis firmus steteris, si te neque collegae vana gloria neque tua falsa infamia moverit. Veri-
19 tatem laborare nimis saepe aiunt, exstingui numquam: vanam
20 gloriam qui spreverit, veram habebit. Sine timidum pro cauto, tardum pro considerato, imbellem pro perito belli vocent. Malo, te sapiens hostis metuat, quam stulti cives laudent. Omnia audentem contemnet Hannibal, nihil temere agentem metuet.

Nec ego, ut nihil agatur, moneo, sed ut agentem te ratio 21
ducat, non fortuna; tuae potestatis semper tu tuaque omnia
sint; armatus intentusque sis; neque occasioni tuae desis
neque suam occasionem hosti des. Omnia non properanti 22
clara certaque erunt, festinatio improvida est et caeca.

Adversus ea oratio consulis haud sane laeta fuit, magis **40**
fatentis ea, quae diceret, vera quam facilia factu esse. Dictatori 2
magistrum equitum intolerabilem fuisse: quid consuli
adversus collegam seditiosum ac temerarium virium atque
auctoritatis fore? Se populare incendium priore consulatu 3
semustum effugisse; optare, ut omnia prospere evenirent;
sed si quid adversi caderet, hostium se telis potius quam
suffragiis iratorum civium caput obiecturum. Ab hoc sermone 4
profectum Paulum tradunt prosequentibus primoribus
patrum; plebeium consulem sua plebes prosecutat, turba
conspectior, cum dignitates deessent.

b) Der Verlauf der Schlacht

Cum utriusque consulis eadem, quae ante semper, fuisset 8 **43**
sententia, ceterum Varroni fere omnes, Paulo nemo praeter
Servilium, prioris anni consulem, assentiretur, ex maioris 9
partis sententia ad nobilitandas clade Romana Cannas urgente
fato profecti sunt. Prope eum vicum Hannibal castra 10
posuerat aversa a Vulturno vento, qui campis torridis siccitate
nubes pulveris vehit. Id cum ipsis castris percommodum fuit, 11
tum salutare praecipue futurum erat, cum aciem dirigerent,
ipsi aversi, terga tantum afflante vento, in occaecatum pulvere
offuso hostem pugnaturi.

Consules satis exploratis itineribus sequentes Poenum, **44**
ut ventum ad Cannas est et in conspectu Poenum habebant,
bina castra communiunt ... sicut ante copiis divisis. Aufidus 2
amnis utrisque castris affluens aditum aquatoribus ex sua
cuiusque opportunitate haud sine cartamine dabat; ex 3
minoribus tamen castris, quae posita trans Aufidum erant,

liberius aquabantur Romani, quia ripa ulterior nullum habebat hostium praesidium.

45 Postero die Varro, cui sors eius diei imperii erat, nihil consulto collega signum proposuit instructasque copias flumen traduxit sequente Paulo, quia magis non probare quam non adiuvare consilium poterat. Transgressi flumen eas quoque, quas in castris minoribus habuerant, copias suis adiungunt atque ita instruunt aciem: in dextro cornu – id erat flumini propius – Romanos equites locant, deinde pedites; laevum cornu extremi equites sociorum, intra pedites, ad medium iuncti legionibus Romanis, tenuerunt; iaculatores cum ceteris levium armorum auxiliis prima acies facta. Consules cornua tenuerunt, Terentius laevum, Aemilius dextrum; Gemino Servilio media pugna tuenda data.

46 Hannibal luce prima Baliaribus levique alia armatura praemissa transgressus flumen, ut quosque traduxerat, ita in acie locabat: Gallos Hispanosque equites prope ripam laevo in cornu adversus Romanum equitatum, dextrum cornu Numidis equitibus datum, media acie peditibus firmata, ita ut Afrorum utraque cornua essent, interponerentur his medii Galli atque Hispani. Numerus omnium peditum, qui tum steterunt in acie, milium fuit quadraginta, decem equitum. Duces cornibus praeerant sinistro Hasdrubal, dextro Maharbal; mediam aciem Hannibal ipse cum fratre Magone tenuit. Sol, seu de industria ita locatis, seu quod forte ita stetere, peropportune utrique parti obliquus erat, Romanis in meridiem, Poenis in septemtrionem versis. Ventus – Volturnum regionis incolae vocant – adversus Romanis coortus multo pulvere in ipsa ora volvendo prospectum ademit.

47 Clamore sublato procursum ab auxiliis et pugna levibus primum armis commissa; deinde equitum Gallorum Hispanorumque laevum cornu cum dextro Romano concurrit, minime equestris more pugnae; frontibus enim adversis concurrendum erat, quia nullo circa ad evagandum relicto spatio hinc amnis, hinc peditum acies claudebant. In

derectum utrimque nitentes, stantibus ac confertis postremo 3
turba equis, vir virum amplexus detrahebat equo. Pedestre
magna iam ex parte certamen factum erat; acrius tamen quam
diutius pugnatum est, pulsique Romani equites terga vertunt.

Sub equestris finem certaminis coorta est peditum pugna, 4
primo et viribus et animis par, dum constabant ordines Gallis
Hispanisque; tandem Romani, diu ac saepe conisi, aequa 5
fronte acieque densa impulere hostium cuneum nimis
tenuem eoque parum validum, a cetera prominentem acie.
Impulsis deinde ac trepide referentibus pedem institere, ac 6
tenore uno per praeceps pavore fugientium agmen in
mediam primum aciem illati postremo nullo resistente ad
subsidia Afrorum pervenerunt, qui utrimque reductis alis 7
constiterant media, qua Galli Hispanique steterant, aliquantum
prominente acie. Qui cuneus ut pulsus aequavit 8
frontem primum, dein cedendo etiam sinum in medio dedit,
Afri circa iam cornua fecerant irruentibusque incaute in
medium Romanis circumdedere alas; mox cornua extendendo
clausere et ab tergo hostes. Hinc Romani defuncti 9
nequiquam proelio uno, omissis Gallis Hispanisque, quorum
terga ceciderant, adversus Afros integram pugnam ineunt, 10
non tantum eo iniquam, quod inclusi adversus circumfusos,
sed etiam quod fessi cum recentibus ac vegetis pugnabant.

Iam et sinistro cornu Romanis, ubi sociorum equites
adversus Numidas steterant, consertum proelium erat, segne
primo et a Punica coeptum fraude. Quingenti ferme 2
Numidae, praeter solita arma telaque gladios occultos sub
loricis habentes, specie transfugarum cum ab suis parmas
post terga habentes adequitassent, repente ex equis desiliunt, 3
parmisque et iaculis ante pedes hostium proiectis in mediam
aciem accepti ductique ad ultimos considere ab tergo
iubentur. Ac dum proelium ab omni parte conseritur, quieti
manserunt; postquam omnium animos oculosque occupa- 4
verat certamen, tum arreptis scutis, quae passim inter acervos
caesorum corporum strata erant, aversam adoriuntur Roma-

nam aciem tergaque ferientes ac poplites caedentes stragem ingentem ac maiorem aliquanto pavorem ac tumultum fecerunt. Cum alibi terror ac fuga, alibi pertinax in mala iam spe proelium esset, Hasdrubal, qui ea parte praeerat, subductos ex media acie Numidas, quia segnis eorum cum adversis pugna erat, ad persequendos passim fugientes mittit, Hispanos et Gallos equites Afris iam prope fessis caede magis quam pugna adiungit.

49 Parte altera pugnae Paulus, quamquam primo statim proelio funda graviter ictus fuerat, tamen et occurrit saepe cum confertis Hannibali et aliquot locis proelium restituit, protegentibus eum equitibus Romanis, omissis postremo equis, quia consulem et ad regendum equum vires deficiebant. Tum denuntianti cuidam iussisse consulem ad pedes descendere equites, dixisse Hannibalem ferunt: ,Quam mallem, vinctos mihi traderet!' Equitum pedestre proelium, quale iam haud dubia hostium victoria, fuit, cum victi mori in vestigio mallent quam fugere, victores morantibus victoriam irati trucidarent, quos pellere non poterant. Pepulerunt tamen iam paucos superantes et labore ac vulneribus fessos. Inde dissipati omnes sunt, equosque ad fugam qui poterant repetebant.

Cn. Lentulus tribunus militum cum praetervehens equo sedentem in saxo cruore oppletum consulem vidisset, ,L. Aemili' inquit, ,quem unum insontem culpae cladis hodiernae die respicere debent, cape hunc equum, dum et tibi virium aliquid superest, et comes ego te tollere possum ac protegere. Ne funestam hanc pugnam morte consulis feceris; etiam sine hoc lacrimarum satis luctusque est.' Ad ea consul: ,Tu quidem, Cn. Corneli, macte virtute esto; sed cave frustra miserando exiguum tempus e manibus hostium evadendi absumas. Abi, nuntia publice patribus, urbem Romanam muniant ac, priusquam hostis victor advenit, praesidiis firment; privatim Q. Fabio L. Aemilium praeceptorum eius memorem et vixisse adhuc et mori. Memet in hac strage militum meorum patere exspirare, ne aut reus iterum e consulatu sim aut accusator collegae exsistam, ut alieno crimine innocentiam meam protegam.' Haec eos 12 agentes prius turba fugientium civium, deinde hostes oppressere; consulem ignorantes quis esset, obruere telis, Lentulum inter tumultum abripuit equus. Tum undique 13 effuse fugiunt. Septem milia hominum in minora castra, decem in maiora, duo ferme in vicum ipsum Cannas perfugerunt; qui extemplo a Carthalone atque equitibus nullo munimento tegente vicum circumventi sunt.

Consul alter, seu forte seu consilio nulli fugientium in- 14 sertus agmini, cum quinquaginta fere equitibus Venusiam perfugit. Quadraginta quinque milia quingenti pedites, duo 15 milia septingenti equites, et tanta prope civium sociorumque pars, caesi dicuntur; in his ambo consulum quaestores, L. Atilius et L. Furius Bibaculus, et undetriginta tribuni militum, 16 consulares quidam praetoriique et aedilicii —inter eos Cn. Servilium Geminum et M. Minucium numerant, qui magister equitum priore anno, aliquot annis ante consul fuerat –, octoginta praeterea aut senatores aut qui eos magistratus 17 gessissent, unde in senatum legi deberent, cum sua voluntate milites in legionibus facti essent. Capta eo proelio tria milia 18 peditum et equites mille et quingenti dicuntur.

Haec est pugna Cannensis, Alliensi cladi nobilitate par, **50** ceterum uti eis, quae post pugnam accidere, levior, quia ab 2 hoste est cessatum, sic strage exercitus gravior foediorque. Fuga namque ad Alliam sicut urbem prodidit, ita exercitum 3 servavit; ad Cannas fugientem consulem vix quinquaginta secuti sunt, alterius morientis prope totus exercitus fuit.

c) Die Lage nach der Schlacht

Binis in castris cum multitudo semiermis sine ducibus 4 esset, nuntium, qui in maioribus erant, mittunt, dum proelio, deinde ex laetitia epulis fatigatos quies nocturna hostes

premeret, ut ad se transirent: uno agmine Canusium abituros
5 esse. Eam sententiam alii totam aspernari: cur enim illos, qui
se arcessant, ipsos non venire, cum aeque coniungi possent?
Quia videlicet plena hostium omnia in medio essent, et
aliorum quam sua corpora tanto periculo mallent obicere.
6 Aliis non tam sententia displicere quam animus deesse. Tum
P. Sempronius Tuditanus tribunus militum ‚capi ergo
mavultis' inquit ‚ab avarissimo et crudelissimo hoste, aesti-
marique capita vestra et exquiri pretia ab interrogantibus,
Romanus civis sis an Latinus socius, ut ex tua contumelia et
7 miseria alteri honos quaeratur? Non tu, si quidem L. Aemili
consulis, qui se bene mori quam turpiter vivere maluit, et tot
fortissimorum virorum, qui circa eum cumulati iacent, cives
8 estis. Sed antquam opprimit lux maioraque hostium agmina
obsaepiunt iter, per hos, qui inordinati atque incompositi
9 obstrepunt portis, erumpamus. Ferro atque audacia via fit
quamvis per confertos hostes. Cuneo quidem hoc laxum
atque solutum agmen, ut si nihil obstet, disicias. Itaque ite
mecum, qui et vosmet ipsos et rem publicam salvam vultis.'
10 Haec ubi dicta dedit, stringit gladium cuneoque facto per
11 medios vadit hostes. Et cum in latus dextrum, quod patebat,
Numidae iacularentur, translatis in dextrum scutis in maiora
castra ad sescenti evaserunt atque inde protinus alio magno
12 agmine adiuncto Canusium incolumes perveniunt. Haec
apud victos magis impetu animorum, quem ingenium suum
cuique aut fors dabat, quam ex consilio ipsorum aut imperio
cuiusquam agebantur.

51 Hannibal victori cum ceteri circumfusi gratularentur
suaderentque, ut, tanto perfunctus bello, diei quod reliquum
esset noctisque insequentis quietem et ipse sibi sumeret et
2 fessis daret militibus, Maharbal, praefectus equitum, minime
cessandum ratus ‚immo ut, quid hac pugna sit actum, scias,
die quinto' inquit ‚victor in Capitolio epulaberis. Sequere;
cum equite, ut prius venisse quam venturum sciant, prae-
3 cedam.' Hannibali nimis laeta res est visa maiorque, quam ut

eam statim capere animo posset. Itaque voluntatem se
laudare Maharbalis ait, ad consilium pensandum temporis
opus esse. Tum Maharbal: ‚Non omnia nimirum eidem di 4
dedere: vincere scis, Hannibal, victoria uti nescis.' Mora eius
diei satis creditur saluti urbi fuisse atque imperio.

Eos, qui Canusium perfugerant, mulier Apula nomine 7 **52**
Busa, genere clara ac divitiis, moenibus tantum tectisque a
Canusinis acceptos, frumento, veste, viatico etiam iuvit, pro
qua ei munificentia postea bello perfecto ab senatu honores
habiti sunt.

Ceterum cum ibi tribuni militum quattuor essent, Fabius **53**
Maximus de legione prima, cuius pater priore anno dictator
fuerat, et de legione secunda L. Publicius Bibulus et P. Cor- 2
nelius Scipio et de legione tertia Ap. Claudius Pulcher, qui 3
proxime aedilis fuerat, omnium consensu ad P. Scipionem
admodum adulescentem et ad Ap. Claudium summa imperii
delata est. Quibus consultantibus inter paucos de summa 4
rerum nuntiat P. Furius Philus, consularis viri filius, nequiquam eos perditam spem fovere; desperatam comploratam-
que rem esse publicam: nobiles iuvenes quosdam, 5
quorum principem M. Caecilium Metellum, mare ac naves
spectare, ut deserta Italia ad regum aliquem transfugiant.
Quod malum, praeterquam atrox, super tot clades etiam 6
novum, cum stupore ac miraculo torpidos defixisset, qui
aderant, et consilium advocandum de eo censerent, negat
consilii rem esse Scipio iuvenis, fatalis dux huiusce belli.
Audendum atque agendum, non consultandum ait in tanto 7
malo esse: irent secum extemplo armati, qui rem publicam
salvam vellent; nulla verius, quam ubi ea cogitentur, hostium 8
castra esse.

Pergit ire sequentibus paucis in hospitium Metelli et, cum 9
concilium ibi iuvenum, de quibus allatum erat, invenisset,
stricto super capita consultantium gladio ‚ex mei animi 10
sententia' inquit, ‚ut ego rem publicam populi Romani non
deseram neque alium civem Romanum deserere patiar; si 11

sciens fallo, tum me, Iuppiter optime maxime, domum,
12 familiam remque meam pessimo leto afficias. In haec verba,
M. Caecili, iures postulo ceterique, qui adestis; qui non
13 iuraverit, in se hunc gladium strictum esse sciat.' Haud secus
pavidi, quam si victorem Hannibalem cernerent, iurant
omnes custodiendosque semet ipsos Scipioni tradunt.

54 7 Romam ne has quidem reliquias superesse civium sociorumque, sed occidione occisum cum consulibus duobus
8 exercitum deletasque omnes copias allatum fuerat. Numquam salva urbe tantum pavoris tumultusque intra moenia
Romana fuit. Itaque succumbam oneri neque aggrediar nar-
9 rare, quae edissertando minora vero faciam. Consule
exercituque ad Trasumennum priore anno amisso non
vulnus super vulnus, sed multiplex clades, cum duobus
consulibus duo consulares exercitus amissi nuntiabantur,
nec ulla iam castra Romana nec ducem nec militem esse;
10 Hannibalis Apuliam, Samnium ac iam prope totam Italiam
factam. Nulla profecto alia gens tanta mole cladis non obruta
11 esset. Compares cladem ad Aegates insulas Carthaginiensium proelio navali acceptam, qua fracti Sicilia ac Sardinia cessere, inde vectigales ac stipendiarios fieri se passi
sunt, aut pugnam adversam in Africa, cui postea hic ipse
Hannibal succubuit: nulla ex parte comparandae sunt, nisi
quod minore animo latae sunt.

55 P. Furius Philus et M. Pomponius praetores senatum in
curiam Hostiliam vocaverunt, ut de urbis custodia con-
2 sulerent; neque enim dubitabant deletis exercitibus hostem
ad oppugnandam Romam, quod unum opus belli restaret,
3 venturum. Cum in malis sicuti ingentibus ita ignotis ne
consilium quidem satis expedirent, obstreperetque clamor
lamentantium mulierum, et nondum palam facto vivi
mortuique per omnes paene domos promiscue com-
4 plorarentur, tum Q. Fabius Maximus censuit equites
expeditos et Appia et Latina via mittendos, qui obvios
percunctando – aliquos profecto ex fuga passim dissipatos

fore – referant, quae fortuna consulum atque exercituum sit, et, si quid di immortales, miseriti imperii, reliquum Romani nominis fecerint, ubi eae copiae sint; quo se Hannibal post proelium contulerit, quid paret, quid agat acturusque sit. haec exploranda noscendaque per impigros iuvenes esse; illud per patres ipsos agendum, quoniam magistratuum parum sit, ut tumultum ac trepidationem in urbe tollant, matronas publico arceant continerique intra suum quamque limen cogant, comploratus familiarum coerceant, silentium per urbem faciant, nuntios rerum omnium ad praetores deducendos curent, suae quisque fortunae domi auctorem expectent, custodesque praeterea ad portas ponant, qui prohibeant quemquam egredi urbe, cogantque homines nullam nisi urbe ac moenibus salvis salutem sperare. Ubi conticuerit tumultus, tum in curiam patres revocandos consulendumque de urbis custodia esse.

Cum in hanc sententiam pedibus omnes issent summotaque foro per magistratus turba patres diversi ad sedandos tumultus discessissent, tum demum litterae a C. Terentio consule allatae sunt: L. Aemilium consulem exercitumque caesum; sese Canusii esse, reliquias tantae cladis velut ex naufragio colligentem. Ad decem milia militum ferme esse incompositorum inordinatorumque. Poenum sedere ad Cannas in captivorum pretiis praedaque alia nec victoris animo nec magni ducis more nundinantem. Tum privatae quoque per domos clades vulgatae sunt, adeoque totam urbem opplevit luctus, ut sacrum anniversarium Cereris intermissum sit, quia nec lugentibus id facere est fas nec ulla in illa tempestate matrona expers luctus fuerat. Itaque ne ob eandem causam alia quoque sacra publica aut privata deserentur, senatus consulto diebus triginta luctus est finitus.

Quanto autem maior ea clades superioribus cladibus fuerit, vel ea res indicio est, quod fides sociorum, quae ad eam diem firma steterat, tum labare coepit, nulla profecto alia de re, quam quod desperaverant de imperio. Defecere autem ad

12 Poenos hi populi: Atellani, Calatini, Hirpini, Apulorum pars, Samnites praeter Pentros, Brutii omnes, Lucani, praeter hos Uzentini, et Graecorum omnis ferme ora, Tarentini, Metapontini, Crotonienses Locrique, et Cisalpini omnes
13 Galli. Nec tamen eae clades defectionesque sociorum moverunt, ut pacis usquam mentio apud Romanos fieret, neque ante consulis Romam adventum nec postquam is rediit
14 renovavitque memoriam acceptae cladis. Quo in tempore ipso adeo magno animo civitas fuit, ut consuli ex tanta clade, cuius ipse causa maxima fuisset, redeunti et obviam itum frequenter ab omnibus ordinibus sit et gratiae actae, quod de re publica
15 non desperasset; qui si Carthaginiensium ductor fuisset, nihil recusandum supplicii foret.

4. Scipio in Spanien

Auch in den Jahren der schlimmsten Not gibt Rom die 218 begonnene Offensive in Spanien nicht auf. Die Erfolge des P. Cornelius Scipio (des Konsuls von 218) und seines Bruders Gnaeus auf diesem Kriegsschauplatz sind aber in Frage gestellt, als beide Scipionen im Jahre 211 von Hannibals Brüdern Hasdrubal und Mago besiegt werden und fallen. Das Erbe des spanischen Oberkommandos wird 210 dem 25jährigen P. Cornelius Scipio, dem Sohn des Konsuls von 218, anvertraut.

a) Scipios Reden an seine Soldaten

41 3 ‚Nemo ante me novus imperator militibus suis, priusquam opera eorum usus esset, gratias agere iure ac merito potuit;
4 me vobis, priusquam provinciam aut castra viderem, obligavit fortuna, primum quod ea pietate erga patrem patruumque
5 meum vivos mortuosque fuistis, deinde quod amissam tanta clade provinciae possessionem integram et populo Romano et successori mihi virtute vestra obstinuistis.
6 Sed cum iam benignitate deum id paremus atque agamus, non ut ipsi maneamus in Hispania, sed ne Poeni maneant, nec ut pro ripa Hiberi stantes arceamus transitu hostes, sed

ut ultro transeamus transferamusque bellum, vereor, ne cui 7
vestrum maius id audaciusque consilium quam aut pro memoria
cladium nuper acceptarum aut pro aetate mea videatur.
Adversae pugnae in Hispania nullius in animo quam meo 8
minus oblitterari possunt, quippe cui pater et patruus intra
triginta dierum spatium, ut aliud super cumularetur familiae
nostrae funus, interfecti sunt; sed ut familiaris paene orbitas 9
ac solitudo frangit animum, ita publica cum fortuna tum virtus
desperare de summa rerum prohibet. Ea fato quodam data
nobis sors est, ut magnis omnibus bellis victi vicerimus. Vetera 10
omitto, Porsinnam, Gallos, Samnites; a Punicis bellis
incipiam. Quot classes, quot duces, quot exercitus priore
bello amissi sunt! Iam quid hoc bello memorem? Omnibus 11
aut ipse adfui cladibus aut, quibus afui, maxime unus
omnium eas sensi. Trebia, Trasumennus, Cannae, quid aliud
sunt quam monumenta occisorum exercituum consulumque
Romanorum? Adde defectionem Italiae, Siciliae maioris 12
partis, Sardiniae; adde ultimum terrorem ac pavorem, castra
Punica inter Anienem ac moenia Romana posita et visum
prope in portis victorem Hannibalem: in hac ruina rerum
stetit una integra atque immobilis virtus populi Romani, haec
omnia strata humi erexit ac sustulit.

Vos omnium primi, milites, post Cannensem cladem 13
vadenti Hasdrubali ad Alpes Italiamque – qui si se cum fratre
coniunxisset, nullum iam nomen esset populi Romani –
ductu auspicioque patris mei obstitistis; et hae secundae res
illas adversas sustinuerunt. Nunc benignitate deum omnia 14
secunda, prospera, in dies laetiora ac meliora in Italia
Siciliaque geruntur; in Sicilia Syracusae, Agrigentum captum, 15
pulsi tota insula hostes receptaque provincia in dicionem
populi Romani est; in Italia Arpi recepti, Capua capta; iter 16
omne ab urbe Roma trepida fuga emensus Hannibal, in
extremum angulum agri Brutii compulsus, nihil iam maius
precatur deos, quam ut incolumi cedere atque abire ex
hostium terra liceat. Quid igitur minus conveniat, milites, 17

quam, cum aliae super alias clades cumularentur ac di prope ipsi cum Hannibale starent, vos hic cum parentibus meis – aequentur enim etiam honore nominis – sustinuisse labantem fortunam populi Romani, nunc eosdem, cum illic omnia secunda laetaque sunt, animis deficere?

18 ... Nunc di immortales, imperii Romani praesides, qui centuriis omnibus, ut mihi imperium iuberent dari, fuere auctores iidem auguriis auspiciisque et per nocturnos etiam 19 visus omnia laeta ac prospera portendunt. Animus quoque meus, maximus mihi ad hoc tempus vates, praesagit nostram Hispaniam esse, brevi extorre hinc omne Punicum nomen maria terrasque foeda fuga impleturum.

20 Quod mens sua sponte divinat, idem subicit ratio haud fallax. Vexati ab iis socii nostram fidem per legatos implorant; tres duces discordantes, prope ut defecerint alii ab aliis, trifariam exercitum in diversissimas regiones distraxere. 21 Eadem in illos ingruit fortuna, quae nuper nos afflixit; nam et deseruntur ab sociis, ut prius ab Celtiberis nos, et diduxere 22 exercitus, quae patri patruoque meo causa exitii fuit. Nec discordia intestina coire eos in unum sinet, neque singuli nobis resistere poterunt.

Vos modo, milites, favete nomini Scipionum, suboli impe23 ratorum vestrorum velut accisis recrescenti stirpibus. Agite, veteres milites, novum exercitum novumque ducem traducite Hiberum, traducite in terras cum multis fortibus factis 24 saepe a vobis peragratas. Brevi faciam, ut, quem ad modum nunc noscitatis in me patris patruique similitudinem oris 25 vultusque et lineamenta corporis, ita ingenii, fidei virtutisque effigiem vobis reddam, ut revixisse aut renatum sibi quisque Scipionem imperatorem dicat.'

Scipio zieht mit seinem Heer über den Ebro nach Carthago Nova, wo Laelius zur gleichen Zeit mit der Flotte zur Stelle ist. Vor Beginn des Kampfes lässt Livius den Scipio nochmals zu den Soldaten sprechen.

‚Ad urbem unam oppugnandam si quis vos adductos **43**
credit, is magis operis vestri quam emolumenti rationem
exactam, milites, habet. Oppugnabitis enim vere moenia
unius urbis, sed in una urbe universam ceperitis Hispaniam.
Hic sunt obsides omnium nobilium regum populorumque;
qui simul in potestate vestra erunt, extemplo omnia, quae
nunc sub Carthaginiensibus sunt, in dicionem tradent; hic
pecunia omnis hostium, sine qua neque illi gerere bellum
possunt, quippe qui mercennarios exercitus alant, et quae
nobis maximo usui ad conciliandos animos barbarorum erit;
hic tormenta, arma, omnis apparatus belli est, qui simul et
vos instruet et hostes nudabit. Potiemur praeterea cum
pulcherrima opulentissimaque urbe, tum opportunissima
portu egregio, unde terra marique, quae belli usus poscunt,
suppeditentur. Quae cum magna ipsi habebimus, tum demp-
serimus hostibus multo maiora. Haec illis arx, hoc horreum,
aerarium, armamentarium, hoc omnium rerum receptacu-
lum est; huc rectus ex Africa cursus est; haec una inter
Pyrenaeum et Gades statio; hinc omni Hispaniae imminet
Africa.'

Neukarthago wird von den Römern in eintägigem Angriff im Sturm
genommen. Schwerer noch als der Verlust an Soldaten, Kriegsmaterial
und Vorräten jeglicher Art wiegt die Befreiung der spanischen Gei-
seln, die von Scipio betont freundlich behandelt werden.

b) Scipios Ritterlichkeit gegenüber spanischen Geiseln **XXVI 49**

Tum obsides civitatium Hispaniae vocari iussit ... Primum
universos bonum animum habere iussit: venisse enim eos in
populi Romani potestatem, qui beneficio quam metu
obligare homines malit exterasqua gentes fide ac societate
iunctas habere quam tristi subiectas servitio. Deinde acceptis
nominibus civitatium recensuit captivos, quot cuiusque
populi essent, et nuntios domum misit, ut ad suos quisque
recipiendos veniret. Si quarum forte civitatium legati aderant,

eis praesentibus suos restituit; ceterorum curam benigne tuendorum C. Flaminio quaestori attribuit.

11 Inter haec e media turba obsidum mulier magno natu, Mandoni uxor, qui frater Indibilis, Ilergetum reguli, erat, flens ad pedes imperatoris procubuit obtestarique coepit, ut curam cultumque feminarum impensius custodibus 12 commendaret. Cum Scipio nihil defuturum iis profecto diceret, tum rursus mulier ‚haud magni ista facimus‘ inquit; ‚quid enim huic fortunae non satis est? Alia me cura aetatem harum intuentem – nam ipsa iam extra periculum iniuriae 13 muliebris sum – stimulat.‘ Et aetate et forma florentes circa eam Indibilis filiae erant aliaeque nobilitate pari, quae omnes 14 eam pro parente colebant. Tum Scipio ‚meae populique Romani disciplinae causa facerem‘ inquit, ‚ne quid, quod sanc- 15 tum usquam esset, apud nos violaretur; nunc ut id curem impensius, vestra quoque virtus dignitasque facit, quae ne in 16 malis quidem oblitae decoris matronalis estis.‘ Spectatae deinde integritatis viro tradidit eas, tuerique haud secus verecunde ac modeste quam hospitum coniuges ac matres iussit.

50 Captiva deinde a militibus adducitur ad eum adulta virgo adeo eximia forma, ut, quacumque incedebat, converteret 2 omnium oculos. Scipio percunctatus patriam parentesque inter cetera accepit desponsam eam principi Celtiberorum; 3 adulescenti Allucio nomen erat. Extemplo igitur parentibus sponsoque ab domo accitis, cum interim audiret deperire eum sponsae amore, ubi primum venit, accuratiore eum 4 sermone quam parentes alloquitur: ‚Iuvenis‘ inquit ‚iuvenem appello, quo minor sit inter nos huius sermonis verecundia. 5 Ego, cum sponsa tua capta a militibus nostris ad me ducta esset audiremque tibi eam cordi esse et forma faceret fidem, quia ipse, si frui liceret ludo aetatis, praesertim in recto et legitimo amore, et non res publica animum nostrum occupasset, veniam mihi dari sponsam impensius amanti 6 vellem, tuo, cuius possum, amori faveo. Fuit sponsa tua apud me eadem, qua apud soceros tuos parentesque suos, verecundia; servata tibi est, ut inviolatum et dignum me teque dari tibi donum posset. Hanc mercedem unam pro eo munere 7 paciscor: amicus populo Romano sis et, si me virum bonum credis esse, quales patrem patruumque meum iam ante hae gentes norant, scias multos nostri similes in civitate Romana esse, nec ullum in terris hodie populum dici posse, quem 8 minus tibi hostem tuisque esse velis aut amicum malis.'

Cum adulescens simul pudore et gaudio perfusus, dextram 9 Scipionis tenens, deos omnes invocaret ad gratiam illi pro se referendam, quoniam sibi nequaquam satis facultatis pro suo animo atque illius erga se merito esset, parentes inde cognatique virginis appellati; qui, quoniam gratis sibi redderetur virgo, ad quam redimendam satis magnum attulissent auri pondus, orare Scipionem, ut id ab se donum acciperet, 11 coeperunt, haud minorem eius rei apud se gratiam futuram esse adfirmantes quam redditae inviolatae foret virginis. Scipio, quando tanto opere peterent, accepturum se pollicitus poni ante pedes iussit vocatoque ad se Allucio ‚super dotem' inquit, ‚quam accepturus a socero es, haec tibi a me dotalia dona accedent' aurumque tollere ac sibi habere iussit.

His laetus donis honoribusque dimissus donum implevit 13 populares laudibus meritis Scipionis: venisse dis simillimum iuvenem, vincentem omnia cum armis, tum benignitate ac beneficiis. Itaque dilectu clientium habito cum delectis 14 mille et quadringentis equitibus intra paucos dies ad Scipionem revertit.

Mehr und mehr gewinnt Scipio die Sympathien der einheimischen Bevölkerung von Spanien. Trotz seines Sieges bei Baccula (208) gelingt es ihm allerdings nicht, Hasdrubal daran zu hindern, aus Spanien abzuziehen, um in den Krieg in Italien einzugreifen, aber er bricht den Widerstand der punischen Heere auch in Südspanien und drängt die Karthager ganz aus dem Lande (206). Das punische Restheer fährt unter Magos Führung von Gades nach den Balearen und im nächsten

Jahr nach Ligurien, um im Bund mit den Galliern auf italischem Boden weiter gegen die Römer zu kämpfen. Scipio kehrt 206 als Sieger nach Rom zurück.

5. Die Wende in Italien

In Italien behaupten sich die Römer nach Cannae zunächst in vorsichtiger Defensive. In zähem Ringen gewinnen sie bald auch Positionen zurück, die der Punier nach 216 erlangt hat. Im Ganzen genommen halten sich die Gegner die Waage. Der Nachschub, den Hannibal erhält, gleicht seine Verluste nicht aus und ermöglicht keine strategisch bedeutsamen Unternehmungen.

207 trifft Hasdrubal in Oberitalien ein, wo keltische Stämme bereitwillig sein Heer verstärken. Zur Abwendung der drohenden Gefahr eines Zusammenwirkens der beiden besten punischen Feldherrn mit vereinigten Kräften stößt Konsul C. Claudius Nero mit ausgesuchten Soldaten seines bei Casilinum gegen Hannibal operierenden Heeres in einem Gewaltmarsch zu den römischen Truppen, die unter dem Oberbefehl des Konsuls M. Livius Salinator gegen Hasdrubal eingesetzt sind. Von überlegenen römischen Heeren wird das punische Heer bei Sena Gallica am Metaurus geschlagen und vernichtet.

a) Der Tod Hasdrubals am Metaurus

2 Hasdrubal ..., dux cum saepe alias memorabilis, tum illa
3 praecipue pugna. Ille pugnantes hortando pariterque obeundo pericula sustinuit; ille fessos abnuentesque taedio et labore nunc precando, nunc castigando accendit; ille fugientes revocavit omissamque pugnam aliquot locis
4 restituit; postremo, cum haud dubie fortuna hostium esset, ne superstes tanto exercitui suum nomen secuto esset, concitato equo se in cohortem Romanam immisit. Ibi, ut patre Hamilcare et Hannibale fratre dignum erat, pugnans cecidit.
5 Numquam eo bello una acie tantum hostium interfectum est, redditaque aequa Cannensi clades vel ducis vel exercitus
6 interitu videbatur. Quinquaginta sex milia hostium occisa, capta quinque milia et quadringenti; magna praeda alia cum
7 omnis generis, tum auri etiam argentique. Civium etiam

ab urbe condita XXVII 49-50

Romanorum, qui capti apud hostes erant, supra quattuor milia capitum recepta. Id solacii fuit pro amissis eo proelio militibus. Nam haudquaquam incruenta victoria fuit: octo ferme milia Romanorum sociorumque occisa; adeoque etiam 8 victores sanguinis caedisque ceperat satietas, ut postero die, cum esset nuntiatum Livio consuli Gallos Cisalpinos Liguresque, qui aut proelio non adfuissent aut inter caedem effugissent, uno agmine abire sine certo duce, sine signis, sine ordine ullo aut imperio; posse, si una equitum ala mittatur, omnes deleri: ,Quin supersint', inquit, ,aliqui nuntii et hostium cladis et nostrae virtutis?'

Nero ea nocte, quae secuta est pugnam, profectus citatiore 1 **50** quam inde venerat agmine die sexto ad stativa sua atque ad hostem pervenit.

b) Spannung und Jubel in Rom

Romae neuter animi habitus satis dici enarrarique potest, 3 nec quo incerta exspectatione eventus civitas fuerat, nec quo victoriae famam accepit. Numquam per omnes dies, ex quo 4 Claudium consulem profectum fama attulit, ab orto sole ad occidentem aut senator quisquam a curia atque ab magistratibus abscessit aut populus e foro. Matronae, quia nihil in 5 ipsis opis erat, in preces obtestationesque versae, per omnia delubra vagae suppliciis votisque fatigare deos.

Tam sollicitae ac suspensae civitati fama incerta primo 6 accidit duos Narnienses equites in castra, quae in faucibus Umbriae opposita erant, venisse ex proelio nuntiantes caesos hostes. Et primo magis auribus quam animis id acceptum 7 erat ut maius laetiusque, quam quod mente capere aut satis credere possent, et ipsa celeritas fidem impediebat, quod biduo ante pugnatum dicebatur. Litterae deinde ab L. Manlio 8 Acidino missae ex castris afferuntur de Narniensium equitum adventu. Hae litterae per forum ad tribunal prae- 9 toris latae senatum curia exciverunt; tantoque certamine ac

tumultu populi ad fores curiae concursum est, ut adire nuntius non posset, sed traheretur a percunctantibus vociferantibusque, ut in rostris prius quam in senatu litterae
10 recitarentur. Tandem summoti et coerciti a magistratibus, dispensarique laetitia inter impotentes eius animos potuit.
11 In senatu primum, deinde in contione litterae recitatae sunt; et pro cuiusque ingenio aliis iam certum gaudium, aliis nulla ante futura fides erat, quam legatos consulumve litteras audissent.

51 Ipsos deinde appropinquare legatos allatum est. Tunc enim vero omnis aetas currere obvii, primus quisque oculis
2 auribusque haurire tantum gaudium cupientes. Ad Mulvium
3 usque pontem continens agmen pervenit. Legati – erant L. Veturius Philo, P. Licinius Varus, Q. Caecilius Metellus – circumfusi omnis generis hominum frequentia in forum per-
4 venerunt, cum alii ipsos, alii comites eorum, quae acta essent, percunctarentur. Et ut quisque audierat exercitum hostium imperatoremque occisum, legiones Romanas incolumes, salvos consules esse, extemplo aliis porro impertiebant
5 gaudium suum. Cum aegre in curiam perventum esset, multo aegrius summota turba, ne patribus misceretur, litterae in
6 senatu recitatae sunt. Inde traducti in contionem legati. L. Veturius litteris recitatis ipse planius omnia, quae acta erant, exposuit cum ingenti adsensu, postremo etiam clamore universae contionis, cum vix gaudium animis caperent.
7 Discursum inde ab aliis circa templa deum, ut grates agerent, ab aliis domos, ut coniugibus liberisque tam laetum nuntium
8 impertirent. Senatus, quod M. Livius et C. Claudius consules incolumi exercitu ducem hostium legionesque occidissent, supplicationem in triduum decrevit. Eam supplicationem C. Hostilius praetor pro contione edixit, celebrataque a viris
9 feminisque est; omniaque templa per totum triduum aequalem turbam habuere, cum matronae amplissima veste cum liberis, perinde ac si debellatum foret, omni solutae metu dis immortalibus grates agerent.

ab urbe condita XXVII 51. XXVIII 12

C. Claudius consul cum in castra redisset, caput Has- 11
drubalis, quod servatum cum cura attulerat, proici ante
hostium stationes captivosque Afros vinctos, ut erant, ostendi,
duos etiam ex iis solutos ire ad Hannibalem et expromere,
quae acta essent, iussit. Hannibal, tanto simul publico fami- 12
liarique ictus luctu, agnoscere se fortunam Carthaginis fertur
dixisse; castrisque inde motis, ut omnia auxilia, quae diffusa 13
latius tueri non poterat, in extremum Italiae angulum
Bruttios contraheret, et Metapontinos, civitatem universam,
excitos sedibus suis et Lucanorum, qui suae dicionis erant,
in Bruttium agrum traduxit.

c) Würdigung Hannibals

Cum Hannibale nihil eo anno rei gestum est. Nam neque **12**
ipse se obtulit in tam recenti vulnere publico privatoque,
neque lacessierunt quietum Romani; tantam inesse vim, etsi
omnia alia circa eum ruerent, in uno illo duce censebant.
Ac nescio an mirabilior adversis quam secundis rebus fuerit, 2
quippe qui, cum in hostium terra per annos tredecim tam 3
procul ab domo varia fortuna bellum gereret exercitu non
suo civili, sed mixto ex colluvione omnium gentium, quibus
non lex, non mos, non lingua communis, alius habitus, alia 4
vestis, alia arma, alii ritus, alia sacra, alii prope di essent, ita
quodam uno vinculo copulaverit eos, ut nulla nec inter ipsos
nec adversus ducem seditio exstiterit, cum et pecunia saepe 5
in stipendium et commeatus in hostium agro deesset,
quorum inopia priore Punico bello multa infanda inter duces
militesque commissa fuerant. Post Hasdrubalis vero ex- 6
ercitum cum duce, in quibus spes omnis reposita victoriae
fuerat, deletum, cedendoque in angulum Bruttium cetera
Italia concessum, cui non videatur mirabile nullum motum
in castris factum? Nam ad cetera id quoque accesserat, ut ne 7
alendi quidem exercitus nisi ex Bruttio agro spes esset, qui,
ut omnis coleretur, exiguus tamen tanto alendo exercitui

8 erat; tum magnam partem iuventutis abstractam a cultu
agrorum bellum occupaverat et mos vitio etiam insitus genti
9 per latrocinia militiam exercendi. Nec ab domo quicquam
mittebatur de Hispania retinenda sollicitis, tamquam omnia
prospera in Italia essent.

6. Die Entscheidung des Krieges

Als Sieger vom spanischen Kriegsschauplatz nach Rom zurückgekehrt, erlangt Scipio 205 das Konsulat. Er setzt sich mit seinem Plan durch, den Krieg durch einen Angriff auf das punische Stammland zur Entscheidung zu bringen und beginnt dieses Unternehmen 204. 203 sehen sich die Karthager gezwungen, um Waffenstillstand und Frieden zu bitten. Rom verlangt zunächst den Abzug der Heere Hannibals und Magos aus Italien.

a) Hannibals Abzug aus Italien

19 12   Nihil certe ultra rei in Italia ab Hannibale gestum. Nam
ad eum quoque legati ab Carthagine revocantes in Africam
20   iis forte diebus quibus ad Magonem venerunt. Frendens
gemensque ac vix lacrimis temperans dicitur legatorum
2 verba audisse. Postquam edita sunt mandata, ‚iam non perplexe' inquit, ‚sed palam revocant, qui vetando supplemen-
3 tum et pecuniam mitti iam pridem retrahebant. Vicit ergo
Hannibalem non populus Romanus totiens caesus fugatusque, sed senatus Carthaginiensis obtrectatione atque invidia.
4 Neque hac deformitate reditus mei tam P. Scipio exsultabit
atque efferet sese quam Hanno, qui domum nostram, quando
5 alia re non potuit, ruina Carthaginis oppressit'. Iam hoc ipsum
praesagiens animo praeparaverat ante naves. Itaque inutili
militum turba praesidii specie in oppida Brutii agri, quae
pauca metu magis quam fide continebantur, dimissa, quod
6 roboris in exercitu erat, in Africam transvexit, multis Italici
generis, qui in Africam se secuturos abnuentes concesserant
in Iunonis Laciniae delubrum inviolatum ad eam diem, in
templo ipso foede interfectis.

Raro quemquam alium patriam exsilii causa relinquentem 7
tam maestum abisse ferunt quam Hannibalem hostium terra
excedentem. Respexisse saepe Italiae litora et deos hominesque accusantem in se quoque ac suum ipsius caput exse-
cratum, quod non cruentum ab Cannensi victoria militem
Romam duxisset. Scipionem ire ad Carthaginem ausum, qui 8
consul hostem Poenum in Italia non vidisset: se centum mili- 9
bus armatorum ad Trasumennum, ad Cannas caesis circa
Casilinum Cumasque et Nolam consenuisse. Haec accusans
querensque ex diutina possessione Italiae est detractus.

Hannibals Rückkehr belebt die Hoffnungen der Karthager. Da sie
den Waffenstillstand brechen (202), müssen noch einmal die Waffen
sprechen. Vor der Entscheidungsschlacht treffen Hannibal und Scipio
zu einer Unterredung zusammen.

b) Unteredung zwischen Hannibal und Scipio

Summotis pari spatio armatis cum singulis interpretibus **30**
congressi sunt, non suae modo aetatis maximi duces, sed
omnis ante se memoriae omnium gentium cuilibet regum
imperatorumve pares. Paulisper alter alterius conspectu, 2
admiratione mutua prope attoniti, conticuere. Tum Hannibal prior:

‚Si hoc ita fato datum erat, ut, qui primus bellum intuli 3
populo Romano quique totiens prope in manibus victoriam
habui, is ultro ad pacem petendam venirem, laetor te mihi
sorte potissimum datum, a quo peterem. Tibi quoque inter 4
multa egregia non in ultimis laudum hoc fuerit, Hannibalem,
cui tot de Romanis ducibus victoriam di dedissent, tibi
cessisse, teque huic bello, vestris prius quam nostris cladibus
insigni, finem imposuisse. Hoc quoque ludibrium casus 5
ediderit fortuna, ut, cum patre tuo consule ceperim arma,
cum eodem primum Romano imperatore signa contulerim,
ad filium eius inermis ad pacem petendam veniam.

6 Optimum quidem fuerat eam patribus nostris mentem datam ab dis esse, ut et vos Italiae et nos Africae imperio 7 contenti essemus; neque enim ne vobis quidem Sicilia ac Sardinia satis digna pretia sunt pro tot classibus, tot exercitibus, tot tam egregiis amissis ducibus. Sed praeterita 8 magis reprehendi possunt quam corrigi. Ita aliena appetivimus, ut de nostris dimicaremus nec in Italia solum nobis bellum, vobis in Africa esset, sed et vos in portis vestris prope ac moenibus signa armaque hostium vidistis et nos ab Carthagine fremitum castrorum Romanorum exaudimus. 9 Quod igitur nos maxime abominaremur, vos ante omnia optaretis, in meliore vestra fortuna de pace agitur. Agimus ei, quorum et maxime interest pacem esse et qui quodcumque egerimus, ratum civitates nostrae habiturae sunt. Animo tantum nobis opus est non abhorrente a quietis consiliis.

10 Quod ad me attinet, iam aetas senem in patriam revertentem, unde puer profectus sum, iam secundae, iam adversae res ita erudierunt, ut rationem sequi quam fortunam 11 malim; tuam et adulescentiam et perpetuam felicitatem, ferociora utraque quam quietis opus est consiliis, metuo. Non temere incerta casuum reputat, quem fortuna numquam 12 decepit. Quod ego fui ad Trasumennum, ad Cannas, id tu hodie es. Vixdum militari aetate imperio accepto omnia 13 audacissime incipientem nusquam fefellit fortuna. Patris et patrui persecutus mortem ex calamitate vestrae domus decus insigne virtutis pietatisque eximiae cepisti; amissas His-14 panias recuperasti quattuor inde Punicis exercitibus pulsis; consul creatus, cum ceteris ad tutandam Italiam parum animi esset, transgressus in Africm, duobus hic exercitibus caesis, binis eadem hora captis simul incensisque castris, Syphace potentissimo rege capto, tot urbibus regni eius, tot nostri imperii ereptis, me sextum decimum iam annum haerentem in possessione Italiae detraxisti.

15 Potest victoriam malle quam pacem animus. Novi spiritus

magnos magis quam utiles; et mihi talis aliquando fortuna 16
affulsit. Quodsi in secundis rebus bonam quoque mentem
darent di, non ea solum, quae evenissent, sed etiam ea, quae
evenire possent, reputaremus. Ut omnium obliviscaris alio- 17
rum, satis ego documenti in omnes casus sum, quem, modo
castris inter Anienem atque urbem vestram positis signa
inferentem ac iam prope scandentem moenia Romana, hic
cernas duobus fratribus, fortissimis viris, clarissimis imperatoribus orbatum ante moenia prope obsessae patriae, quibus
terrui vestram urbem, ea pro mea deprecantem. Maximae 18
cuique fortunae minime credendum est.

In bonis tuis rebus, nostris dubiis, tibi ampla ac speciosa
danti est pax, nobis petentibus magis necessaria quam
honesta. Melior tutiorque est certa pax quam sperata victoria; 19
haec in tua, illa in deorum manu est. Ne tot annorum felicitatem in unius horae dederis discrimen; cum tuas vires, 20
tum vim fortunae Martemque belli communem propone
animo! Utrimque ferrum, utrimque corpora humana erunt;
nusquam minus quam in bello eventus respondent. Non 21
tantum ad id, quod data pace iam habere potes, si proelio
viceris, gloriae adieceris, quantum dempseris, si quid adversi
eveniat. Simul parta ac sperata decora unius horae fortuna
evertere potest. Omnia in pace iungenda tuae potestatis sunt, 22
P. Corneli; tunc ea habenda fortuna erit, quam di dederint.
Inter pauca felicitatis virtutisque exempla M. Atilius quon- 23
dam in hac eadem terra fuisset, si victor pacem petentibus
dedisset patribus nostris; sed non statuendo felicitati modum
nec cohibendo efferentem se fortunam, quanto altius elatus
erat, eo foedius corruit.

Est quidem eius, qui dat, non qui petit, condiciones dicere 24
pacis; sed forsitan non indigni simus, qui nobismet ipsi
multam irrogemus. Non recusamus, quin omnia, propter quae 25
ad bellum itum est, vestra sint, Sicilia, Sardinia, Hispania,
quidquid insularum toto inter Africam Italiamque continetur
mari, Carthaginienses inclusi Africae litoribus vos, quando 26

ita dis placuit, externa etiam terra marique videamus regentes imperio.

27 Haud negaverim propter non nimis sincere petitam aut exspectatam nuper pacem suspectam esse vobis Punicam 28 fidem. Multum, per quos petita sit, ad fidem tuendae pacis pertinet, Scipio. Vestri quoque, ut audio, patres non nihil etiam ob hoc, quia parum dignitatis in legatione erat, 29 negaverunt pacem: Hannibal peto pacem, qui neque peterem, nisi utilem crederem, et propter eandem utilitatem 30 tueor eam, propter quam petii. Et quem ad modum, quia a me bellum coeptum est, ne quem eius paeniteret, quoad ipsi invidere di, praestiti, ita adnitar, ne quem pacis per me partae paeniteat.'

31 Adversus haec imperator Romanus in hanc fere sententiam respondit: ‚Non me fallebat, Hannibal, adventus tui spe Carthaginienses et praesentem indutiarum fidem et 2 spem pacis turbasse; neque tu id sane dissimulas, qui de condicionibus superioribus pacis omnia subtrahas praeter 3 ea, quae iam pridem in nostra potestate sunt. Ceterum ut tibi curae est sentire cives tuos, quanto per te onere leventur, sic mihi laborandum est, ne, quae tunc pepigerunt, hodie subtracta ex condicionibus pacis praemia perfidiae habeant.

4 Indigni, quibus eadem pateat condicio, etiam, ut prosit vobis fraus, petitis. Neque patres nostri priores de Sicilia, neque nos de Hispania fecimus bellum: et tunc Mamertinorum sociorum periculum, et nunc Sagunti excidium 5 nobis pia ac iusta induerunt arma. Vos lacessisse et tu ipse fateris et di testes sunt, qui et illius belli exitum secundum ius fasque dederunt et huius dant et dabunt.

6 Quod ad me attinet, et humanae infirmitatis memini et vim fortunae reputo et omnia, quaecumque agimus, subiecta 7 esse mille casibus scio; ceterum quem ad modum superbe et violenter me faterer facere, si, priusquam in Africam traiecissem, te tua voluntate cedentem Italia et imposito in naves exercitu ipsum venientem ad pacem petendam aspernarer,

sic nunc, cum prope manu conserta restitantem ac tergiver- 8
santem in Africam attraxerim, nulla sum tibi verecundia
obstrictus.

Proinde si quid ad ea, in quae tum pax conventura vide- 9
batur, quasi multa navium cum commeatu per indutias
expugnatarum legatorumque violatorum adicitur, est, quod
referam ad consilium; sin illa quoque gravia videntur, bellum
parate, quoniam pacem pati non potuistis.'

Ita infecta pace ex colloquio ad suos cum se recepissent, 10
frustra verba praelata renuntiant: armis decernendum esse
habendamque eam fortunam, quam di dedissent.

c) Die Schlacht bei Zama

In castra ut est ventum, pronuntiant ambo, arma expe- **32**
dirent milites animosque ad supremum certamen, non in
unum diem, sed in perpetuum, si felicitas adesset, victores.
Roma an Carthago iura gentibus daret, ante crastinam noctem 2
scituros; neque enim Africam aut Italiam, sed orbem terrarum
victoriae praemium fore; par periculum praemio, quibus
adversa pugnae fortuna fuisset. Nam neque Romanis effu- 3
gium ullum patebat in aliena ignotaque terra, et Carthagini
supremo auxilio effuso adesse videbatur praesens excidium.

Ad hoc discrimen procedunt postero die duorum opu- 4
lentissimorum populorum duo longe clarissimi duces, duo
fortissimi exercitus, multa ante parta decora aut cumulaturi
eo die aut eversuri. Anceps igitur spes et metus miscebant 5
animos; contemplantibusque modo suam, modo hostium
aciem, cum non oculis magis quam ratione pensarent vires,
simul laeta, simul tristia obversabantur. Quae ipsis sua sponte
non succurrebant, ea duces admonendo atque hortando
subiciebant. Poenus sedecim annorum in terra Italia res 6
gestas, tot duces Romanos, tot exercitus occidione occisos et
sua cuique decora, ubi ad insignem alicuius pugnae
memoria militem venerat, referebat; Scipio Hispanias et 7

recentia in Africa proelia et confessionem hostium, quod
neque non petere pacem propter metum neque manere in
8 ea prae insita animis perfidia potuissent. Ad hoc colloquium
Hannibalis, in secreto habitum ac liberum fingenti, qua vult,
9 flectit; ominatur, quibus quondam auspiciis patres eorum ad
Aegates pugnaverint insulas, ea illis exeuntibus in aciem
10 portendisse deos. Adesse finem belli ac laboris. In manibus
esse praedam Carthaginis, reditum donum in patriam ad
11 parentes, liberos coniuges penatesque deos. Celsus haec
corpore vultuque ita laeto, ut vicisse iam crederes, dicebat.

33 Instruit deinde primos hastatos, post eos principes, triariis
postremam aciem clausit. Non confertas autem cohortes ante
sua quamque signa instruebat, sed manipulos aliquantum
inter se distantes, ut esset spatium, qua elephanti hostium
2 acti nihil ordines turbarent. Laelium, cuius ante legati, eo
anno quaestoris extra sortem ex senatus consulto opera
utebatur, cum Italico equitatu ab sinistro cornu, Masinissam
3 Numidasque ab dextro opposuit. Vias patentes inter
manipulos antesignanorum velitibus – ea tunc levis armatura
erat –, complevit, dato praecepto, ut ad impetum elephantorum aut post directos refugerent ordines aut in dextram
laevamque discursu applicantes se antesignanis viam, qua
irruerent in ancipitia tela, beluis darent.
4 Hannibal ad terrorem primos elephantos – octoginta
autem erant, quot nulla umquam in acie ante habuerat –
5 instruxit, deinde auxilia Ligurum Gallorumque Baliaribus
Maurisque admixtis; in secunda acie Carthaginienses
6 Afrosque et Macedonum legionem; modico deinde intervallo
relicto subsidiariam aciem Italicorum militum – Brutti
plerique erant, vi ac necessitate plures quam sua voluntate
7 decedentem ex Italia secuti – instruxit. Equitatum et ipse
circumdedit cornibus; dextrum Carthaginienses, sinistrum
8 Numidae tenuerunt. Varia adhortatio erat in exercitu inter
tot homines, quibus non lingua, non mos, non lex, non arma,
non vestitus habitusque, non causa militandi eadem esset.

Auxiliaribus et praesens et multiplicata ex praeda merces 9
ostentatur; Galli proprio atque insito in Romanos odio
accenduntur; Liguribus campi uberes Italiae deductis ex
asperrimis montibus in spem victoriae ostentantur; Mauros 10
Numidasque Masinissae impotenti futuro dominatu terret;
aliis aliae spes ac metus iactantur. Carthaginiensibus moenia 11
patriae, di penates, sepulcra maiorum, liberi cum parentibus
coniugesque pavidae, aut excidium servitiumque aut
imperium orbis terrarum, nihil aut in metum aut in spem
medium, ostentatur.

Cum maxime haec imperator apud Carthaginienses, duces 12
suarum gentium inter populares, pleraque per interpretes
inter immixtos alienigenis agerent, tubae cornuaque ab Romanis
cecinerunt, tantusque clamor ortus, ut elephanti in 13
suos, sinistrum maxime curnu, verterentur, Mauros ac
Numidas. Addidit facile Masinissa perculsis terrorem
nudavitque ab ea parte aciem equestri auxilio. Paucae tamen 14
bestiarum intrepidae in hostem actae inter velitum ordines
cum multis suis vulneribus ingentem stragem edebant.
Resilientes enim ad manipulos velites, cum viam elephantis, 15
ne obtererentur, fecissent, in ancipites ad ictum utrimque
coniciebant hastas, nec pila ab antesignanis cessabant, donec 16
undique incidentibus telis exacti ex Romana acie hi quoque
in suo dextro cornu ipsos Carthaginienses equites in fugam
verterunt. Laelius ut turbatos vidit hostes, addidit perculsis
terrorem.

Utrimque nudata equite erat Punica acies, cum pedes **34**
concurrit, nec spe nec viribus iam par. Ad hoc dictu parva,
sed magna eadem in re gerenda momenta: congruens
clamor ab Romanis eoque maior et terribilior, dissonae illis,
ut gentium multarum discrepantibus linguis voces; pugna 2
Romana stabilis et suo et armorum pondere incumbentium
in hostem, concursatio et velocitas illinc maior quam vis. Igitur 3
primo impetu extemplo movere loco hostium aciem Romani. Ala deinde et umbonibus pulsantes, in summotos gradu

4 illato, aliquantum spatii velut nullo resistente incessere, urgentibus et novissimis primos, ut semel motam aciem sensere, quod ipsum vim magnam ad pellendum hostem addebat.
5 Apud hostes auxiliares cedentes secunda acies, Afri et Carthaginienses, adeo non sustinebant, ut contra etiam, ne resistentes pertinaciter primos caedendo ad se perveniret hostis,
6 pedem referrent. Igitur auxiliares terga dant repente et in suos versi partim refugere in secundam aciem, partim non recipientes caedere, ut et paulo ante non adiuti et tunc
7 exclusi. Et prope duo iam permixta proelia erant, cum Carthaginienses simul cum hostibus, simul cum suis cogerentur
8 manus conserere. Non tamen ita perculsos iratosque in aciem accepere, sed densatis ordinibus in cornua vacuumque circa campum extra proelium eiecere, ne pavido fuga et vulneribus milite sinceram et integram aciem miscerent.

9 Ceterum tanta strages hominum armorumque locum, in quo steterant paulo ante auxiliares, compleverat, ut prope difficilior transitus esset, quam per confertos hostes fuerat.
10 Itaque, qui primi erant, hastati per cumulos corporum armorumque et tabem sanguinis, qua quisque poterat, sequentes hostem et signa et ordines confuderunt. Principum quoque signa fluctuari coeperant vagam ante se cernendo aciem.
11 Quod Scipio ubi vidit, receptui propere canere hastatis iussit et sauciis in postremam aciem subductis principes triariosque in cornua inducit, quo tutior firmiorque media hasta-
12 torum acies esst. Ita novum de integro proelium ortum est; quippe ad veros hostes perventum erat, et armorum genere et usu militiae et fama rerum gestarum et magnitudine vel
13 spei vel periculi pares. Sed et numero superior Romanus erat et animo, quod iam equites iam elephantos fuderat, iam prima acie pulsa in secundam pugnabat.

35 In tempore Laelius ac Masinissa, pulsos per aliquantum spatii secuti equites, revertentes in aversam hostium aciem
2 incurrere. Is demum equitum impetus perculit hostem. Multi circumventi in acie caesi; multi per patentem circa campum

fuga sparsi tenente omnia equitatu passim interierunt. Car- 3
thaginiensium sociorumque caesa eo die supra viginti milia;
par ferme numerus captus cum signis militaribus centum
triginta duobus, elephantis undecim. Victores ad mille et
quingenti cecidere.

Hannibal cum paucis equitibus inter tumultum elapsus 4
Hadrumetum perfugi, omnia et ante aciem et in proelio,
priusquam excederet pugna, expertus et confessione etiam 5
Scipionis omniumque peritorum militae illam laudem
adeptus singulari arte aciem eo die instruxisse. Hoc edito 10
velut ultimo virtutis opere Hannibal Hadrumetum cum refugisset accitusque inde Carthaginem sexto ac tricesimo post
anno, quam puer inde profectus erat, redisset, fassus in curia
est non proelio modo se, sed bello victum nec spem salutis
alibi quam in pace impetranda esse.

7. Friedensschluss und Heimkehr Scipios

Scipio empfängt die Friedensgesandtschaft der Karthager, die durch
einen Vorstoß der verstärkten römischen Flotte auf die Hauptstadt
weiter eingeschüchtert sind, in seinem Lager in Tunes.

Postero die revocatis legatis et cum multa castigatione per- **37**
fidiae monitis, ut tot cladibus tandem deos et ius iurandum
esse crederent, condiciones pacis dictae, ut liberi legibus
suis viverent; quas urbes quosque agros quibusque finibus 2
ante bellum tenuissent, tenerent, populandique finem eo
die Romanus faceret; perfugas fugitivosque et captivos 3
omnes redderent Romanis et naves rostratas praeter decem
triremes traderent elephantosque, quos haberent, domitos,
neque domarent alios; bellum neve in Africa neve extra 4
Africam iniussu populi Romani gererent; Masinissae res
redderent foedusque cum eo facerent; frumentum stipen- 5
diumque auxiliis, donec ab Roma legati redissent, praestarent. Decem milia talentum argenti, discripta pensionibus
aequis in annos quinquaginta, solverent; obsides centum 6

arbitratu Scipionis darent, ne minores quattuordecim annis
neu triginta maiores. Indutias ita se daturum, si per priores
indutias naves onerariae captae quaeque fuissent in navibus
restituerentur; aliter nec indutias nec spem pacis ullam esse.

> Nachdem die karthagische Regierung die Bedingungen angenommen hat, verhandelt ihre Friedensgesandtschaft in Rom. Tributkomitien und Senat ermächtigen Scipio zum Abschluss des Friedens.

42 11 Legati Carthaginienses vocati; quorum aetatibus dignitatibusque conspectis – nam longe primi civitatis erant –
12 tum pro se quisque dicere vere de pace agi. Insignis tamen inter ceteros Hasdrubal erat – Haedum populares cognomine appellabant – pacis semper auctor adversusque factioni
13 Barcinae. Eo tum plus illi auctoritatis fuit belli culpam in
14 paucorum cupiditatem ab re publica transferenti. Qui cum varia oratione usus esset, nunc purgando crimina nunc quaedam fatendo, ne impudenter certa negantibus difficilior venia esset, nunc monendo etiam patres conscriptos, ut rebus
15 secundis modeste ac moderate uterentur; si se atque Hannonem audissent Carthaginienses et tempore uti voluissent, daturos fuisse pacis condiciones, quas tunc peterent. Raro simul hominibus bonam fortunam bonamque mentem dari;
16 populum Romanum eo invictum esse, quod in secundis rebus sapere et consulere meminerit. Et hercule mirandum
17 fuisse, si aliter faceret. Ex insolentia, quibus nova bona fortuna sit, impotentes laetitiae insanire; populo Romano usitata ac prope iam obsoleta ex victoria gaudia esse, ac plus paene
18 parcendo victis quam vincendo imperium auxisse. Ceterorum miserabilior oratio fuit commemorantium, ex quantis opibus quo recidissent Carthaginiensium res: nihil iis, qui modo orbem prope terrarum obtinuerint armis, superesse
19 praeter Carthaginis moenia; his inclusos non terra, non mari quicquam sui iuris cernere; urbem quoque ipsam ac penates ita habituros, si non in ea quoque, quo nihil ulterius sit, saevire
20 populus Romanus velit. Cum flecti misericordia patres

appareret, senatorem unum, infestum perfidiae Carthaginiensium, succlamasse ferunt, per quos deos foedus icturi 21
essent, cum eos, per quos ante ictum esset, fefellissent; ‚per eosdem' inquit Hasdrubal, ‚quoniam tam infesti sunt foedera violantibus'.

Inclinatis omnium ad pacem animis Cn. Lentulus consul, **43**
cui classis provincia erat, senatus consulto intercessit. Tum 2
M'. Acilius et Q. Minucius tribuni plebis ad populum tulerunt, vellent iuberentne senatum decernere, ut cum Carthaginiensibus pax fieret; et quem eam pacem dare quemque ex Africa exercitum deportare iuberent. De pace 3
‚uti rogas' omnes tribus iusserunt; pacem dare P. Scipionem, eundem exercitum deportare. Ex hac rogatione senatus 4
decrevit, ut P. Scipio ex decem legatorum sententia pacem cum populo Carthageniensi, quibus legibus ei videretur, faceret.

Gratias deinde patribus egere Carthaginienses et petierunt, ut sibi in urbem introire et colloqui cum civibus suis liceret, qui capti in publica custodia essent; esse in iis partim 6
propinquos amicosque suos, nobiles homines, partim, ad quos mandata a propinquis haberent. Quibus conventis cum 7
rursus peterent, ut sibi, quos vellent ex iis, redimendi potestas fieret, iussi nomina edere; et cum ducenta ferme 8
ederent, senatus consultum factum est, ut legati Romani ducentos ex captivis, quos Carthaginienses vellent, ad P. Cornelium in Africam deportarent nuntiarentque ei, ut, si pax convenisset, sine pretio eos Carthageniensibus redderet. Fetiales cum in Africam ad foedus feriundum ire iuberentur, 9
ipsis postulantibus senatus consultum in haec verba factum est, ut privos lapides silices privasque verbenas secum ferrent; ut ubi praetor Romanus iis imperaret, ut foedus ferirent, illi praetorem sagmina poscerent. Herbae id genus ex arce sumptum fetialibus dari solet.

Ita dimissi ab Roma Carthaginienses cum in Africam 10
venissent ad Scipionem, quibus ante dictum est legibus,

11 pacem fecerunt. Naves longas, elephantos, perfugas, fugitivos, captivorum quattuor milia tradiderunt, inter quos Q.
12 Terentius Culleo senator fuit. Naves provectas in altum incendi iussit. Quingentas fuisse omnis generis, quae remis agerentur, quidam tradunt; quarum conspectum repente incendium tam lugubre fuisse Poenis, quam si ipsa Carthago
13 arderet. De perfugis gravius quam de fugitivis consultum; nominis Latini qui erant, securi percussi, Romani in crucem sublati.

44 Annis ante quadraginta pax cum Carthaginiensibus postremo
2 facta erat Q. Lutatio A. Manlio consulibus. Bellum initum annis post tribus et viginti P. Cornelio Ti. Sempronio consulibus, finitum est septimo decimo anno Cn. Cornelio
3 P. Aelio Paeto consulibus. Saepe postea ferunt Scipionem dixisse Ti. Claudi primum cupiditatem, deinde Cn. Corneli fuisse in mora, quo minus id bellum exitio Carthaginis finiret.
4 Carthagini cum prima collatio pecuniae diutino bello exhaustis difficilis videretur maestitiaque et fletus in curia
5 esset, ridentem Hannibalem ferunt conspectum. Cuius cum Hasdrubal Haedus risum increparet in publico fletu, cum
6 ipse lacrimarum causa esset, ‚si quem ad modum oris habitus cernitur oculis‘, inquit, ‚sic et animus intus cerni posset, facile vobis appareret non laeti, sed prope amentis malis cordis hunc, quem increpatis, risum esse; qui tamen nequaquam adeo est intempestivus, quam vestrae istae absurdae
7 atque abhorrentes lacrimae sunt. Tunc flesse decuit, cum adempta sunt nobis arma, incensae naves, interdictum externis bellis; illo enim vulnere concidimus. Nec est, cur
8 vos otio vestro consultum ab Romanis credatis. Nulla magna civitas diu quiescere potest; si foris hostem non habet, domi invenit, ut praevalida corpora ab externis causis tuta videntur,
9 sed suis ipsa viribus onerantur. Tantum nimirum ex publicis malis sentimus, quantum ad privatas res pertinet; nec in iis
10 quicquam acrius quam pecuniae damnum stimulat. Itaque cum spolia victae Carthagini detrahebantur, cum inermem

iam ac nudam destitui inter tot armatas gentes Africae cerneretis, nemo ingemuit; nunc, quia tributum ex privato 11 conferendum est, tamquam in publico funere comploratis. Quam vereor, ne propediem sentiatis levissimo in malo vos hodie lacrimasse.' Haec Hannibal apud Carthaginienses.

Scipio contione advocata Masinissam ad regnum pater- 12 num Cirta oppido et ceteris urbibus agrisque, quae ex regno Syphacis in populi Romani potestatem venissent, adiectis donavit. Octavium classem in Siciliam ductam Cn. Cornelio 13 consuli tradere iussit, legatos Carthaginiensium Romam proficisci, ut, quae ab se ex decem legatorum sententia acta essent, ea patrum auctoritate populique iussu confirmarentur.

Pace terra marique parta, exercitu in naves imposito in **45** Siciliam Lilybaeum traiecit. Inde magna parte militum 2 navibus missa ipse per laetam pace non minus quam victoria Italiam, effusis non urbibus modo ad habendos honores, sed agrestium etiam turba obsidente vias, Romam pervenit triumphoque omnium clarissimo urbem est invectus. Argenti 3 tulit in aerarium pondo centum viginti tria milia. Militibus ex praeda quadringenos aeris divisit. Morte subtractus 4 spectaculo magis hominum quam triumphantis gloriae Syphax est, Tiburi haud ita multo ante mortuus, quo ab Alba traductus fuerat. Conspecta tamen mors eius fuit, quia publico funere est elatus.

Africani cognomen militaris prius favor an popularis aura 6 celebraverit an, sicuti Felicis Sullae Magnique Pompei patrum memoria, coeptum ab assentatione familiari sit, parum compertum habeo. Primus certe hic imperator 7 nomine victae ab se gentis est nobilitatus; exemplo deinde huius nequaquam victoria pares insignes imaginum titulos claraque cognomina familiarum fecerunt.

D. Der Kampf um die Vorherrschaft im östlichen Mittelmeer

1. Der Sieg des T. Quinctius Flamininus über Philipp V. im Zweiten Makedonischen Krieg
a) Die Schlacht bei Kynoskephalai

Nach einem leichten, für die Makedonen günstigen Gefecht kommt es zur eigentlichen Schlacht.

Laetior res quam pro successu pugnae nuntiata, cum alii super alios recurrentes ex proelio clamarent fugere pavidos
2 Romanos, (regem) invitum et cunctabundum et dicentem temere fieri, non locum sibi placere, non tempus, perpulit,
3 ut educeret omnes copias in aciem. Idem et Romanus, magis necessitate quam occasione pugnae inductus, fecit. Dextrum cornu elephantis ante signa instructis in subsidiis reliquit;
4 laevo cum omni levi armatura in hostem vadit, simul admonens cum iisdem Macedonibus pugnaturos, quos ad Epiri fauces, montibus fluminibusque saeptos victa naturali
5 difficultate locorum expulissent acieque expugnassent, cum iis, quos P. Sulpicii prius ductu vicissent; fama stetisse, non viribus Macedoniae regnum; eam quoque famam tandem
6 evanuisse. Iam perventum ad suos in ima valle stantes erat, qui adventu exercitus imperatorisque pugnam renovant impetuque facto rursus avertunt hostem.
7 Philippus cum caetratis et cornu dextro peditum, robore Macedonici exercitus, quam phalangem vocabant, prope
8 cursu ad hostem vadit; Nicanori, ex purpuratis uni, ut cum
9 reliquis copiis confestim sequatur, imperat. Primo, ut in iugum evasit, et iacentibus ibi paucis armis corporibusque hostium proelium eo loco fuisse pulsosque inde Romanos et pugnari prope castra hostium vidit, ingenti gaudio est ela-
10 tus; mox refugientibus suis et terrore verso paulisper incertus,
11 an in castra reciperet copias, trepidavit; deinde ut appropinquabat hostis, et praeterquam quod caedebantur aversi nec,

nisi defenderentur, servari poterant, ne ipsi quidem in tuto
iam receptus erat, coactus nondum assecuta parte suorum 12
periculum summae rerum facere, equites levemque armaturam, qui in proelio fuerant, dextero in cornu locat; caetratos 13
et Macedonum phalangem hastis positis, quarum longitudo
impedimento erat, gladiis rem gerere iubet. Simul ne facile 14
perrumperetur acies, dimidium de fronte demptum
introrsus porrectis ordinibus duplicat, ut longa potius quam
lata esset; simul et densari ordines iussit, ut vir viro, arma
armis iungerentur.

Quinctius iis, qui in proelio fuerant, inter signa ordines **9**
acceptis tuba dat signum. Raro alias tantus clamor dicitur in 2
principio pugnae exortus; nam forte utraque acies simul
conclamavere, nec solum, qui pugnabant, sed subsidia etiam
quique tum maxime in proelium veniebant. Dextero cornu 3
rex loci plurimum auxilio, ex iugis altioribus pugnans,
vincebat; sinistro, tum cum maxime appropinquante phalan-
gis parte, quae novissimi agminis fuerat, sine ullo ordine
trepidabatur; media acies, quae propior dextrum cornu erat, 4
stabat spectaculo velut nihil ad se pertinentis pugnae intenta.
Phalanx, quae venerat agmen magis quam acies aptiorque 5
itineri quam pugnae, vixdum in iugum evaserat.

In hos incompositos Quinctius, quamquam pedem 6
referentes in dextro cornu suos cernebat, elephantis prius
in hostem actis impetum facit, ratus partem profligatam
cetera tracturam. Non dubia res fuit; extemplo terga vertere 7
Macedones, terrore primo bestiarum aversi. Et ceteri quidem 8
hos pulsos sequebantur. Unus e tribunis militum, ex tempore
capto consilio, cum viginti signorum militibus, relicta ea parte
suorum, quae haud dubie vincebat, brevi circuitu dextrum
cornu hostium aversum invadit. Nullam aciem ab tergo 9
adortus non turbasset; ceterum ad communem omnium in
tali re trepidationem accessit, quod phalanx Macedonum 10
gravis atque immobilis nec circumagere se poterat, nec hoc,
qui a fronte paulo ante pedem referentes tunc ultro territis

11 instabant, patiebantur. Ad hoc loco etiam premebantur, quia iugum, ex quo pugnaverant, dum per proclive pulsos insequuntur, tradiderant hosti ad terga sua circumducto. Paulisper in medio caesi, deinde omissis plerique armis capessunt fugam.

10 Philippus cum paucis peditum equitumque primo tumulum altiorem inter ceteros cepit, ut specularetur, quae in 2 laeva parte suorum fortuna esset; deinde, postquam fugam effusam animadvertit et omnia circa iuga signis atque armis 3 fulgere, tum et ipse acie excessit. Quinctius, cum institisset cedentibus, repente quia erigentes hastas Macedonas conspexerat, quidnam pararent, incertus, paulisper novitate rei 4 constituit signa; deinde, ut accepit hunc morem esse Macedonum tradentium sese, parcere victis in animo habebat. 5 Ceterum ab ignaris militibus omissam ab hoste pugnam et quid imperator vellet impetus in eos est factus, et primis 6 caesis ceteri in fugam dissipati sunt. Rex effuso cursu Tempe petit. Ibi ad Gonnos diem unum substitit ad excipiendos, si qui proelio superessent. Romani victores in castra hostium spe praedae irrumpunt; ea magna iam ex parte direpta ab 7 Aetolis inveniunt. Caesa eo die octo milia hostium, quinque 8 capta. Ex victoribus septingenti ferme cediderunt.

b) Der Friede mit Philipp

30 Paucos post dies decem legati ab Roma venerunt, quorum 2 ex consilio pax data Philippo in has leges est, ut omnes Graecorum civitates, quae in Europa quaeque in Asia essent, libertatem ac suas haberent leges; quae earum sub dicione Philippi fuissent, praesidia ex iis Philippus deduceret vacuasque traderet Romanis ante Isthmiorum tempus; 4 deduceret et ex iis, quae in Asia essent: eas quoque enim placere liberas esse; de Cianorum libertate Quinctium Prusiae, Bithynorum regi, scribere, quid senatui et decem 5 legatis placuisset; captivos transfugasque reddere Philippum Romanis et naves omnes tectas tradere praeter quinque et regiam unam inhabilis prope magnitudinis, quam sedecim versus remorum agebant; ne plus quinque milia armatorum 6 haberet neve elephantum ullum; bellum extra Macedoniae fine ne iniussu senatus gereret; mille talentum daret populo Romano, dimidium praesens, dimidium pensionibus decem annorum.

c) Die Verkündigung der Freiheit Griechenlands

Isthmiorum statum ludicrum aderat, semper quidem et **32** alias frequens, cum propter spectaculi studium insitum genti, quo certamina omnis generis artium viriumque et pernicitatis visuntur, tum quia propter opportunitatem loci, concilium 2 Asiae Graeciaeque is mercatus erat; tum vero non ad solitos 3 modo usus undique convenerant, sed exspectatione erecti, qui deinde status futurus Graeciae, quae sua fortuna esset. Alii alia non taciti solum opinabantur, sed sermonibus etiam ferebant Romanos facturos; vix cuiquam persuadebatur Graecia omni cessuros. Ad spectaculum consederant, et 4 praeco cum tubicine, ut mos est, in mediam aream, unde sollemni carmine ludicrum indici solet, processit et tuba silentio facto ita pronuntiat: ‚Senatus Romanus et T. Quinctius 5 imperator, Philippo rege Macedonibusque devictis, liberos, immunes, suis legibus esse iubet Corinthios, Phocenses, Locrensesque omnes et insulam Euboeam et Magnetas, Thessalos, Perrhaebos, Achaeos, Phthiotas.' Percensuerat 6 omnes gentes, quae sub dicione Philippi regis fuerant. Audita voce praeconis maius gaudium fuit, quam quod universum homines acciperent. Vix satis credere se quisque 7 audisse, et alii alios intueri mirabundi velut ad somni vanam speciem; quod ad quemque pertinebat, suarum aurium fidei minimum credentes, proximos interrogabant. Revocatus 8 praeco, cum unusquisque non audire modo, sed videre libertatis suae nuntium averet, iterum pronuntiavit eadem.

9 Tum ab certo iam gaudio tantus cum clamore plausus est ortus totiensque repetitus, ut facile appareret nihil omnium bonorum multitudini gratius quam libertatem esse.
10 Ludicrum deinde ita raptim peractum est, ut nullius nec animi nec oculi spectaculo intenti essent; adeo unum gaudium praeoccupaverat omnium aliarum sensum voluptatium.

33 Ludis vero dimissis cursu prope omnes tendere ad impe-
2 ratorem Romanum, ut ruente turba in unum adire, contingere dextram cupientium, coronas lemniscosque iacientium
3 haud procul periculo fuerit. Sed erat trium ferme et triginta annorum, et cum robur iuventae, tum gaudium ex tam insigni
4 gloriae fructu vires suppeditabat. Nec prasens tantummodo effusa est laetitia, sed per multos dies gratis et cogitationibus
5 et sermonibus renovata: Esse aliquam in terris gentem, quae sua impensa, suo labore ac periculo bella gerat pro libertate
6 aliorum, nec hoc finitimis aut propinquae vicinitatis homi-
7 nibus aut terris continentibus iunctis praestet, sed maria traiciat, ne quod toto orbe terrarum iniustum imperium sit, ubique ius, fas, lex potentissima sint. Una voce praeconis
8 liberatas omnes Graeciae atque Asiae urbes; hoc spe concipere audacis animi fuisse, ad effectum adducere et virtutis et fortunae ingentis.

2. Der Sieg des L. Aemilius Paullus über Perseus im Dritten Makedonischen Krieg

Die Römer kämpfen anfangs in Thessalien erfolglos, dann aber dringt L. Aemilius Paullus, der Sohn des bei Cannae gefallenen Konsuls, in Makedonien ein.

a) Rede des Feldherrn vor der Schlacht

34 Haec cum ita fieri placere contione advocata pronuntiasset, adiecit urbanae contioni convenientem orationem: Unum
2 imperatorem in exercitu providere et consulere quid agen-

dum sit, debere, nunc per se, nunc cum iis, quos advocaverit in consilium; qui non sint advocati, eos nec palam nec secreto iactare consilia sua. Militem haec tria curare debere, corpus 3 ut quam validissimum et pernicissimum habeat, arma apta, cibum paratum ad subita imperia; cetera scire de se dis 4 immortalibus et imperatori suo curae esse. In quo exercitu milites consultent, imperator rumoribus vulgi circumagatur, ibi nihil salutare esse. Se, quod sit officium imperatoris, 5 provisurum, ut bene gerendae rei occasionem iis praebeat; illos nihil, quid futurum sit, quaerere; ubi datum signum sit, tum militarem navare operam debere.

Ab his praeceptis contionem dimisit, vulgo etiam veteranis 6 fatentibus se illo primum die, tamquam tirones, quid agendum esset in re militari, didicisse. Non sermonibus tantum 7 his, cum quanto assensu audissent verba consulis, ostenderunt, sed rerum praesens effectus erat. Neminem totis 8 mox castris quietum videres: acuere alii gladios, alii galeas bucculasque, scuta alii loricasque tergere, alii aptare corpori arma experirique sub his membrorum agilitatem; quatere 9 alii pila, alii micare gladiis mucronemque intueri, ut facile quis cerneret, ubi primum conserendi manum cum hoste data occasio esset, aut victoria egregia aut morte memorabili finituros bellum.

b) Die Schlacht bei Pydna

Aus einem Geplänkel hat sich die Entscheidungsschlacht entwickelt. Als die Römer beim Anblick der geschlossenen Phalanx der Makedonen erschreckt zurückweichen, greift Aemilius mit einer Legion persönlich in den Kampf ein.

Movebat imperii maiestas, gloria viri, ante omnia aetas, **41** quod maior sexaginta annis iuvenum munia in parte praecipua laboris periculique capessebat. Intervallum, quod inter caetratos et phalanges erat, implevit legio atque aciem hostium interrupit. A tergo caetrati erant, frontem adversus 2

clupeatos habebat; chalcaspides appellabantur. Secundam legionem L. Albinus consularis ducere adversus leucaspidem
3 phalangem iussus; ea media acies hostium fuit. In dextrum cornu, unde circa fluvium commissum proelium erat, elephantos inducit et alas sociorum; et hinc primum fuga Mace-
4 donum est orta. Nam sicut pleraque nova commenta mortalium in verbis vim habent, experiendo, cum agi, non, quem ad modum agatur, edisseri oportet, sine ullo effectu evanescunt, ita tum elephantomachae nomen tantum sine usu
5 fuerunt. Elephantorum impetum subsecuti sunt socii no-
6 minis Latini pepuleruntque laevum cornu. In medio secunda legio immissa disspavit phalangem.

Neque ulla evidentior causa victoriae fuit, quam quod multa passim proelia erant, quae fluctuantem turbarunt primo, deinde disiecerunt phalangem, cuius confertae et
7 intentis horrentes hastis intolerabiles vires sunt; si carptim aggrediendo circumagere immobilem longitudine et gravitate hastam cogas, confusa strue implicantur; si vero aut ab latere aut ab tergo aliquid tumultus increpuit, ruinae modo
8 turbantur; sicut tum adversus catervatim incurrentes Romanos et interrupta multifariam acie obviam ire cogebantur; et Romani, quacumque data intervalla essent, insinuabant
9 ordines suos. Qui si universa acie in frontem adversus instructam phalangem concurrissent, quod Paelignis principio pugnae incaute congressis adversus caetratos evenit, induissent se hastis nec confertam aciem sustinuissent.

42 Ceterum sicut peditum passim caedes fiebant, nisi qui abiectis armis fugerunt, sic equitatus prope integer pugna
2 excessit. Princeps fugae rex ipse erat. Iam a Pydna cum sacris alis equitum Pellam petebat; confestim eos Cotys sequebatur
3 Odrysarumque equitatus. Ceterae quoque Macedonum alae integris abibant ordinibus, quia interiecta peditum acies, cuius caedes victores tenebat, immemores fecerat sequendi
4 equites. Diu phalanx a fronte, a lateribus, ab tergo caesa est. Postremo, qui ex hostium manibus elapsi erant, inermes ad

mare fugerunt; quidam aquam etiam ingressi, manus ad eos, qui in classe erant, tendentes, suppliciter vitam orabant; et cum scaphas concurrere undique ab navibus cernerent, ad excipiendos sese venire rati, ut caperent potius quam occiderent, longius in aquam, quidam etiam natantes, progressi sunt. Sed cum hostiliter e scaphis caederentur, retro, qui poterant, nando repetentes terram in aliam foediorem pestem incidebant; elephanti enim, ab rectoribus ad litus acti, exeuntes obterebant elidebantque.

Facile convenit ab Romanis numquam una acie tantum Macedonum interfectum. Caesa enim ad viginti milia hominum sunt; ad sex milia, qui Pydnam ex acie perfugerant, vivi in potestatem pervenerunt, et vagi ex fuga quinque milia hominum capta. Ex victoribus ceciderunt non plus centum, et eorum multo maior pars Paeligni; vulnerati aliquanto plures sunt. Quod si maturius pugnari coeptum esset, ut satis diei victoribus ad persequendum superesset, deletae omnes copiae forent: nunc imminens nox et fugientes texit et Romanis pigritiem ad sequendum locis ignotis fecit.

c) Die Gefangennahme des Königs

... (Perseus) Oroandem denique Cretensem, cui nota Thraciae ora erat, quia mercaturas in ea regione fecerat, appellat, ut se sublatum in lembum ad Cotym deveheret. Demetrium est portus in promunturio quodam Samothracae; ibi lembus stabat. Sub occasum solis deferuntur, quae ad usum necessaria erant; defertur et pecunia, quanta clam deferri poterat. Rex ipse nocte media cum tribus consciis fugae per posticum aedium in propinquum cubiculo hortum atque inde maceriam aegre transgressus ad mare pervenit. Oroandes tantum moratus, dum pecunia deferretur, primis tenebris solverat navem ac per altum Cretam petebat. Postquam in portu navis non inventa est, vagatus Perseus aliquamdiu in litore, postremo timens lucem iam appropin-

quantem, in hospitium redire non ausus in latere templi prope
7 angulum obscurum delituit. Pueri regii apud Macedonas
vocabantur principum liberi ad minsterium electi regis; ea
cohors persecuta regem fugientem ne tum quidem absce-
debat, donec iussu Cn. Octavi pronuntiatum est per praeco-
8 nem regios pueros Macedonasque alios, qui Samothracae
essent, si transirent ad Romanos, incolumitatem liberta-
temque et sua omnia servaturos, quae aut secum haberent
9 aut in Macedonia reliquissent. Ad hanc vocem transitio
omnium facta est, nominaque dabant ad C. Postumium
tribunum militum. Liberos quoque parvos regios Ion
Thessalonicensis Octavio tradidit, nec quisquam praeter
10 Philippum, maximum natu e fillis, cum rege relictus. Tum
sese filiumque Octavio tradidit, fortunam deosque, quorum
11 in templo erat, nulla ope supplicem iuvantes accusans, in
praetoriam navem imponi iussus, eodem et pecunia quae
superfuit, delata est; extemploque classis Amphipolim
12 repetit. Inde Octavius regem in castra ad consulem misit
praemissis litteris, ut in potestate eum esse et adduci sciret.

d) König Perseus vor dem Konsul

7 Secundam eam Paulus, sicut erat, victoriam ratus victimas
cecidit eo nuntio, et consilio advocato litteras praetoris cum
recitasset, Q. Aelium Tuberonem obviam regi misit, ceteros
2 manere in praetorio frequentes iussit. Non alias ad ullum
spectaculum tanta multitudo occurrit. Patrum aetate Syphax
rex captus in castra Romana adductus erat; praeterquam
quod nec sua nec gentis fama comparandus, tunc accessio
3 Punici belli fuerat, sicut Gentius Macedonici: Perseus caput
belli erat, nec ipsius tantum patris avique ceterorumque,
quos sanguine et genere contingebat, fama conspectum eum
efficiebat, sed effulgebant Philippus ac magnus Alexander,
qui summum imperium in orbe terrarum Macedonum
fecerant.

Pullo amictu cum filio Perseus ingressus est castra, nullo 4
suorum alio comite, qui socius calamitatis miserabiliorem
eum faceret. Progredi prae turba occurrentium ad spectaculum non poterat, donec a consule lictores missi sunt, qui
summoto iter ad praetorium facerent. Consurrexit consul, 5
iussis sedere aliis, progressusque paulum introeunti regi
dextram porrexit summittentemque se ad pedes sustulit nec
attingere genua passus; introductum in tabernaculum adversus advocatos in consilium considere iussit.

Prima percontatio fuit, qua subactus iniuria contra po- **8**
pulum Romanum bellum tam infesto animo suscepisset, quo
se regnumque suum ad ultimum discrimen adduceret? Cum 2
responsum exspectantibus cunctis terram intuens diu tacitus
fleret, rursus consul: ‚Si iuvenis regnum accepisses, minus 3
equidem mirarer ignorasse te, quam gravis aut amicus aut
inimicus esset populus Romanus; nunc vero, cum et bello 4
patris tui, quod nobiscum gessit, interfuisses, et pacis postea,
quam cum summa fide adversus eum coluimus, meminisses,
quod fuit consilium, quorum et vim in bello et fidem in pace
expertus esses, cum iis tibi bellum esse quam pacem malle?‘
Nec interrogatus nec accusatus cum responderet, ‚utcumque 5
tamen haec, sive errore humano seu casu seu necessitate
inciderunt, bonum animum habe. Multorum regum populorumque casibus cognita populi Romani clementis non
modo spem tibi, sed prope certam fiduciuam salutis praebet.‘
Haec Graeco sermone Perseo; Latine deinde suis ‚exemplum 6
insigne cernitis‘ inquit ‚mutationis rerum humanarum. Vobis
hoc praecipue dico, iuvenes. Ideo in secundis rebus nihil in
quemquam superbe ac violenter consulere decet nec
praesenti credere fortunae, cum, quid vesper ferat, incertum
sit. Is demum vir erit, cuius animum neque prosperae res 7
flatu suo efferent nec adversae infringent.‘ Consilio dimisso 8
tuendi cura regis Q. Aelio mandatur. Eo die et invitatus ad
consulem Perseus et alius omnis ei honos habitus est, qui
haberi in tali fortuna poterat.

e) Triumph des Aemilius Paullus

Summam omnis captivi auri argentique translati sestertium milliens ducenties fuisse Valerius Antias tradit; qua haud dubie aliquanto maior summa ex numero plaustrorum
4 ponderibusque auri et argenti efficitur. Ipse postremo Paullus in curru, magnam cum dignitate alia corporis, tum senecta ipsa maiestatem prae se ferens; post currum inter alios illustres viros fili duo, Q. Maximus et P. Scipio; deinde equites turmatim et cohortes peditum suis quaeque ordinibus.
6 Sed non Perseus tantum per illos dies documentum humanorum casuum fuit, in catenis ante currum victoris ducis per urbem hostium ductus, sed etiam victor Paullus,
7 auro purpuraque fulgens. Nam duobus e filiis, quos, duobus datis in adoptionem, solos nominis, sacrorum familiaeque heredes retinuerat domi, minor, duodecim ferme annos natus, quinque diebus ante triumphum, maior, quattuorde-
8 cim annorum, triduo post triumphum decessit; quos praetextatos curru vehi cum patre, sibi ipsos similes triumphos
9 destinantes, oportuerat. Paucis post diebus data a M. Antonio tribuno plebis contione, cum de suis rebus gestis more ceterorum imperatorum edissereret, memorabilis eius oratio et digna Romano principe fuit.

f) Ansprache des Siegers

41 ‚Quamquam, et qua felicitate rem publicam administraverim, et quae duo fulmina domum meam per hos dies perculerint, non ignorare vos, Quirites, arbitror – cum spectaculo vobis nunc triumphus meus, nunc funera libero-
2 rum meorum fuerint – tamen paucis, quaeso, sinatis me cum publica felicitate conparare eo, quo debeo, animo privatam
3 meam fortunam. Profectus ex Italia classem a Brundisio sole orto solvi; nona diei hora cum omnibus meis navibus Corcy-

ram tenui. Inde quinto die Delphis Apollini pro me exercitibusque in classibus vestris sacrificavi. A Delphis quinto die 4 in castra perveni. Ibi exercitu accepto, mutatis quibusdam rebus, quae magna impedimenta victoriae erant, progressus sum; quia inexpugnabilia castra hostium erant neque cogi pugnare poterat rex, inter praesidia eius saltum ad Petram evasi et ad Pydnam regem acie vici; Macedoniam in po- 5 testatem populi Romani redegi et, quod bellum per quadriennium tres ante me consules ita gesserunt, ut semper successori traderent gravius, id ego quindecim diebus perfeci. Aliarum deinde secundarum rerum velut proventus secutus: 6 civitates omnes Macedoniae se dediderunt, gaza regia in potestatem venit, rex ipse, tradentibus prope ipsis dis, in templo Samothracum cum liberis est captus. Mihi quoque ipsi nimia iam fortuna eoque suspecta esse videbatur. Maris 7 pericula timere coepi in tanta pecunia regia in Italiam traicienda et victore exercitu transportando. Postquam omnia 8 secundo navium cursu in Italiam pervenerunt neque erat, quod ultra precarer, illud optavi, ut, cum ex summo retro volvi fortuna consuesset, mutationem eius domus mea potius quam res publica sentiret. Itaque defunctam esse fortunam 9 publicam mea tam insigni calamitate spero, quod triumphus meus, velut ad ludibrium casuum humanorum, duobus funeribus liberorum meorum est interpositus. Et cum ego et 10 Perseus nunc maxime nobilia sortis mortalium exempla spectemur, ille, qui ante se captivos captivus ipse duci liberos vidit, incolumes tamen eos habet: ego, qui de illo triumphavi, 11 ab alterius funere filii currum escendi, alterum, rediens ex Capitolio, prope iam exspirantem inveni; neque ex tanta stirpe liberum superest, qui L. Aemili Paulli nomen ferat. Duos enim tamquam ex magna progenie liberorum in 12 adoptionem datos Cornelia et Fabia gens habent: Paulus in domo praeter senem nemo superest. Sed hanc cladem domus meae vestra felicitas et secunda fortuna publica consolatur.'

E. Krisenzeichen

1. Die Aufhebung der lex Oppia

Inter bellorum magnorum aut vixdum finitorum aut imminentium curas intercessit res parva dictu, sed quae studiis in
2 magnum certamen excesserit. M. Fundanius et L. Valerius tribuni plebi ad plebem tulerunt de Oppia lege abroganda.
3 Tulerat eam C. Oppius tribunus plebis Q. Fabio Ti. Sempronio consulibus, in medio ardore Punici belli, ne qua mulier plus semunciam auri haberet, neu vestimento versicolori uteretur, neu iuncto vehiculo in urbe oppidove nisi sacrorum
4 publicorum causa veheretur. M. et P. Iunii Bruti tribuni plebis legem Oppiam tuebantur nec eam abrogari se passuros aiebant; ad suadendum dissuadendumque multi nobiles prodibant; Capitolium turba hominum faventium adversantiumque legi complebatur. Matronae nulla nec auc-
5 toritate nec verecundia nec imperio virorum contineri limine poterant. Omnes vias urbis aditusque in forum obsidebant, viros descendentes ad forum orantes, ut florente re publica, crescente in dies privata omnium fortuna, matronis quoque
6 pristinum ornatum reddi paterentur. Augebatur haec frequentia mulierum in dies; nam etiam ex oppidis con-
7 ciliabulisque conveniebant. Iam et consules praetoresque et alios magistratus adire et rogare audebant; ceterum minime exorabilem alterum utique consulem, M. Porcium Catonem, habebant, qui pro lege, quae abrogabatur, ita disseruit:

2   ‚Si in sua quisque nostrum matre familiae, Quirites, ius et maiestatem viri retinere instituisset, minus cum universis
2 feminis negotii haberemus; nunc domi victa libertas nostra impotentia muliebri hic quoque in foro obteritur et calcatur, et, quia singulas non continuimus, universas horremus.
8 Equidem non sine rubore quodam paulo ante per medium agmen mulierum in forum perveni. Quod nisi me

verecundia maiestatis et pudoris singularum magis quam
universarum tenuisset, ne compellatae a consule viderentur,
dixissem: ‚Qui hic mos est in publicum procurrendi et obsi- 9
dendi vias et viros alienos appellandi? Istud ipsum suos quaeque domi rogare non potuistis? An blandiores in publico 10
quam in privato et alienis quam vestris estis? Quamquam ne
domi quidem vos, si sui iuris finibus matronas contineret
pudor, quae leges hic rogarentur abrogarenturve, curare
decuit.'

At hercule, ne quid novum in eas rogetur, recusant, non 3 **3**
ius, sed iniuriam deprecantur, immo, ut legem, quam 4
accepistis iussistis suffragiis vestris, quam usu tot annorum
et experiendo comprobastis, hac ut abrogetis, id est, ut unam
tollendo legem ceteras infirmetis.

Volo tamen audire, quid sit, propter quod matronae con- 6
sternatae procucurrerint in publicum ac vix foro se et contione abstineant. Ut captivi ab Hannibale redimantur pa- 7
rentes, viri, liberi, fratres earum? Procul abest absitque
semper talis fortuna rei publicae; sed tamen, cum fuit,
negastis hoc piis precibus earum. At non pietas nec solli- 8
citudo pro suis, sed religio congregavit eas: matrem Idaeam
a Pessinunte ex Phrygia venientem accepturae sunt. Quid
honestum dictu saltem seditioni praetenditur muliebri? ‚Ut 9
auro et purpura fulgamus', inquit, ‚ut carpentis festis pro-
festisque diebus, velut triumphantes de lege victa et abrogata
et captis et ereptis suffragiis vestris, per urbem vectemur; ne
ullus modus sumptibus, ne luxuriae sit'.

Saepe me querentem de feminarum, saepe de virorum, **4**
nec de privatorum modo, sed etiam magstratuum sumptibus
audistis. Diversisque duobus vitiis, avaritia et luxuria, civi- 2
tatem laborare, quae pestes omnia magna imperia everterunt.
Haec ego, quo melior laetiorque in die fortuna rei publicae 3
est imperiumque crescit – et iam in Graeciam Asiamque
transcendimus, omnibus libidinum illecebris repletas, et
regias etiam attrectamus gazas – , eo plus horreo, ne illae res

4 nos magis ceperint, quam nos illas. Infesta, mihi credite, signa ab Syracusis illata sunt huic urbi. Iam nimis multos audio Corinthi et Athenarum ornamenta laudantes mirantesque
5 et antefixa fictilia deorum Romanorum ridentes. Ego malo hos deos propitios et spero ita futuros, si in suis manere sedibus patiemur.
6 Patrum nostrorum memoria per legatum Cineam Pyrrhus non virorum modo, sed etiam mulierum animos donis temptavit. Nondum lex Oppia ad coercendam luxuriam muliebrem lata erat; tamen nulla accepit. Quam causam fuisse
7 censetis? Eadem fuit, quae maioribus nostris, nihil de hac re lege sanciundi; nulla erat luxuria, quae coerceretur.
10 Itaque minime mirum est nec Oppiam nec aliam ullam tum legem desideratam esse, quae modum sumptibus mulierum faceret, cum aurum et purpuram, data et oblata ultro,
11 non accipiebant. Si nunc cum illis donis Cineas urbem circumiret, stantes in publico invenisset, quae acciperent.
15 Vultis hoc certamen uxoribus vestris inicere, Quirites, ut divites id habere velint, quod nulla alia possit; pauperes, ne
16 ob hoc ipsum contemnantur, supra vires se extendant? Ne eas simul pudere, quod non oportet, coeperit, quod oportet, non pudebit. Quae de suo poterit, parabit, quae non poterit,
17 virum rogabit. Miserum illum virum, et qui exoratus et qui non exoratus erit, cum, quod ipse non dederit, datum ab
18 alio videbit. Nunc vulgo alienos viros rogant et, quod maius est, legem et suffragia rogant et a quibusdam impetrant. Adversus te et rem tuam et liberos tuos exorabilis es; simul lex modum sumptibus uxoris tuae facere desierit, tu num-
19 quam facies. Nolite existimare, Quirites, eodem loco futuram rem, quo fuit, antequam lex de hoc ferretur. Et hominem improbum non accusari tutius est quam absolvi, et luxuria non mota tolerabilior esset, quam erit nunc, ipsis vinculis
20 sicut ferae bestiae, irritata, deinde emissa. Ego nullo modo abrogandam legem Oppiam censeo; vos quod facitis, deos omnes fortunare velim.'

Nach Cato hielt L. Valerius eine längere Rede zu Gunsten seines Antrags, die Lex Oppia abzuschaffen.

Haec cum contra legem proque lege dicta essent, aliquanto **8** maior frequentia mulierum postero die sese in publicum effudit, unoque agmine omnes tribunorum ianuas obsede- 2 runt, qui collegarum rogationi intercedebant; nec ante abstiterunt, quam remissa intercessio ab tribunis est. Nulla 3 deinde dubitatio fuit, quin omnes tribus legem abrogarent. Viginti annis post (lex) abrogata est quam lata.

2. Der Kybelekult in Rom

Civitatem eo tempore repens religio invaserat invento 4 **10** carmine in libris Sibyllinis: Quandocumque hostis alienigena 5 terrae Italiae bellum intulisset, eum pelli Italia vincique posse, si Mater Idaea a Pessinunte Romam advecta foret. Id 6 carmen ab decemviris inventum eo magis patres movit, quod et legati, qui donum Delphos portaverant, referebant et sacrificantibus ipsis Pythio Apollinie laeta exta fuisse et responsum oraculo editum: Maiorem multo victoriam, quam cuius ex spoliis dona portarent, adesse populo Romano. In 7 eiusdem spei summam conferebant P. Scipionis velut praesagientem animum de fine belli, quod depoposcisset provinciam Africam. Itaque, quo maturius fatis, ominibus oraculisque portendentis sese victoriae compotes fierent, id cogitare atque agitare, quae ratio transportandae Romam deae esset.

Nullasdum in Asia socias civitates habebat populus Ro- **11** manus; tamen memores Aesculapium quoque ex Graecia quondam hauddum ullo foedere sociata valetudinis populi causa arcessitum, tunc iam cum Attalo rege propter commune 2 adversus Philippum bellum coeptam amicitiam esse legatos ad eum decernunt. Iis quinque naves quinqueremes, ut ex 4 dignitate populi Romani adirent eas terras, apud quas concilianda maiestas nomini Romano esset, decernunt.

5 Legati Asiam petentes protinus Delphos cum escendissent,
6 oraculum adierunt consulentes. Responsum esse ferunt, per Attalum regem compotes eius fore, quod peterent; cum Romam deam devexissent, tum curarent, ut eam, qui vir optimus Romae esset, hospitio acciperet. Pergamum ad re-
7 gem venerunt. Is legatos comiter acceptos Pessinuntem in Phrygiam deduxit sacrumque iis lapidem, quam matrem deum esse incolae dicebant, tradidit ac deportare Romam
8 iussit. Praemissus ab legatis M. Valerius Falto nuntiavit deam apportari: quaerendum virum optimum in civitate esse, qui eam rite hospitio acciperet.

6 Haud parvae rei iudicium senatum tenebat, qui vir optimus
7 in civitate esset; veram certe victoriam eius rei sibi quisque mallet quam ulla imperia honoresve suffragio seu patrum
8 seu plebis delatos. P. Scipionem, Cn. filium eius, qui in Hispania ceciderat, adulescentem nondum quaestroium, iudicaverunt in tota civitate virum bonorum optimum esse.

10 P. Cornelius cum omnibus matronis Ostiam obviam ire deae iussus, isque eam de nave accipere et in terram elatam tradere ferendam matronis.

11 Postquam navis ad ostium amnis Tiberini accessit, sicut erat iussus in salum nave evectus ab sacerdotibus deam accipit
12 extulitque in terram. Matronae primores civitatis, inter quas
13 unius Claudiae Quintae insigne est nomen, accepere. Eae per manus, succedentes deinde aliae aliis – omni obviam effusa civitate, turibulis ante ianuas positis, qua praeferebatur, atque accenso ture – precantibus, ut volens propitiaque urbem Romanam iniret, in aedem Victoriae, quae est in Palatio, pertulere deam pridie idus Apriles; isque dies festus fuit. Populus frequens dona deae in Palatium tulit, lectisterniumque et ludi fuere, Megalensia appellata.

3. Die Wirkungen des östlichen Lebensstils

Extremo anni, magistratibus iam creatis, ante diem tertium 3 nonas Martias Cn. Manlius Vulso de Gallis, qui Asiam incolunt, triumphavit. Serius ei triumphandi causa fuit, ne Q. 4 Terentio Culleone praetore causam lege Petillia diceret et incendio alieni iudicii, quo L. Scipio damnatus erat, conflagraret, eo infensioribus in se quam in illum iudicibus, 5 quod disciplinam militarem severe ab eo conservatam successorem ipsum omni genere licentiae corrupisse fama attulerat. Neque ea sola infamiae erant, quae in provincia 6 procul ab oculis facta narrabantur, sed ea etiam magis, quae in militibus eius cotidie aspiciebantur. Luxuriae enim per- 7 egrinae origo ab exercitu Asiatico invecta in urbem est. Ii primum lectos aeratos, vestem stragulam pretiosam, plagulas et alia textilia, et quae tum magnificae supellectilis habebantur, monopodia et abacos Romam advexerunt. Tunc 8 psaltriae sambucistriaeque et convivalia alia ludorum oblectamenta addita epulis; epulae quoque ipsae et cura et sumptu maiore apparari coeptae. Tum coquus, vilissimum 9 antiquis mancipium et aestimatione et usu, in pretio esse, et quod ministerium fuerat, ars haberi coepta. Vix tamen illa, quae tum conspiciebantur, semina erant futurae luxuriae.

In triumpho tulit Cn. Manlius coronas aureas ducentas **7** duodecim pondo, argenti pondo ducenta viginti milia, auri pondo duo milia centum tria, tetrachmum Atticum centum viginti septem milia, cistophori ducenta quinquaginta, Philippeorum aureorum nummorum sedecim milia trecentos viginti; et arma spoliaque multa Gallica carpentis 2 travecta, duces hostium duo et quinquaginta ducti ante currum. Militibus quadragenos binos denarios divisit, duplex centurioni, triplex in equites, et stipendium duplex in pedites dedit; multi omnium ordinum donati militaribus 3 donis currum secuti sunt. Carminaque a militibus ea in imperatorem dicta, ut facile appareret in ducem indulgen-

tem ambitiosumque ea dici, triumphum esse militari magis
4 favore quam populari celebrem. Sed ad populi quoque gra-
5 tiam conciliandam amici Manlii valuerunt; quibus adniten-
tibus senatus consultum factum est, ut ex pecunia, quae in
triumpho translata esset, stipendium collatum a populo in
publicum, quod eius solutum antea non esset, solveretur.
Vicenos quinos et semisses in milia aeris quaestores urbani
cum fide et cura solverunt.

4. Die Bacchanalien in Rom
a) Die Einführung des Kultes

Insequens annus ... consules ab exercitu bellorumque et
provinciarum cura ad intestinae coniurationis vindictam
3 avertit. Consulibus ambobus quaestio de clandestinis
coniurationibus decreta est.

8 Graecus ignobilis in Etruriam primum venit cum nulla
earum artium, quas multas ad animorum corporumque cultum nobis eruditissima omnium gens invexit, sacrificulus et
4 vates; nec is, qui aperta religione, propalam et quaestum et
disciplinam profitendo, animos errore imbueret, sed occul-
5 torum et nocturnorum antistes sacrorum. Initia erant, quae
primo paucis tradita sunt, deinde vulgari coepta sunt per
viros mulieresque. Additae voluptates religioni vini et
6 epularum, quo plurium animi illicerentur. Cum vinum
animos incendisset, et nox et mixti feminis mares, aetatis
tenerae maioribus, discrimen omne pudoris exstinxissent,
7 corruptelae primum omnis generis fieri coeptae. Nec unum
genus noxae, stupra promiscua ingenuorum feminarumque
erant, sed falsi testes, falsa signa testamentaque et indicia ex
8 eadem officina exibant: venena indidem intestinaeque
caedes, ita ut ne corpora quidem interdum ad sepulturam
exstarent. Multa dolo, pleraque per vim audebantur. Occu-
lebat vim, quod prae ululatibus tympanorumque et cymba-
lorum strepitu nulla vox quiritantium inter stupra et caedes
exaudiri poterat.

Huius mali labes ex Etruria Romam veluti contagione 1 **9**
morbi penetravit. Primo urbis magnitudo, capacior patientiorque talium malorum, ea celavit: tandem indicium ad
Postumium consulem pervenit.

b) Die Aussage der Hispala

Tum Hispala liberta originem sacrorum expromit. Primo 8 **13**
sacrarium id feminarum fuisse, nec quemquam eo virum
admitti solitum. Tres in anno statos dies habuisse, quibus
interdiu Bacchis initiarentur; sacerdotes in vicem matronas 9
creari solitas. Pacullam Anniam Campanam sacerdotem
omnia, tamquam deorum monitu, immutasse: nam et viros
eam primam filios suos initiasse; et nocturnum sacrum ex
diurno, et pro tribus in anno diebus quinos singulis mensibus
dies initiorum fecisse. Ex quo in promiscuo sacra sint et 10
permixti viri feminis, et noctis licentia accesserit, nihil ibi
facinoris, nihil flagitii praetermissum. Si qui minus patien- 11
tes dedecoris sint et pigriores ad facinus, pro victimis immolari. Nihil nefas ducere, hanc summam inter eos religionem
esse. Viros, velut mente capta, cum iactatione fanatica corporis 12
vaticinari; matronas Baccharum habitu crinibus sparsis cum
ardentibus facibus decurrere ad Tiberim, demissasque in
aquam faces, quia vivum sulpur cum calce insit, integra
flamma efferre. Multitudinem ingentem, alterum iam prope 14
populum esse; in his nobiles quosdam viros feminasque.
Biennio proximo institutum esse, ne quis maior viginti annis
initiaretur: captari aetates et erroris et stupri patientes.

c) Die Rede des Konsuls

‚Bacchanalia tota pridem Italia et nunc per urbem etiam 6 **15**
multis locis esse, non fama solum accepisse vos, sed crepitibus
etiam ululatibusque nocturnis, qui personant tota urbe, certum habeo, ceterum, quae ea res sit, ignorare: Alios deorum 7

aliquem cultum, alios concessum ludum et lasciviam credere
8 esse, et, qualecumque sit, ad paucos pertinere. Quod ad multitudinem eorum attinet, si dixero multa milia hominum esse, ilico necesse est exterreamini, nisi adiunxero, qui qualesque
9 sint. Primum igitur mulierum magna pars est, et is fons mali huiusce fuit; deinde mares simillimi feminis, stuprati et constupratores, fanatici, vigiliis, vino, strepitibus clamori-
10 busque nocturnis attoniti. Nullas adhuc vires coniuratio, ceterum incrementum ingens virium habet, quod in dies plures fiunt.

12 Quales primum nocturnos coetus, deinde promiscuos
13 mulierum ac virorum esse creditis? Si, quibus aetatibus initientur mares, sciatis, non misereat vos eorum solum, sed etiam pudeat. Hoc sacramento initiatos iuvenes milites facien-
14 dos censetis, Quirites? His ex obsceno sacrario eductis arma committenda? Hi cooperti stupris suis alienisque pro pudicitia coniugum ac liberorum vestrorum ferro decernent?

16 2 Quidquid his annis libidine, quidquid fraude, quidquid
3 scelere peccatum est, ex illo uno sacrario scitote ortum esse. Necdum omnia, in quae coniurarunt, edita facinora habent. Adhuc privatis noxiis, quia nondum ad rem publicam opprimendam satis virium est, coniuratio sese impia tenet. Crescit et serpit cotidie malum. Iam maius est, quam ut capere id privata fortuna possit: ad summam rem publicam spectat .

8 Quotiens hoc patrum avorumque aetate negotium est magistratibus datum, uti sacra externa fieri vetarent, sacrificulos vatesque foro, circo, urbe prohiberent, vaticinos libros conquirerent combureraentque, omnem disciplinam sacrifi-
9 candi praeterquam more Romano abolerent. Iudicabant enim prudentissimi viri omnis divini humanique iuris nihil aeque dissolvendae religionis esse, quam ubi non patrio, sed externo ritu sacrificaretur.

10 Haec vobis praedicenda ratus sum, ne qua superstitio agitaret animos vestros, cum demolientes nos Bacchanalia

discutientesque nefarios coetus cerneretis. Omnia diis pro- 11
pitiis volentibusque faciemus; qui quia suum numen sceleribus libidinibusque contaminari indigne ferebant, ex occultis tenebris ea in lucem extraxerunt, nec patefieri, ut impunita essent, sed ut vindicarentur et opprimerentur, voluerunt.
Senatus quaestionem extra ordinem de ea re mihi collegae- 12
que meo mandavit. Nos, quae ipsis nobis agenda sunt, impigre exsequemur; vigiliarum nocturnarum curam per urbem
minoribus magistratibus mandavimus. vos quoque aequum 13
est, quae vestra munia sunt, quo quisque loco positus erit,
quod imperabitur, impigre praestare, et dare operam, ne
quid fraude noxiorum periculi aut tumultus oriatur.'

d) Die Abschaffung der Bacchanalien

Contione dimissa terror magnus urbe tota fuit, nec 4 **17**
moenibus se tantum urbis aut finibus Romanis continuit,
sed passim per totam Italiam, litteris hospitum de senatus
consulto et contione et edicto consulum acceptis, trepidari
coeptum est. Multi ea nocte, quae diem insecuta est, quo in 5
contione res palam facta est, custodiis circa portas positis
fugientes a triumviris comprehensi et reducti sunt: multorum
delata nomina. Quidam ex iis viri feminaeque mortem sibi
consciverunt. Coniurasse supra septem milia virorum ac muli- 6
erum dicebantur. Capita autem coniurationis constabat esse
M. et C. Atinios de plebe Romana et Falicum L. Opicernium
et Minium Cerrinium Campanum: ab his omnia facinora et 7
flagitia orta, eos maximos sacerdotes conditoresque eius sacri
esse. Data opera, ut primo quoque tempore comprehenderentur. Adducti ad consules fassique de se nullam moram
indicio fecerunt.

Qui tantum initiati erant ... nec earum rerum ullam, in 3 **18**
quas iureiurando obligati erant, in se aut alios admiserant,
eos in vinculis relinquebant: qui stupris aut caedibus violati 4
erant, qui falsis testimoniis, signis adulterinis, subiectione

testamentorum, fraudibus aliis contaminati, eos capitali
5 poena afficiebant. Plures necati quam in vincula coniecti
sunt. Magna vis in utraque causa virorum mulierumque fuit.
6 Mulieres damnatas cognatis, aut in quorum manu essent,
tradebant, ut ipsi in privato animadverterent in eas: si nemo
erat idoneus supplicii exactor, in publico animadvertebatur.
7 Datum deinde consulibus negotium est, ut omnia Bacchanalia Romae primum, deinde per totam Italiam diruerent,
extra quam si qua ibi vetusta ara aut signum consecratum
8 esset. In reliquum deinde senatus consulto cautum est, ne
qua Bacchanalia Romae neve in Italia essent.

F. Ereignisse des zweiten Jahrhunderts vor den Reformen der Gracchen

1. Hannibals letzte Jahre
a) Hannibals Flucht aus Karthago

45 6   Adversae Hannibali factionis homines principibus Romanis, hospitibus quisque suis, identidem scribebant nuntios
7 litterasque ab Hannibale ad Antiochum missas, et ab rege ad
eum clam legatos venisse; ut feras quasdam nulla mitescere
arte, sic immitem et implacabilem eius viri animum esse;
marcescere otii situ queri civitatem et inertia sopiri nec sine
8 armorum sonitu excitari posse. Haec probabilia memoria
prioris belli per unum illum non magis gesti quam moti faciebat. Irritaverat etiam recenti facto multorum potentium
animos.

47   Hannibal postquam, vectigalia quanta terrestria maritimaque essent et in quas res erogarentur, animadvertit, et
quid eorum ordinarii rei publicae usus consumerent, quan-
2 tum peculatus averteret, omnibus residuis pecuniis exactis,
tributo privatis remisso, satis locupletem rem publicam fore
ad vectigal praestandum Romanis pronuntiavit in contione
et praestitit promissum.

Tum vero ii, quos paverat per aliquot annos publicus pecu- 3
latus, velut bonis ereptis, non furtorum manubiis extortis
infensi et irati Romanos in Hannibalem, et ipsos causam odii
quaerentes, instigabant. Ita – diu repugnante P. Scipione 4
Africano, qui parum ex dignitate populi Romani esse duce-
bat subscribere odiis accusatorum Hannibalis et factionibus 5
Carthaginiensium inserere publicam auctoritatem nec satis
habere bello vicisse Hannibalem, nisi velut accusatores
calumniam in eum iurarent ac nomen deferrent – tandem
pervicerunt, ut legati Carthaginem mitterentur, qui ad 6
senatum eorum arguerent Hannibalem cum Antiocho rege
consilia belli faciendi inire.

Legati tres missi, Cn. Servilius, M. Claudius Marcellus, Q. 7
Terentius Culleo. Qui cum Carthaginem venissent, ex consilio inimicorum Hannibalis quaerentibus causam adventus
dici iusserunt, venisse se ad controversias, quae cum Masi- 8
nissa rege Numidarum Carthaginiensibus essent, dirimen-
das. Id creditum vulgo; unum Hannibalem se peti ab Roma- 9
nis non fallebat et ita pacem Carthaginiensibus datam esse,
ut inexpiabile bellum adversus se unum maneret. Itaque 10
cedere tempori et fortunae statuit; et praeparatis iam ante
omnibus ad fugam, obversatus eo die in foro avertendae
suspicionis causa, primis tenebris vestitu forensi ad portam
cum duobus comitibus ignaris consilii est egressus.

Cum equi, quo in loco iusserat, praesto fuissent, nocte **48**
Byzacium – ita regionem quandam agri vocant – transgressus,
postero die ad mare inter Acyllam et Thapsum ad suam
turrem pervenit. Ibi eum parata instructaque remigio excepit 2
navis.

Ita Africa Hannibal excessit, saepius patriae quam suum
eventum miseratus. Eodem die in Cercinam insulam traiecit. 3
Ubi cum in portu naves aliquot Phoenicum onerarias cum
mercibus invenisset et ad egressum eum e nave concursus
salutantium esset factus, percunctantibus legatum se Tyrum
missum dici iussit. Veritus tamen, ne qua earum navis nocte 4

profecta Thapsum aut Hadrumetum nuntiaret se Cercinae visum, sacrificio apparari iusso magistros navium mercatoresque invitari iussit et vela cum antemnis ex navibus
5 corrogari, ut umbraclum – media aestas forte erat – cenanti-
6 bus in litore fieret. Quanto res et tempus patiebatur apparatu celebratae eius diei epulae sunt; multoque vino in serum noctis convivium productum.
7 Hannibal, cum primum fallendi eos, qui in portu erant,
8 tempus habuit, navem solvit. Ceteri sopiti cum postero die tandem ex somno pleni crapulae surrexissent, ad id quod serum erat, aliquot horas referendis in naves collocandisque et aptandis armamentis absumpserunt.
9 Carthagine multitudinis assuetae domum Hannibalis
10 frequentare concursus ad vestibulum aedium est factus. Ut non comparere eum vulgatum est, in forum turba convenit
11 principem civitatis quaerentium; et alii fugam conscisse, id quod erat, alii fraude Romanorum interfectum; idque magis vulgo fremebant, variosque vultus cerneres ut in civitate aliorum alias partes foventium et factionibus discordi; visum deinde Cercinae eum tandem allatum est.

49 Et Romani legati cum in senatu exposuissent compertum patribus Romanis esse, et Philippum regem ante ab Hanni-
2 bale maxime accensum bellum populo Romano fecisse, et nunc litteras nuntiosque ab eo ad Antiochum et Aetolos missos, consiliaque inita impellendae ad defectionem Carthaginis, nec alio eum quam ad Antiochum regem profectum; haud quieturum eum, antequam bellum toto orbe terrarum
3 concisset; id ei non debere impune esse, si satisfacere Carthaginienses populo Romano vellent, nihil eorum sua
4 voluntate nec publico consilio factum esse; Carthaginienses responderunt quidquid aequum censuissent Romani facturos esse.
5 Hannibal prospero cursu Tyrum pervenit exceptusque a conditoribus Carthaginis, ut ab altera patria, vir tam clarus omni genere honorum, paucos moratus dies Antiochiam

navigat. Ibi profectum iam regem in Asiam cum audisset 6
filiumque eius sollemne ludorum ad Daphnen celebrantem
convenisset, comiter ab eo exceptus, nullam moram navigandi fecit. Ephesi regem est consecutus, fluctuantem adhuc 7
animo incertumque de Romano bello; sed haud parvum
momentum ad animum eius moliendum adventus Hannibalis fecit.

b) Hannibal am Hofe des Antiochus

Hannibal patria profugus pervenerat ad Antiochum, ... et 2 **60**
erat apud regem in magno honore, nulla alia arte, nisi quod
volutanti diu consilia de Romano bello nemo aptior super
tali re particeps esse sermonis poterat.

Sententia eius una atque eadem semper erat, ut in Italia 3
bellum gereretur; Italiam et commeatus et militem praebituram externo hosti; si nihil ibi moveatur liceatque populo
Romano viribus et copiis Italiae extra Italiam bellum gerere,
neque regem neque gentem ullam parem Romanis esse.

Sibi centum tectas naves et decem milia peditum, mille 5
equites deposcebat; ea se classe primum Africam petiturum;
magno opere confidere et Carthaginienses ad rebellandum
ab se compelli posse; si illi cunctentur, se aliqua parte Italiae 6
excitaturum Romanis bellum. Regem cum ceteris omnibus
transire in Europam debere et in aliqua parte Graeciae copias
continere neque traicientem et, quod in speciem famamque
belli satis sit, paratum traicere.

Villius war als römischer Gesandter an den Hof des Antiochus ge- **19**
kommen.

Hannibal non adhibitus est in consilium, propter colloquia cum Villio suspectus regi et in nullo postea honore
habitus. Primo eam contumeliam tacitus tulit; deinde melius 2
esse ratus et percunctari causam repentinae alienationis et
purgare se, tempore apto quaesita simpliciter iracundiae

3 causa auditaque ‚Pater Hamilcar' inquit, ‚Antioche, parvum admodum me, cum sacrificaret, altaribus admotum iure
4 iurando adegit numquam amicum fore populi Romani. Sub hoc sacramento sex et triginta annos militavi; hoc me in pace patria mea expulit; hoc patria extorrem in tuam regiam adduxit; hoc duce, si tu spem meam destitueris, ubicumque vires, ubi arma esse sciam, inveniam, toto orbe terrarum quae-
5 rens, aliquos Romanis hostes. Itaque, si quibus tuorum meis criminibus apud te crescere libet, aliam materiam crescendi
6 ex me quaerant. odi odioque sum Romanis. Id me verum dicere pater Hamilcar et dii testes sunt. Proinde cum de bello Romano cogitabis, inter primos amicos Hannibalem habeto; si qua res te ad pacem compellet, in id consilium alium, cum quo deliberes, quaerito.'
7 Non movit modo talis oratio regem, sed etiam reconciliavit Hannibali. Ex consilio ita discessum est, ut bellum gereretur.

c) Hannibals Gespräch mit Scipio

14 5 ... Claudius ... P. Africanum ... tradit ... Ephesi collocutum
6 cum Hannibale, et sermonem unum etiam refert: Quaerenti Africano, quem fuisse maximum imperatorem Hannibal
7 crederet, respondisse: Alexandrum, Macedonum regem, quod parva manu innumerabiles exercitus fudisset quodque ultimas oras, quas visere supra spem humanam esset, per-
8 agrasset. Quaerenti deinde, quem secundum poneret,
9 Pyrrhum dixisse; castra metari primum docuisse; ad hoc neminem elegantius loca cepisse, praesidia disposuisse; artem etiam conciliandi sibi homines eam habuisse, ut Italicae gentes regis externi quam populi Romani, tam diu
10 principis in ea terra, imperium esse mallent. Exsequenti, quem tertium duceret, haud dubie semet ipsum dixisse.
11 Tum risum obortum Scipioni, et subiecisse; ‚Quidnam tu diceres, si me vicisses?' ‚Tum vero me' inquit, ‚et ante Alexandrum et ante Pyrrhum et ante alios omnes imperatores

esse.' Et perplexum Punico astu responsum et improvisum 12
assentationis genus Scipionem movisse, quod e grege se
imperatorum velut inaestimabilem secrevisset.

d) Hannibals Ende

Ad Prusiam regem legatus T. Quinctius Flamininus venit, 51
quem suspectum Romanis et receptus post fugam Antiochi
Hannibal et bellum adversus Eumenem motum faciebat. Ibi, 2
seu quia a Flaminino inter cetera obiectum Prusiae erat
hominem omnium, qui viverent, infestissimum populo Romano apud eum esse, qui patriae suae primum, deinde fractis
eius opibus Antiocho regi auctor belli adversus populum
Romanum fuisset, seu quia ipse Prusias, ut gratificaretur 3
praesenti Flaminino Romanisque, per se necandi aut tradendi eius in potestatem consilium cepit; a primo collquio
Flaminini milites extemplo ad domum Hannibalis custodiendam missi sunt.

Semper talem exitum vitae suae Hannibal prospexerat 4
animo, et Romanorum inexpiabile odium in se cernens, et
fidei regum nihil sane confisus; Prusiae vero levitatem etiam
expertus erat; Flaminini quoque adventum velut fatalem sibi
horruerat. Ad omnia undique infesta ut iter semper aliquod 5
praeparatum fugae haberet, septem exitus e domo fecerat,
et ex iis quosdam occultos, ne custodia saepirentur. Sed grave 6
imperium regum nihil inexploratum, quod vestigari volunt,
efficit. Totius circuitum domus ita custodiis complexi sunt,
ut nemo inde elabi posset.

Hannibal postquam est nuntiatum milites regios in vesti- 7
bulo esse, postico, quod devium maxime atque occultissimi
exitus erat, fugere conatus. Ut id quoque occursu militum 8
obsaeptum sensit et omnia circa clausa custodiis dispositis
esse, venenum, quod multo ante praeparatum ad tales habebat casus, poposcit. ‚Liberemus' inquit ‚diuturna cura po- 9
pulum Romanum, quando mortem senis exspectare longum

10 censent. Nec magnam nec memorabilem ex inermi proditoque Flamininus victoriam feret. Mores quidem populi
11 Romani quantum mutaverint, vel hic dies argumento erit. Horum patres Pyrrho regi, hosti armato, exercitum in Italia habenti, ut a veneno caveret, praedixerunt: hi legatum consularem, qui auctor esset Prusiae per scelus occidendi
12 hospitis, miserunt.' Exsecratus deinde in caput regnumque Prusiae et hospitales deos violatae ab eo fidei testes invocans poculum exhausit. Hic vitae exitus fuit Hannibalis.

2. Scipios Prozess und Tod

5 P. Scipioni Africano ... duo Q. Petillii diem dixerunt. Id,
6 prout cuiusque ingenium erat, interprebantur. Alii non tribunos plebis, sed universam civitatem, quae id pati posset,
7 incusabant: Duas maximas orbis terrarum urbes ingratas uno prope tempore in principes inventas (esse), Romam ingratiorem, si quidem victa Carthago victum Hannibalem in exsilium expulisset, Roma victrix victorem Africanum expellat.
8 Alii (dixerunt) neminem unquam tantum eminere civem debere, ut legibus interrogari non possit; nihil tam aequandae libertatis esse, quam potentissimum quemque posse dicere
9 causam. Quid autem tuto cuiquam, nedum summam rem publicam, permitti, si ratio non sit reddenda? Qui ius aequum pati non possit, in eum vim haud iniustam esse.
10 Haec agitata sermonibus, donec dies causae dicendae venit. Nec alius antea quisquam nec ille ipse Scipio consul censorve maiore omnis generis hominum frequentia, quam
11 reus illo die in forum est deductus. Iussus dicere causam sine ulla criminum mentione orationem adeo magnificam de rebus ab se gestis est exorsus, ut satis constaret neminem umquam neque melius neque verius laudatum esse.
12 Dicebantur enim ab eo eodem animo ingenioque, quo gesta erant; et aurium fastidium aberat, quia pro periculo, non in gloriam referebantur.

Tribuni vetera luxuriae crimina Syracusanorum hibernorum et Locris Pleminianum tumultum cum ad fidem praesentium criminum rettulissent, suspicionibus magis quam argumentis pecuniae captae reum accusarunt: Filium captum 2 sine pretio redditum, omnibusque aliis rebus Scipionem, tamquam in eius unius manu pax Romana bellumque esset, ab Antiocho cultum; dictatorem eum consuli, non legatum 3 in provincia fuisse; nec ad aliam rem eo profectum, quam ut, id quod Hispaniae Galliae Siciliae Africae iam pridem persuasum esset, hoc Graeciae Asiaeque et omnibus ad orientem versis regibus gentibusque appareret: unum hominem caput 4 columenque imperii Romani esse, sub umbra Scipionis civitatem dominam orbis terrarum latere; nutum eius pro decretis patrum, pro populi iussis esse. Infamia intactum invidia, qua possunt, urgent. Orationibus in noctem perduc- 5 tis prodicta dies est.

Ubi ea venit, tribuni in rostris prima luce consederunt; 6 citatus reus magno agmine amicorum clientiumque per mediam contionem ad rostra subiit silentioque facto ‚Hoc‘, 7 inquit, ‚die, tribuni plebis vosque, Quirites, cum Hannibale et Carthaginiensibus signis collatis in Africa bene ac feliciter pugnavi. Itaque, cum hodie litibus et iurgiis supersederi 8 aequum sit, ego hinc extemplo in Capitolium ad Iovem optimum maximum Iunonemque et Minervam ceterosque deos, qui Capitolio atque arci praesident, salutandos ibo hisque gratias agam, quod mihi et hoc ipso die et saepe alias 9 egregie gerendae rei publicae mentem facultatemque dederunt. Vestrum quoque quibus commodum est, Quirites, 10 ite mecum et orate deos, ut mei similes principes habeatis, 11 ita, si ab annis septemdecim ad senectutem semper vos aetatem meam honoribus vestris anteistis, ego vestros honores rebus gerendis praecessi.‘

Ab rostris in Capitolium ascendit. Simul se universa contio 12 avertit et secuta Scipionem est, adeo ut postremo scribae viatoresque tribunos relinquerent nec cum iis praeter servi-

lem comitatum et praeconem, qui reum ex rostris citabat,
13 quisquam esset. Scipio non in Capitolio modo, sed per totam urbem omnia templa deum cum populo Romano circumiit.
14 Celebratior is prope dies favore hominum et aestimatione vera magnitudinis eius fuit, quam quo triumphans de Syphace rege et Carthaginiensibus urbem est invectus.

52 Hic speciosus ultimus dies P. Scipioni illuxit. Post quem cum invidiam et certamina cum tribunis prospiceret, die longiore prodicta in Liternium concessit certo consilio, ne ad
2 causam dicendam adesset. Maior animus et natura erat ac maiori fortunae assuetus, quam ut reus esse sciret et summittere se in humilitatem causam dicentium.

3 Ubi dies venit citarique absens est coeptus, L. Scipio mor-
4 bum causae esse, cur abesset, excusabat. Quam excusationem cum tribuni, qui diem dixerant, non acciperent et ab eadem superbia non venire ad causam dicendam arguerent, qua iudicium et tribunos plebis et contionem reliquisset et ...
5 triumphum de populo Romano egisset secessionemque eo
8 die a tribunis plebis in Capitolium fecisset: ... tribuni plebis appellati ab L. Scipione ita decreverunt: si morbi causa excusaretur, sibi placere accipi eam causam diemque ab collegis prodici.

9 Tribunus plebis eo tempore Ti. Sempronius Gracchus erat, cui inimicitiae cum P. Scipione intercedebant. Is cum vetuisset nomen suum decreto collegarum adscribi tristioremque
10 omnes sententiam expectarent, ita decrevit: Cum L. Scipio excusasset morbum causae esse fratri, satis id sibi videri; se P. Scipionem, priusquam Romam redisset accusari non passurum; tum quoque, si se appellet, auxilio ei futurum, ne causam
11 dicat; ad id fastigium rebus gestis, honoribus populi Romani, P. Scipionem deorum hominumque consensu pervenisse, ut sub rostris reum stare et praebere aures adulescentium conviciis, populo romano magis deforme quam ipsi sit.

53 Adiecit decreto indignationem: „Sub pedibus vestris stabit,
2 tribuni, domitor ille Africae Scipio? Ideo quattuor nobilis-

simos duces Poenorum in Hispania, quattuor exercitus fudit fugavitque; ideo Syphacem cepit, Hannibalem devicit, Carthaginem vectigalem nobis fecit, Antiochum ... ultra iuga 3 Tauri emovit, ut duobus Petilliis succumberet? Vos, de P. 4 Africano palmam peti feretis? Nullisne meritis suis, nullis vestris honoribus, Quirites, umquam in arcem tutam et velut sanctam clari viri pervenient, ubi, si non venerabilis, inviolata saltem senectus eorum considat?' Movit et decretum et ad- 5 iecta oratio non ceteros modo, sed ipsos etiam accusatores; et deliberaturos se, quid iuris sui et officii esset, dixerunt.

Senatus deinde concilio plebis dimisso haberi est coeptus. 6 Ibi gratiae ingentes ab universo ordine, praecipue a consularibus senioribusque, Ti. Graccho actae sunt, quod rem publicam privatis simultatibus potiorem habuisset; et Petillii 7 vexati sunt probris, quod splendere aliena invidia voluissent et spolia ex Africani triumpho peterent.

Silentium deinde de Africano fuit. Vitam Literni egit sine 8 desiderio urbis; morientem rure eo ipso loco sepeliri se iussisse ferunt monumentumque ibi aedificari, ne funus sibi in ingrata patria fieret.

Vir memorabilis, bellicis tamen quam pacis artibus memo- 9 rabilior. Nobilior prima pars vitae quam postrema fuit, quia in iuventa bella assidue gesta, cum senecta res quoque defloruere nec praebita est materia ingenio. Quid ad primum 10 consulatum secundus, etiam si censuram adicias? Quid Asiatica legatio, et valetudine adversa inutilis et deformata filii casu et post reditum necessitate aut subeundi iudicii aut simul cum patria deserendi? Punici tamen belli perpetrati, 11 quo nullum neque maius neque periculosius Romani gessere, unus praecipuam gloriam tulit.

3. Die Ursachen des Dritten Punischen Krieges XLVIII

Cum in finibus Carthaginiensium ingens Numidarum exercitus duce Ariobazane, Syphacis nepote, diceretur esse,

M. Porcius Cato suasit, ut Carthaginiensibus, qui exercitum specie contra Masinissam, re contra Romanos accitum in finibus haberent, bellum indiceretur. Contra dicente P. Cornelio Nasica placuit legatos mitti Carhtaginem, qui specularentur, quid ageretur. Castigato senatu Carthaginiensium, quod contra foedus et exercitum et navales materias haberent, pacem inter eos et Masinissam facere voluerunt, Masinissa agro, de quo lis erat, cedente. Sed Gisgo, Hamilcaris filius, homo seditiosus, qui tum in magistratu erat, cum senatus pariturum se iudicio legatis dixisset, ita populum concitavit bellum adversus Romanos suadendo, ut legatos, quo minus violarentur, fuga explicuerit. Id nuntiantes infestum iam senatum Carthaginiensibus infestiorem fecerunt.

4. Der Beginn des Dritten Punischen Krieges

XLIX Tertii Punici belli initium altero et sescentesimo ab urbe condita anno, intra quintum annum quam erat coeptum, consummati. Inter M. Porcium Catonem et Scipionem Nasicam, quorum alter sapientissimus vir in civitate habebatur, alter optimus vir etiam iudicatus a senatu erat, diversis certatum sententiis est, Catone suadente bellum et ut tolleretur delereturque Carthago, Nasica dissuadente. Placuit tamen, quod contra foedus naves haberent, quod exercitum extra fines duxissent, quod socio populi Romani et amico, Masinissae, arma intulissent, quod filium eius Gulussam, qui cum legatis Romanis erat, in oppidum non recepissent, bellum his indici.

Priusquam ullae copiae in naves imponerentur, Uticenses legati Romam venerunt se suaque omnia dedentes. Ea legatio velut omen grata patribus, acerba Carthaginiensibus fuit. ... Legati triginta Romam venerunt, per quos Carthaginienses se dedebant. Catonis sententia evicit, ut in decreto perstaretur et ut consules quam primum ad bellum proficiscerentur. Qui ubi in Africam transierunt, acceptis, quos imperaverant, trecentis obsidibus et armis omnibus instrumentisque belli, si qua Carthagine erant, cum ex auctoritate patrum iuberent, ut in alio loco, dum a mari decem milia passuum ne minus remoto, oppidum facerent, indignitate rei ad bellandum Carthaginienses compulerunt.

Obsideri oppugnarique coepta est Carthago a L. Marcio M'. Manlio consulibus. In qua oppugantione cum neglectos ab una parte muros duo tribuni temere cum cohortibus suis irupissent et ab oppidanis graviter caederentur, a Scipione ... expliciti sunt; per quem et castellum Romanorum. quod nocte expugnabant, paucis equitibus iuvantibus liberatum est, castrorumque, quae Carthaginienses omnibus copiis ab urbe pariter egressi oppugnabant, liberatorum is ipse praecipuam gloriam tulit. Praeterea cum ab irrita oppugnatione Carthaginis consul – alter enim Romam ad comitia ierat – exercitum duceret adversus Hasdrubalem, qui cum ampla manu saltum iniquum insederat, suasit primo consuli, ne tam iniquo loco confligeret. Victus deinde complurum, qui et prudentiae et virtuti eius invidebant, sententiis et ipse saltum ingressus est. Cum, sicut praedixerat, fusus fugatusque esset exercitus Romanus et duae cohortes ab hoste obsiderentur, cum paucis equitum turmis in saltum reversus liberavit eas et incolumes reduxit. Quam virtutem eius et Cato, vir promptioris ad vituperandum linguae, in senatu sic prosecutus est, ut diceret, reliquos, qui in Africa militarent, umbras volitare, Scipionem vigere. Et populus Romanus eum complexus est eo favore, ut comitiis plurimae eum tribus consulem scriberent, cum hoc per aetatem non liceret.

5. Der Untergang Karthagos

Carthago, in circuitum XXIII passuum patens, magno labore obsessa et per partes capta est, primum a Mancino legato, deinde a Scipione consule, cui extra sortem Africa provincia data erat. Carthaginienses portu novo, quia vetus a

Scipione obstructus erat, facto et contracta clam exiguo tempore ampla classe infeliciter navali proelio pugnaverunt. Hasdrubalis quoque, ducis eorum, castra ad Nepherim oppidum loco difficili sita cum exercitu deleta sunt a Scipione, qui tandem expugnavit urbem septingentesimo anno quam erat condita. Spoliorum maior pars Siculis, quibus ablata erant, reddita. Ultimo urbis excidio, cum se Hasdrubal Scipioni dedisset, uxor eius, quae paucis ante diebus de marito impetrare non potuerat, ut ad victorem tranfugerent, in medium se flagrantis urbis incendium cum duobus liberis ex arce praecipitavit. Scipio exemplo patris sui Aemilii Paulli, qui Macedoniam vicerat, ludos fecit transfugasque ac fugitivos bestiis obiecit.

6. Die Zerstörung Korinths

LII Cum Achaeis, qui in auxilio Boeotos et Chalcidenses habebant, Q. Caecilius Metellus ad Thermopylas bello conflixit. Quibus victis dux eorum Critolaus mortem sibi veneno conscivit. In eius locum Diaeus, Achaici motus primus auctor, ab Achaeis dux creatus ad Isthmum a L. Mummio consule victus est. Qui omni Achaia in deditionem accepta Corinthum ex senatus consulto diruit, quia ibi legati Romani violati erant. Thebae quoque et Chalcis, quae auxilio fuerant, dirutae. Ipse L. Mummius abstinentissimum virum egit, nec quicquam ex his operibus ornamentisque, quae praedives Corinthus habuit, in donum eius pervenit.

7. Der Untergang Numantias

LVII Scipio Africanus Numantiam obsedit et corruptum licentia luxuriaque exercitum ad severissimam militiae disciplinam revocavit. Omnia deliciarum instrumenta recidit, duo milia scortorum a castris eiecit, militem cotidie in opere habuit et triginta dierum frumentum ad septenos vallos ferre cogebat.

Aegre propter onus incedenti dicebat: ‚Cum gladio te vallare scieris, vallum ferre desinito.' Alii scutum parum habiliter ferenti, amplius eum scutum iusto ferre, neque id se reprehendere, quando melius scuto quam gladio uteretur. Quem militem extra ordinem deprehendit, si Romanus esst, vitibus, si extraneus, virgis cecidit. Iumenta omnia, ne exonerarent militem, vendidit.

Saepe adversus eruptiones hostium feliciter pugnavit. Vaccaei obsessi liberis coniugibusque trucidatis ipsi se interemerunt. Scipio amplissima munera missa sibi ab Antiocho, rege Syriae, cum celare aliis imperatoribus regum munera mos esset, pro tribunali ea accepturum se esse dixit omniaque ea quaestorum referre in publicas tabulas iussit: Ex his se viris fortibus dona esse daturum.

Cum undique Numantiam obsidione clausisset et obsessos fame videret urgeri, hostes, qui pabulatum exierant, vetuit occidi, quod diceret velocius eos absumpturos frumenti quod haberent, si plures fuissent.

Numantini fame coacti ipsi se ... trucidaverunt, captam **LIX** urbem Scipio Africanus delevit et de ea triumphavit, quarto decimo anno post Carthaginem deletam.

Anhang

1. Zeittafel

Die für die ältere römische Geschichte bis ins 4. Jahrhundert überlieferten Angaben sind zum großen Teil nicht gesichert.

753	Gründung Roms.
753-510	Rom unter den Königen Romulus, Numa Pompilius, Tullus Hostilius, Ancus Marcius, Tarquinius Priscus, Servius Tullius, Tarquinius Superbus.
509	Einweihung des Jupitertempels auf dem Kapitol.
509	Einrichtung der "libera res publica". L. Iunius Brutus und L. Tarquinius Collatinus (P. Valerius Publicola) die ersten Konsuln. Lex Valeria de provocatione.
507	Krieg mit Porsinna: Horatius Cocles, Mucius Scaevola, Cloelia.
496	Sieg über die Latiner am Lacus Regillus.
494	Beginn des Ständekampfes; secessio plebis, Menenius Agrippa, Einrichtung des Volkstribunats.
488	Cn. Marcius Coriolanus führt das Heer der Volsker gegen Rom.
458	L. Quinctius Cincinnatus besiegt als Diktator die Aequer.
451	Einsetzung der Decemvirn. Zwölftafelgesetz.
449	Sturz der Decemvirn.
445	Lex Canuleia de conubio patrum et plebis.
444	(und oft in den Jahren bis 367) Wahl von tribuni militum consulari potestate. Auch Plebejern ist dies Amt zugänglich.
443	Einrichtung des Censorenamtes.
400	P. Licinius Calvus der erste plebejische Konsulartribun.
396	Eroberung von Veji, der etruskischen Rivalin Roms, durch M. Furius Camillus.
394	Camillus Konsulartribun. Krieg mit Falerii.
387	(390) Galliersturm: Röm. Niederlage an der Allia; Einnahme, Plünderung und teilweise Zerstörung Roms: Rettung des Kapitols durch M. Manilus (Capitolinus).
367	Leges Liciniae Sextiae: Zutritt der Plebejer zum Konsulat.
366	L. Sextius wird als erster Plebejer Konsul. Einrichtung des Prätorenamtes.
361	T. Manlius „Torquatus".
356	C. Marcius Rutilus der erste plebejische Diktator.
351	C. Marcius Rutilus erhält als erster Plebejer die Censur.
343-341	Erster Samniterkrieg.

340	Latinerkrieg: T. Manilus Torquatus Konsul: imperia Manliana.
338	Friede mit den Latinern. Der latinische Bund wird aufgelöst. Ganz Latium untersteht Rom. Die einzelnen Glieder dieses Staates erhalten in Einzelverträgen mit Rom abgestufte Rechte.
338	Anschluss Kapuas und der Kampaner an Rom.
337	Q. Publilius Philo wird als erster Plebejer Prätor.
328-304	Zweiter Samniterkrieg.
321	Niederlage der Römer bei Caudium.
300	Lex Ogulnia: Die Plebejer erhalten Zutritt zu den Priesterkollegien.
298-290	Dritter Samniterkrieg.
395	Entscheidender Sieg der Römer über die vereinigten Samniten, Etrusker und Gallier bei Sentinum.
287	Lex Hortensia: Die Beschlüsse der Plebs (pebiscita) haben die gleiche bindende Kraft wie die vom Gesamtvolk in den Komitien beschlossenen Gesetze.
280-272	Krieg mit Tarent und Pyrrhus von Epirus.
Um 265	untersteht die ganze Apenninen-Halbinsel südlich der Linie Pisa-Rimini der röm. Herrschaft.
264-241	Erster Punischer Krieg.
241	Entscheidender Sieg Roms in der Seeschlacht bei den Aegatischen Inseln. Friedensschluss: Rom gewinnt Sizilien als erste römische Provinz.
238	Rom besetzt das von Karthago abgefallene Sardinien und zwingt Karthago zum Verzicht.
235	Schließung des Janustempels durch Konsul T. Manilus Torquatus zum Zeichen des allgemeinen Friedens.
237-229	Hamilcar } karthagischer Befehlshaber in Spanien.
229-221	Hasdrubal
226	Vertrag zwischen Hasdrubal und röm. Bevollmächtigten: Der Ebro soll die Grenze der Machtbereiche sein.
225-222	Krieg Roms mit gallischen Stämmen in Oberitalien.
220	Aufnahme Sagunts in die römische Bundesgenossenschaft. Verhandlungen einer röm. Gesandtschaft mit Hannibal und mit der karthagischen Regierung.
219	Hannibal belagert und erobert Sagut. Kriegserklärung Roms an Karthago.
218-201	Zweiter Punischer Krieg.
218	Hannibal zieht von Spanien durch Gallien und über die Alpen nach Oberitalien. Siege Hannibals am Ticinus und am Trebia.

217	Sieg Hannibals am Trasumennischen See. Fabius Maxiums (Cunctator) wird Diktator.
216	Vernichtende Niederlage der Römer bei Cannae. Abfall italischer Bundesgenossen, insbesondere Capuas.
215-205	Erster Makedonischer Krieg.
218-212	Erfolge des Publius und des Gnaeus Cornelius Scipio in Spanien.
212	Eroberung Sagunts durch die Römer.
214	Syrakus und einige andere sizilische Städte treten auf Karthagos Seite.
213	Belagerung } von Syrakus durch M. Claudius Marcellus.
212	Einnahme
210	Abzug der Karthager aus Sizilien.
212	Tarent und einige andere griech. Städte Süditaliens treten auf Hannibals Seite.
212	Die Römer belagern Capua.
211	Hannibal vermag Capua nicht zu entsetzen, er zieht gegen Rom: Hannibal ad portas! Capua fällt und verliert seine Eigenständigkeit.
209	Tarent von Rom zurückgewonnen.
211	P. und Cn. Cornelius Scipio werden in Spanien besiegt und fallen.
210	P. Cornelius Scipio (der Sohn des in Spanien gefallenen P. Scipio) übernimmt das Kommando in Spanien.
209	Neukarthago von den Römern erobert.
208	Sieg Scipios über Hasdrubal bei Baecula; Hasdrubals Zug nach Italien.
207	Hasdrubal verliert am Metaurus Schlacht und Leben.
206	Mago zieht mit den letzten karthagischen Truppen aus Spanien ab.
205	Scipio wird Konsul.
204-202	Afrikanischer Feldzug Scipios.
203	Friedensangebot Karthagos: Rückberufung Hannibals und Magos; Bruch des Waffenstillstands durch die Karthager.
202	Entscheidungsschlacht bei Zama.
201	Friedensschluss
200-197	Zweiter Makedonischer Krieg (König Philipp V.).
192-189	Krieg mit Antiochus III. von Syrien.
183	Tod des Hannibal und des P. Cornelius Scipio Africanus.
171-168	Dritter Makedonischer Krieg (König Perseus).
168	Sieg des Konsuls L. Aemilius Paulus über Perseus bei Pydna.
149-146	Dritter Punischer Krieg.

148	Makedonien wird römische Provinz.
146	Zerstörung Karthagos durch P. Cornelius Scipio Africanus (minor).
59	v. Chr. bis 17 n. Chr. Livius.
68	v. Chr. bis 14 n. Chr. Augustus.
44	Tod Caesars.
31	Schlacht von Aktium: C. Iulius Caesar Octavianus (Augustus) besiegt Antonius und Kleopatra und wird so unbestrittener Nachfolger Caesars.
29	und 25 Schließung des Janustempels.
27	Der „Princeps" erhält vom Senat den Titel „Augustus".

2. Sprachliche Auffälligkeiten

a) Absolut gebrauchte Verben müssen durch Umschreibung übersetzt werden: praeficere zum Befehlshaber ernennen (XXI 4,4), cavere Vorbehalte machen (XXI 18,8), vincere Sieger bleiben (XXI 1,2).

b) Die bei Caesar seltene constructio ad sensum tritt bei Livius häufiger auf: pars magna ... in aquam progressi ... sese immergunt (XXII 6,6; vgl. XXI 11,1).

c) Ein Partizip steht häufig an Stelle eines im Deutschen erwarteten Substantivs: ab urbe condita seit Gründung der Stadt, violatum hospitium Bruch des Gastrechts (I 9,13), Sicilia Sardiniaque amissae der Verlust von ... (XXI 1,5; XX 2; vgl. 2,6; XXII 8,1).

d) Ein verkürzter ablativus absolutus tritt bei Caesar nie auf; augurato nach Anstellung der Augurien (I 18,6).

e) Die häufige Verbindung eines Partizips Perfekt Passiv mit fui/fueram kommt bei Caesar nie, bei Cicero nur selten vor: multa infanda commissa fuerant (XXVIII, 12,5) = ... commissa erant (vgl. III 26,11).

f) forem, bei Caesar nie und bei Cicero selten vorkommend, steht meist für essem und nur selten für futurus essem: quod scelere partum foret (I 46,3) = ... partum esset.

g) Partizip Perfekt Passiv plus habere/tenere drückt Ergebnis, Besitz oder Zustand aus: arcem iam scelere emptam ... habent durch einen verbrecherischen Handel haben sie sich die Burg erkauft (I 12,4). So wäre rationem exigere (genau berechnen) schwächer als rationem exactam habere (XXVI 43,3).

h) Verbindungen mit facere sind im Deutschen zu vereinfachen: concursus factus est man lief zusammen (XXII 7,6).

i) Iterative Nebensätze stehen häufig im Konkunktiv, was bei Cicero und Caesar nie vorkommt: ubi quid fortiter ac strenue agendum esset (XXI 4,4).

j) Der Plurat abstrakter Substantive unterstreicht das intensive oder frenquentative Moment: gaudia et luctus Äußerungen von Freude und Trauer (XXII 7,12), odia Hassausbrüche (XXI 1,3). Insbesondere: dignitates Männer von Rang und Würden (XXII 40,4).

k) Maßbegriffe werden häufig bloß durch Pronomina dargestellt: ad id quod tum hominum erat nach Maßgabe der damaligen Einwohnerzahl (I 8,4); id, quod superesset, quieti datum est die Zeit, die ... übrig blieb, ... (XXI 4,7).

l) Substantivierte Partizipien und Adjektive finden sich bei Livius im Gegensatz zu Caesar und Cicero häufig: ut a confessis wie von Geständigen (XXI 18,5), ingentia pollicendo indem er gewaltige Belohnungen versprach (I 47,7), fortia tapfere Taten (II 12,9).

m) Ein Gerundium kann partizipial gebraucht werden: rem nullam nisi necessariam ad victum sumendo, per aliquot dies neque lacessiti neque lacessentes sese tenuere (II 32,4).

n) Cum kann sich mit historischem Infinitiv verbinden: cum Appius ... ius de creditis pecuniis dicere (II, 27,1).

o) Quippe qui kann mit Indikativ stehen: quippe cui pater et patruus ... interfecti sunt (XXVI 41,8).

p) opus est kann sich mit dem Genitiv verbinden: ... ad consilium pensandum temporis opus esse (XXII 51,3).

q) Anstelle des bei Städtenamen klassisch präpositionslosen Separativs (Roma = von Rom) kann auch heißen: ab Roma (XXI 9,3).

r) forsitan, das gewöhnlich mit dem Konjunktiv steht, kann nach dem Vorbild von fortasse auch mit dem Indikativ stehen (praef. § 12).

s) Das Adverb kann wie ein adjektivisches Attribut gebraucht werden: asperis postmodum rebus bei der gleich darauf eingetretenen Not (II 9,7).

3. Stilfiguren

Alliteration (Abfolge von Wörtern mit demselben Anfangskonsonaten): macte virtute ... ac pietate in patrem patriamque ... esto (VII 10,4).

Anapher (Markierung parallel aufeinanderfolgender Satzglieder durch Wiederkehr desselben Signalwortes): qui ... non commeatum, non supplementum, non pecuniam habeat (XXII 39,14).

Asyndeton, „unverbundenes" Nebeneinanderstellen gleichgeordneter Satzglieder, das entweder adversativ – vincere scis, Hannibal, victoria uti nescis (XXII 51,4) – oder koordinierend – armis, viris, equis, commeatibus iuvant iuvabuntque (XXII 39,11) – erfolgt.

Chiasmus (Überkreuzstellung einander entsprechender Ausdrücke) legiones ipse dictator, magister equitum suos equites ducit (III 27,6).

Hendiadyoin (Zerlegung eines zusammengesetzten Begriffs in zwei Teile): scelus regium ac vim queruntur (I 59,4).

Homoioteleuton (gleicher Auslaut aufeinander folgender Wörter): meliores, prudentiores, constantiores nos tempus diesque facit (XXII 39,12).

Hyperbaton („Überschreitung" der Regeln der gewöhnlichen Wortstellung, Sperrung): nominatae iam antea consulibus provinciae erant (XXI 17,1).

Inkonzinnität (variatio der syntaktischen Darstellungsmittel logisch gleichwertiger Satzglieder): convenere extemplo alii iam ante ad hoc praeparati, alii metu, ne ... (I 47,9; XXI 18,1-2; XXII 61,13).

Isokolon (Gleichartigkeit paralleler Glieder in Länge und syntaktischem Aufbau): sine, timidum pro cauto, tardum pro considerato, imbellem pro perito belli vocent (XXII 39,20).

Litotes („Schlichtheit" durch Verneinung des Gegenbegriffs): haudquaquam incruenta victoria (XXVII 49,7).

Metapher (Übertragung eines Begriffs unter Wahrung der Plausibilität): periculi procella (II 10,7; vgl. XXII 39,7).

Metonymie („Vertauschung des Namens" unter Beachtung des Naheliegenden, häufig durch Personifikation): in Volscos = in fines Volscorum (II 9,6), Mars = bellum (XXI 1,2), arma = armati (XXI 9,3).

Oxymoron („spitzdumme", auf den ersten Blick paradoxe Wortkombination): clamor ... alibi pavorem, alibi gaudium ingens facit (II 28,3f.).

Parallelismus (Verzicht auf den Chiasmus): discordiae intestinae, bellum externum fecere, ut ... (II 31,10).

Polyptoton (als Variante der Anapher die Wiederholung desselben Wortes in verschiedenen grammatischen Formen): ... nihil veri, nihil sancti, nullus deum metus, nullum ius iurandum, nulla religio (XXI 4,9; vgl. XXVI 43,8).

Polysyndeton (Verknüpfung paralleler Satzglieder durch mehrere Konjunktionen): ... nec ulla iam castra Romana nec ducem nec militem esse (XXII 54,9).

Synonymhäufung (Häufung sinnverwandter Wörter): vana atque irrita legatio (XXI 10,1), ductu auspicioque (XXVI 41,13).

4. Zur politischen Begriffssprache der Römer

Diese Übersicht will Hilfen bieten zum Verständnis von Begriffen, die Livius verwendet oder in seinen Geschichten veranschaulicht. Vorsicht ist in doppelter Hinsicht geboten: zum einen kann die allgemeine Bestimmung eines Begriffs nicht jede im Sprachgebrauch unterscheidbare Nuance erfassen; zum anderen ist ein Begriff keine isolierte Größe, sondern Teil eines Zusammenhanges: auctoritas (des Senators) und libertas (des Bürgers) gehören zusammen (Cicero, de re publ. II 57) wie Verzicht auf Anwendung von Zwangsmitteln und das Recht, die Ausführung noch so überzeugender Ratschläge auch zu verweigern; ebenso gehören religio und clementia zusammen (ebd. II 27), weil von dem, der Rücksicht auf die Götter nimmt, auch Rücksicht auf andere Menschen erwartet werden kann.

Zu bedenken ist auch, dass Begriffe nie ein für allemal dasselbe bedeuten, sondern ihren Sinn im Laufe der Zeit ändern oder sogar ganz aus dem offiziellen Sprachgebrauch verschwinden. Dann gilt es, durch begriffsgeschichtliche Arbeit herauszufinden, warum das geschehen ist. Gegenüber dem Wandel bleibt die Erkenntnis der Gründe des Wandels das Feste und Beständige.

auctoritas ist die „Eignung, maßgeblichen Einfluss auf die Entschließungen der anderen kraft überlegener Einsicht auszuüben" (R. Heinze, Nr. 42, S. 354). Nach F.E. Adcock (Nr. 1, S. 18) ist die auctoritas des Senats die Folge von Vertrauen (fides) in seine Kompetenz und seine durch dignitas demonstrierten Qualitäten. – Für Cicero (Pomp. §§ 43-46) gewinnt auctoritas, wer sich durch erfolgreiche Taten einen Namen gemacht hat: ihm begegnen die Freunde mit Vertrauen und die Feinde mit Respekt, ja der Bereitschaft zu freiwilliger Unterwerfung. – Im Blick auf die Verleihung des Titels Augustus, mit dem der Kaiser für seine virtus, clementia, iustitia und pietas ausgezeichnet wurde, bemerkt dieser: er habe seitdem bei gleicher Amtsgewalt (potestas) alle an auctoritas (ἀξίωμα Vorrangstellung durch persönliches Gewicht) übertroffen (Mon. Anc. 34).

Fundstellen: II 27,12; XXI 18,10f.; XXX 44,13.

bellum iustum. siehe unter ius belli

clementia (Milde, Schonung, Gnade) war für Caesar oberste Maxime angemessenen politischen Verhaltens. Als Gegensatz zu der seit alters vertrauten Strenge (serveritas) war für Cicero (pro Marcello 1) Caesars Milde so ungewöhnlich wie beispiellos (inusitata/inaudita). So sehr verband sich clementia mit dem Namen Caesars, dass im Tempel der „Clementia Caesaris" die Göttin Hand in Hand mit Caesar dargestellt war (H. Dahlmann, Nr. 77, S. 188). Es liegt in der Natur der Sache, dass clementia, da dem Unterlegenen vom Überlegenen gewährt, auch verweigert werden konnte, und das musste nicht nur, wie Vergil (parcere subiectis et debellare superbos: Aen. VI 853) unterstellt, am Verhalten des Schwächeren liegen: er kann clementia nicht einklagen wie ein Recht, auf das er Anspruch hat. – In der Nachfolge Caesars erhoben alle römischen Kaiser clementia zu ihrem Gütesiegel. Augustus hat sich clementia im „Monumentum Ancyranum" gleich zweimal (§ 3 und § 34) bescheinigt. Livius weist aber auch schon für die republikanische Zeit Beispiele von clementia nach.

Fundstellen: III 28,10f.; XXVI 49f.

concordia (innere Eintracht) wird gefährdet durch Begehrlichkeit (avaritia/luxuria: Livius XXXIV 4,1) sowohl der Optimaten als auch der Popularen (Cic., off. II 77f.). Das beste Mittel zur Sicherung von concordia ist die gemeinsame Bedrohung von außen (Sall, Cat. 9f.). Das Fehlen von concordia kann lebensgefährlich sein, führte doch die discordia der beiden Konsuln zur Niederlage von Cannae.

Im Kampf gegen die Gracchen war concordia ordinum (Eintracht der Stände) zum Schlagwort der Nobilität geworden. Cicero (de re publ. II 69) hofft, der künftige Retter des Staates werde diesem concordia als Aussöhnung der Stände bescheren. Bei Caesar, der als Popularer erst noch etwas durchsetzen will, erscheint der Begriff naturgemäß äußerst selten und nie betont. Augustus aber, der sich durchgesetzt hat und einen Bürgerkrieg nie wieder erleben will, errichtete auf dem Marsfeld Altäre und Statuen für Pax, Salus und Concordia (Ovil, Fasti 881f.; Dio LIV 35,1f.). Den zugrunde liegenden Gedanken dieser Maßnahme unterstreicht Livius, wenn er die beste Garantie für die Sicherheit Roms in Friedensliebe und Eintracht der Bürger sieht (IX 19,17).

Fundstellen: II 1,6/11; II 9,7; II 31,10; II 32,7; II 39,6; IX 19,17; XXII 40,4; XXII 61,14.

dictatura klingt in unseren Ohren befremdlich, war aber ein uneingeschränkt legitimes Amt in republikanischer Zeit. Bei schwerer innerer oder äußerer Gefahr ernannte einer der beiden Konsuln auf Senatsbeschluss einen dictator, der auch vorher schon vom Senat designiert („bezeichnet") sein konnte. Cicero leitet die Amtsbezeichnung dictator aus diesem Ernennungsvorgang ab (quia dicitur: de re publ. I 63): Selbstanmaßung ist also nicht der Weg zu diesem Amt. Maximal ein halbes Jahr übte der dictator seine unumschränkte Amtsgewalt aus, konnte aber sein Amt auch vorher schon niederlegen, wenn der Zweck erfüllt war. Die Konsuln blieben während der dictatura im Amt, waren aber dem dictator nachgeordnet. Als Gehilfen oder Vertreter bestellte sich dieser einen magister equitum (Reiteroberst).

Fundstellen: II 27-31; III 29,7; 49-50; VII 9,6ff.; XXII 8,5f.

dignitas ist „Stellung und Geltung im öffentlichen Leben, sowohl wie wir einer Person oder Sache einen hohen Rang zuerkennen, wie in dem engeren Sinne, in dem wir von Rangstufen ... sprechen" (H. Drexler, Nr. 27, S. 232). Für Cicero laufen dignitas und verehrungswürdige Autorität auf dasselbe hinaus (dignitas = alicuius honesta et cultu et honore et verecundia digna auctoritas: de inv. II 166). Dignitas will ständig von neuem bewiesen sein – durch virtus, gloria, honores (Ämter); sie hat aber auch eine ethische Komponente: sie beruht auf Unabhängigkeit gegenüber der voluptas (Cic., fin III 1) und auf Einlösung des Naturgebots, Schmerzen und Rückschläge zu ertragen, sofern die Natur nichts mehr anstrebe als honestas, laus, dignitas, decus (Cic., Tusc. II 46). Auch auf ein angemessenes äußeres Erscheinungsbild muss der auf dignitas Bedachte achten (Cic., off. I 130). Dignitas ist dann allgemein Rang, Name, Stellung, Würde und kann prägnant auch „Statur" (Livius I 44,3) oder Prestige (Livius V 4,9) bedeuten.

Dignitas ist offenbar eine Adelsqualität, auf die der Patrizier ebenso bedacht ist wie der Plebejer auf seine libertas (Livius VII 33,3). Eine nach Ständen gegliederte Republik kann auf dignitas nicht verzichten: die reine Demokratie, so Cicero (de re publ. I 43), die alle Macht der plebs überließe, führte zu einer form der Gleichheit (aequabilitas), die deswegen ungerecht wäre, weil sie die gradus dignitatis missachtete, also eine Nivellierung des Ranges der Vornehmen erzwänge. Dem entspricht, dass die Kollokation „cum dignitate otium" (Cic., pro Sestio 98) ein Optimatenideal widerspiegelt, und zwar individuell, sofern Muße und „hohe Stellung im Staat" für sie ein gleichrangiges Ziel sind, und kollektiv, sofern dies für otium als „Ruhe des Gemeinwesens" und dignitas als „richtige Ordnung" oder „gerechte Rangordnung der Republik" nicht minder gilt (P. Boyancé, Nr. 12, S. 359).

Fundstellen: XXII 8,6; XXII 40,4; XXIX 11,4.

disciplina militaris, Kriegs- und Manneszucht, darf nicht missverstanden werden als Ergebnis äußerlich aufgenötigten Drills. Disciplina gehört vielmehr, wie auch die weiteren Bedeutungen des Wortes – Lehre, Unterricht, Wissenschaft, Schule – anzeigen, in die Sphäre römischer Bildung durch Eingewöhnung in eine bestimmte Haltung, die der Einzelne als von ihm selbst gewollt akzeptiert und daher nicht im Widerspruch zu seiner libertas sieht.

Disciplina ist das, woran man von Jugend auf gewöhnt wird (a pueris ... assuefieri: Caes., B. G. IV 1,9), was man daher auch verlernen kann (nomen disciplinamque populi Romani dediscere: Caes, B. C. III 110,2), wenn man sich erst einmal alexandrinische Permissivität angewöhnt hat (in consuetudinem Alexandrinae vitae et licentiae venire: ebd.). Disciplina ist also vernünftige Mitte zwischen Drill und licentia (Willkür). Dieser Qualität verdanken die Römer ihre Überlegenheit in Initiative, Organisation und Schnelligkeit (Caes. B. G. VI, 1,4).

Fundstellen: prooemium § 9; VIII 6,14; VIII 7,22; IX 17,10; XXV 20,6; XXVI 2,10; XXVIII 27,12; XXXIX 6,5; Per. 57.

fatum ist im stoischen Verständnis „die Ordnung und Reihe von Ursachen, wobei Ursache mit Ursache verbunden wieder etwas Neues aus sich hervorbringt"; als causa aeterna rerum sei das fatum nicht Gegenstand des Aberglaubens, sonder der Physik (Cicero, de div. I 125). Ein eigenständiges fatum, das dieser stoischen Deutung der griechischen Vorstellung von der Heimarmene entspräche, wird von den Römern zunächst nicht akzeptiert. So ist für Cicero der Begriff eine überflüssige Verdoppelung: denn was wäre an den Dingen anders, wenn es das fatum nicht gäbe und diese statt dessen durch Natur, Schicksal oder Zufall (natura, temere, casu) bewirkt würden (de facto 6)? In einem aber stimmt Cicero selbst bei dieser Distanzierung mit den Stoikern überein: auch ihm erscheint fatum, wenn überhaupt von ihm die Rede sein darf, als äußerster Gegensatz zum blinden Zufall (casus). Volle Übereinstimmung aber erzielen die Stoiker später mit den Augusteern; für beide setzt fatum als Gegenbegriff zu casus die Grenzwerte fest, also beim Menschen das Geburts- und Sterbedatum, während fortuna die einzelnen Ereignisse im Leben bestimmt (SVF II 972). Daher bedeutet fatum auch zugestandene Lebenszeit (Livius IX 1,6; IX 18,19).

Diese Unterscheidung von fatum und fortuna ist auch den römischen Historikern geläufig. Als Tactius, Germ. 33, seine Freude über die Ausrottung der Brukterer durch andere Germanen eingesteht, erklärt er, dass fortuna, also das Glück im Einzelfall, Rom nichts Besseres als Zwietracht der Feinde bescheren könne, wo doch ein tödliches Schicksal drohend über dem Reiche lauere: urgentibus imperii fatis – eine so wörtlich auch bei Livius V 36,6 auftauchende Kollokation. Livius und Tacitus sind also anders als Cicero bereit, die Idee vom fatum als einer besonderen, von fortuna unterschiedenen Größe gelten zu lassen.

Hinter dieser Anerkennung steckt religionsgeschichtlich, das das fatum zusammen mit fortuna nach hellenistischem Vorbild auch im augusteischen Rom die alten Götter außer Jupiter aus der Mitte verdrängt hat. Bei Vergil bestimmt fatum als Schicksalsspruch aus dem Munde des Jupiter (Aen. I 18-22, 261f. und 278f.) Roms weltgeschichtliche Rolle (Aen. IV 614) und veranlasst alles hierfür Wesentliche wie die Flucht des Aeneas (Aen. I 2 und 32) und seine Landung in Italien (I 39). Auch für Livius steht von Anbeginn das fatum (I 1,4 und I 4,1) hinter dem Aufstieg Roms, verfügt über göttergleiche Macht (II 44,12; V 16,8) und wendet bei schweren Krisen die Dinge zum Besseren: Camillus, der die Wende im Krieg gegen Veji herbeiführt und dadurch Rom rettet, heißt ebenso fatalis dux belli (V 19,2) wie später Scipio im Zweiten Punischen Krieg (XXII 53,6). Fatum ist also der für das Entscheidende zuständige göttliche Schicksalsspruch.

Fundstellen: I 4,1; V 22,8; VIII 7,8; XXII 43,9; XXVI 41,9.

felicitas (Glück im Sinne von glücklichem Erfolg, Glück des Tüchtigen, Fortüne, glücklichem Gedeihen) wird nach alter Überzeugung auf die eigene virtus zurückgeführt und auf die Götter, die die Frömmigkeit belohnen. – Für Cicero standen die Götter mit ihrem Wohlwollen und das römische Volk mit seinen Sympathien hinter L. Sulla, als dank seiner klugen Berechnung, seiner Amtsführung und seiner felicitas als seinem Markenzeichen die Dinge zu einem guten Ende gebracht wurden (pro Roscio 136). Felicitas ist nicht wie fortuna eine vom Menschen trennbare Größe, sondern wie virtus gleichsam eine an die erfolgreiche Person gebundene Eigenschaft. So zeichnet sich Pompejus aus durch militärische Kompetenz, Tüchtigkeit, Ansehen und felicitas (Cicero, Pomp. 28). In der näheren Ausführung (§§ 47f.) macht Cicero deutlich, das Pompejus seine felicitas, bestätigt durch eine Fülle politischer und militärischer Erfolge und die Mithilfe selbst des Wetters, den Göttern verdankt, während andere große Feldherrn der Römer neben ihrer Tüchtigkeit fortuna wie etwas hatten, das sich ihnen lediglich anschloss (adiuncta), aber nicht Teil ihres Wesens war; und in solcher Selbstständigkeit bringt übrigens fortuna, nicht felicitas Pompejus obendrein noch an eine für ihn günstige Örtlichkeit (§ 45).

Diesen Bestimmungen entspricht, dass für einen Feldherrn ein Triumphzug mit Rücksicht auf seine virtus oder auf seine felicitas beantragt wird (Cicero, fin IV 22): eines erscheint dann so sehr als Verdienst wie das andere. Für fortuna betont Sallust ausdrücklich, sie könne gute Eigenschaften weder geben noch nehmen (Jug. 1,1-3). Die Trennung geht so weit, dass fortuna der Stadt Capua eine lange, aber eindeutig unverdiente Prosperität (felicitas) bescheren konnte (Livius XXIII 2,1). Felicitas ist also gewissermaßen ein Persönlichkeitsmerkmal wie virtus: ursprünglich Fruchtbarkeit des Bodens (Plinius Ep. III 19,6) oder Gedeihen gesunder Pflanzen (Plinius, nat. XXVI 19) bedeutend wird felicitas aus der Sphäre der Vegetation in die der Entwicklung einer bestimmten Person übertragen.

Fundstellen: IX 18,8; XXX 30,11 bis 23; XXX 32,1; XLV 41, 1-2).

fides ist zum einen das Vertrauen in einen anderen, er werde sich der Sitte, Zusage, Erwartung gemäß verhalten, zum anderen dessen Verlässlichkeit oder Glaubhaftigkeit; schließlich bedeutet fides Garantie und (verkappt) Gnade. Fides ist „das im Menschen, was seine gegenüber einem anderen eingegangene Bindung oder Verpflichtung zu einer sittlichen Bindung macht und so das Vertrauen des anderen begründet" (R. Heinze, Nr. 42, S. 283). Cicero (off. I 23) definiert fides als dictorum conventorumque constantia et verats, von Heinze ebd. übersetzt mit „festes Einhalten übernommener Verpflichtungen".

Als der berüchtigte Praetor Verres Kapitäne mit dem Tode bedroht, appellieren diese an seine fides (implorant fidem praetoris: Cicero, Verr. V. 106), er solle sich seinem Amte gemäß verhalten. Derselbe Praetor hat durch sein negatives Beispiel in Sizilien deutlich gemacht, wie sehr die Loyalität der Provinzen an der Einhaltung der römischen fides hängt. Livius warnt die Römer vor Missachtung der fides, indem er das Gegenteil, die perfidia, als Merkmal Karthagos herausarbeitet (XXI 4,9; XXX 31,3; 32,7; 37,1), eines Reiches also, das in seinen Augen eben deshalb mit Recht untergegangen ist.

Fundstellen: II 27,1; II 28,7; II 31,11; V 27,5-15; VII 5; XII 6,11ff.; XXII 61,10; XXVI 41,20; XXVI 49,7f.; XXX 20,5; XXX 30,27; XXX 31,1; XLV 8,4.

fortuna ist verglichen mit felicitas eine eigenständige Größe, die in keiner Weise mit persönlichen Qualitäten des Begünstigten oder Geschädigten zu tun hat: die Person kann daher nach ihrer virtus, niemals aber nach ihrer fortuna eingeschätzt werden (Cicero, ep. ad fam. V 17,5). Für Seneca gehört fortuna zu den sittlich neutralen Größen wie die äußeren Güter (ep. 71,5).

Verglichen mit fatum, das einen Ablauf im Ganzen bestimmt, verfügt auch fortuna (τύχη) wie ein göttliches Wesen, jedoch nur im Einzelfall (Livius VI 9,3; Cicero, Pomp. 45); dies Wirken der fortuna kann man weder durch consilium noch durch ratio (Livius XXII 18,9; 39,21) einplanen, weil es willkürlich ist (Sall. Cat. 8,1) und blind zuschlägt (Cicero, Lael. 54). Logik und Folgerichtigkeit (ratio/constantia) sind der fortuna so fern, dass man nicht einmal einem Gott ihre zutreffende Vorausberechnung zutrauen kann (Cicero, de div. II 18); der Mensch kann daher nur im Vabanquespiel fortuna auf die Probe stellen (periclitari: Caes. B. C. III 10,3) oder das Kriegsglück versuchen (belli fortunam temptare: Caes. B. G. I 36,3).

Sallust, Cat. 10,1ff., erklärt, nach guten Anfängen der römischen Geschichte habe fortuna zu wüten begonnen und mit den Mitteln der ambitio, avaritia und luxuria die Dinge zum Schlechteren gewendet. Hätte Sallust statt von fortuna von fatum geredet, so hätte er damit das Ende Roms angezeigt.

Fundstellen: I 46,5; II 10,2; II 12,4-16; V 37-78; IX 17-18; XXI 1,2; XXII 6,8;XXII 7,10; XXII 39,21; XXVI 41,9 und 21; XXVII 51,12; XXX 30-32; XLV 8,6-8; XLV 41,8-9.

ius belli (Kriegsrecht) beruht in der Antike nicht auf förmlicher internationaler Vereinbarung wie z.B. die Haager Landkriegsordnung, hat aber denselben Sinn wie diese, den Krieg wenn schon nicht auszuschließen, so doch Regeln zu unterwerfen. Auf jeden Fall setzt der Suebenkönig Ariovist ein Einvernehmen zwischen Germanen und Römern über Grundzüge des ius belli voraus, wenn er erklärt, es sei Kriegsrecht, dass Sieger mit Besiegten nach Gutdünken verfahren dürften, wie dies ja auch die Römer stets gehalten hätten

(Caes. B. G. I 36,1). Auch die interne Fixierung von Förmlichkeiten, die bei der Kriegserklärung zu beachten sind, hat nur Sinn, wenn der potenzielle Feind das Ritual genauso versteht, wie es von den Römern gemeint ist. Demgemäß verlangt, so Livius I 32,5-14, ein die Götter an der Grenze zum feindlichen Territorium anrufender Priester (Fetiale) ultimativ Genugtuung (res repetere) für begangenes Unrecht, kündigt im Verweigerungsfalle erst 33 Tage später den Göttern die Notwendigkeit des Krieges an und bringt die Sache vor den Senat, dessen Mitglieder mit Mehrheit entscheiden müssen, wie die Genugtuung in einem purum piumque duellum zu erreichen sei. Danach geht der Fetiale wieder an die Grenze und erklärt den Krieg, wobei er eine eiserne oder vorn angebrannte, blutige Lanze auf das gegnerische Gebiet schleudert. Diese seit Tullus Hostilius bestehende Sitte (!) hätten, so Livius, die Späteren beibehalten. – Eine übereinstimmende Darstellung des Rituals findet sich auch bei Cicero (de re publ. II 31 und III 20; off. I 36).

Die Einhaltung dieser Form der Kriegserklärung ist zugleich erste Bedingung eines **bellum iustum** (vgl. zu diesem Begriff auch H. Drexler, Iustum Bellum, in: Rhein. Mus. 102, 1959, 97-140). Dazu kommen die aus einem legitimen Kriegsgrund resultierenden legitimen Ziele – Verteidigung des eigenen oder bundesgenössischen Territoriums, Einhaltung von Beistandsversprechen, Genugtuung oder Wiedergutmachung für erlittenes Unrecht durch Reparation oder Strafmaßnahmen (Cicero, de re publ. III 35). Zusammenfassend definiert Livius, gerecht sei nur ein unumgänglicher (necessarium) Krieg und unbefleckt (pia) seien die Waffen nur, wenn sie die einzig noch verbliebene Hoffnung darstellten (IX 10,10; vgl. 27,6).

Auch für Cicero besteht ein Recht auf Krieg nur, wenn keine andere Wahl bleibt; Ziel ist auch dann ein gesicherter Friede bei Schonung der Gegner, soweit sie das verdienen.

Der Heerführer, dem sich die Besiegten ergeben, muss das damit in ihn gesetzte Vertrauen (fides) als ihr künftiger patronus bewähren (off. I 34f.).

Wenn Kriegsrecht noch nicht auf Kodifikation von Rechten und Geboten beruht, sondern auf überlieferter Sitte, die durch Klugheit und Anstand geprägt ist, so ist es nur natürlich, dass Bestandteil derartigen Rechts auch die Lehre vom bellum iustum ist, die nach sittlichen Maßstäben einschränkend Kriegsführung erlaubt. Daneben gibt es aber eine Fülle von herkömmlichen Regelungen, die, obwohl nicht schriftlich kodifiziert, den Charakter einer im engeren Sinne rechtlichen Bestimmung tragen. So dürfen nur reguläre Soldaten am Krieg teilnehmen (Cicero, off. I 37). Der Gegener ist ein perduellis, wenn er regulärer Soldat ist, aber ein communis hostis omnium, wenn er Seeräuber ist, dem gegenüber man nicht einmal einen Eid einhalten muss (Cicero, off. III 107). Gesandte haben ein Recht auf Unversehrtheit, und ein Waffenstillstand muss unbedingt eingehalten werden (Caes. B. C. I 85,3). Dem Unterlegenen droht Verkauf in die Sklaverei, was rechtlich gesichert ist durch die Möglichkeit des Verlustes der Rechtsfähigkeit (deminutio capitis; Imperatoris Iustiniani Institutionum liber primus, titulus XVI). Widerfährt dies Schicksal einem Römer, so erhält er natürlich im Falle seiner Befreiung seinen alten bürgerlichen Status uneingeschränkter Rechtsfähigkeit zurück.

Fundstellen: I 57,1; II 12,14; V 27,6; XXI 18,1f.; XXX 31.

libertas ist das Wesentliche am Bürgerstatus. Wie der Patrizier auf seine dignitas (s. dort) bedacht ist, so der Plebejer auf seine libertas (Livius VII 33,3). Beides gehört in dem Sinne zusammen, dass „libertas ohne das Korrelat dignitasbegründeter auctoritas ... für den Römer undenkbar" ist (H. Kloesel, Nr. 58, S. 125). Weiterhin muss die libertas, die in der Sphäre der res privata, also des eigenen Anwesens, uneingeschränkt ist, in der res publica auf Grenzen stoßen, die gemäß den mores maiorum und der Verpflichtung zur fides beachtet werden. Als „gebundene Freiheit" (L. Wickert, Nr. 100, S. 94) unterscheidet sich libertas fundamental von der licentia (Willkür: Livius XXIII 2,1: XXIV 25,8).

Schutz des Rechts und Schutz der Freiheit laufen auf dasselbe hinaus (Cicero, off. III 83; Livius XXXIV 48,2; XXXXV 31,4; 32,5). H. Kloesel, Nr. 58, S. 150ff., unterscheidet drei Fundamente der Bürgerfreiheit:

1. das Volkstribunat (Livius III 37,5; 45,8; IV 44,5),
2. die provocatio ad populum (das Berufungsrecht: Livius III 45,8; 53,4; 55,4; 56,6),
3. das römische Bürgerrecht (Cicero, Verres V 143 und 163), speziell das Recht auf eigene Scholle (Agrargesetze) und auf körperliche Unversehrtheit (Lex Porcia: Livius X 9; Sall. Cat. 51,21).

Libertas war zunächst unterscheidendes Merkmal der jungen Republik von der abgeschafften Königsherrschaft (vgl. die Fundstellen bei Livius); aber auch nach dem Ende der Republik spielte der Begriff noch eine Rolle: die Caesaranhänger erwarteten libertas als Befreiung von oligarchischer Cliquenherrschaft (Sall., ep. II 2,4; 3,2; 11,2-7; 13,3), und Cicero erhoffte dies speziell von Augustus; in hoc (sc. Octaviano) spes libertatis posita est (Phil. V 49). Tatsächlich bestätigte sich später Augustus, er habe diese Erwartung gleich im Jahre 44 mit einem von ihm finanzierten Heer erfüllt: rem publicam dominatione factionis oppressam in libertatem vindicavi (Mon. Anc. 1). Auch nach Augustus ließen sich die Kaiser noch als Hüter der Freiheit darstellen, die gewiss an der republikanischen gemessen entpolitisiert war, aber als securitas durch Garantie der Rechtssicherheit ein wesentliches Moment der Verfassungswirklichkeit blieb (L. Wickert, Nr. 100, S. 133).

Fundstellen: II 1,1-8; II 9,2-3; II 12,2; II 28,6.

maiestas bedeutet Größe, Hoheit, Erhabenheit, Würde, Majestät, Überlegenheit – der Götter (Cicero, de div. I 82; II 105), des römischen Reiches (Cicero, Rosc. 131), des römischen Volkes (Caes., B. G. VII 17,3), des pater familias (Livius IV 45,8; VIII 7,15; XXIII 8,3). Das crimen minutae oder laesae maiestatis ist Verletzung der Hoheit des römischen Volkes – ein soweit erkennbar nicht exakt definierter Tatbestand, der von der perduellio (Hoch- und Landesverrat) nur schwer abgrenzbar ist. Der Bürger muss von der maiestas des Staates überzeugt sein, wenn er sich mit dem Staat bis zur Selbstaufopferungsbereitschaft identifizieren soll.

Fundstellen: II 23,14; II 27,11; II 40,3; VIII 17,5; XXIX 11,4; XXXIV 2; XLIV 41,1; XLV 40,4.

moderatio ist die Mäßigung der Mächtigen; sie verbürgt die Eintracht im Innern und nach außen die Loyalität der Bundesgenossen (Livius XXII 13,11). In den von ihm angeführten Beispielen lobt und tadelt Livius die Patrizier, je nachdem sie moderatio bewiesen oder verweigerten. – Für E. Burck (Nr. 77, S. 54) darf der „Prinzipat des Augustus ... als die staatliche Verkörperung römischer moderatio, als Ausdruck persönlichen Maßhaltens des Herrschers angesprochen werden".

Fundstellen: II 9,6-8; II 27,1-4; XXII 38,6-8 und 39,6f.

modestia (σωφροσύνη: Cicero, Tusc. III 16) ist die Mäßigung, Selbstbescheidung oder Selbsteinschränkung der Beherrschten. Diese Tugend erfüllt, wer den Gesetzen bereitwillig gehorcht. Caesar erwartet vom Soldaten neben seiner Tapferkeit eben modestia und continentia (B. G. VII 52,4); ein heruntergekommenes Heer ist ohne Kommando und Gehorsam (sine imperio et modestia: Sall., Jug. 44,1).

Fundstellen: II 24,1f.; VIII 7,20; XXII 39,17f.; 40,3f.

pax verbindet sich bei den Römern mit Worten „wie leges, iura, iudicia, tranquillitas, securitas, die den Frieden als einen gesicherten Rechtszustand erscheinen lassen", während die Griechen εἰρήνη mit Vorstellungen von Reichtum, Gedeihen und mithin „Segenszustand" verknüpfen (H. Fuchs, Begriffe römischer Prägung, Nr. 76, S. 26). So müssen für Cicero Kriege geführt werden, damit wir ohne Unrecht in Frieden leben können (off. I 35). Über die Rechtssicherheit hinaus verlangt Vergil (Aen. VI 852) zusätzlich, den Frieden durch Sittlichkeit zu ergänzen (pacique imponere morem). – Pax kann synonym mit otium gebraucht werden (Livius III 31,1) und wird mit concordia verbunden (Ovid, Fasti 881f.). Livius hält Rom für unbesiegbar, solange die Liebe zum Frieden, „in dem wir gegenwärtig leben", und politisches Bemühen um concordia andauern (IX 19,17). Diese Bemerkung ist ersichtlich auch eine Anerkennung der Leistung des Augustus.

Fundstellen: I 19; IX 19,17; XXX 30,19.

pietas, so hat H. Dörrie (Nr. 26) herausgearbeitet, hat ihren Ursprung in den sacra privata, im Familienkult, der sich auf die Beachtung kultischer Pflichten gegenüber verstorbenen Ahnen und ganz bestimmten Göttern bezieht, die weiterhin im Rahmen der Familie zu verehren, zugleich Respekt vor den eigenen Ahnen ausdrückte. Bei dieser Beschränkung muss es nicht überraschen, wenn Antigone, die pietas gegenüber dem Bruder Polyneikes wahrend, mit dem Staat in Konflikt geraten kann. Die Ausdehnung der pietas auf alle Götter unter Einbezug des Staates ist eine Übertragung, die erst bei Cicero sichtbar wird: parallel zur religio, die auf der ehrfürchtigen Verehrung der Götter beruhe, mahne pietas zur Wahrung der Pflichten gegen Vaterland, Eltern und Blutsverwandte (de inv. II 65f.). Diesen Kreis schließt Cicero in de re publ. VI 15f.: die Frommen (pii) harren in diesem Leben aus im Kampf um die Erhaltung des Staates, weil der Gott ihnen das aufgetragen hat (munus ... assignatum a deo); denn pietas, sonst gegenüber Eltern und Verwandten bewährt, zeige sich ganz besonders gegenüber dem Vaterland; eine solche Lebensführung sei der Weg in den Himmel ... Vergils „pius Aeneas" genügt genau den Forderungen Ciceros: Er rettet seinen alten Vater Anchises aus dem brennenden Troia und vollstreckt den als fatum ausgesprochenen Willen Jupiters, den Grundstein des kommenden Römischen Reiches zu legen. – Pietas ist also zunächst Wahrnehmung zwischenmenschlich wie religiös begründeter Pflichten gegenüber Verwandten und dehnt ihr Feld später aus auf das Verhältnis zum Staat.

Fundstellen: V 50-53; VII 5 und 10,4; XXVI 41,4; XXX 30,13.

pudor (αἰδώς, die Adelstugend der feinen Zurückhaltung) ist Scham als Selbstachtung wie auch als „achtungsvolle Scheu vor dem anderen, insbesondere vor dem Recht" (H. Kloesel, Nr. 58, S. 135). Insgesamt ist pudor schamhafte Selbstzügelung in dem Bewusstsein, sittlichen und damit öffentlich anerkannten Maßstäben genügen zu müssen, und zwar als (keineswegs auf die Innerhlichkeit beschränkte) Selbstachtung (meus pudor, mea existimatio, mea dignitas in discrimen adducitur: Plinius I 9,1), als Schüchternheit desjenigen, der sich bei einer Aufgabe zu übernehmen fürchtet (Horaz ep. II 1,259; Cicero, fin. IV 2) und als Schamgefühl, das die eigenen Begierden zügelt (moderator cupiditatis; Cicero, fin. II 113).

Fundstellen: II 10,6 und 9; VIII 7,8; XXI 16,2; XXXIV 2; XXXIX 8,6.

religio ist für Cicero (N. D. I 1-4) diejenige Größe, deren richtige Einrichtung eng verknüpft ist mit der Frage nach dem Wesen der Götter; denn zu huldigender Verehrung der Götter und zu Gebeten besteht keine Veranlassung, wenn diesen die Fürsorge für die Menschen nicht wesensgemäß wäre. Religio ist also pietas (Wahrnehmung der Pflichten) gegenüber den Göttern, und zwar durch cultus, honores, preces. Wenn aber zugleich mit Aufhebung der religio auch Tugend, Gerechtigkeit und Rechtschaffenheit aufgehoben würden (ebd.), so muss religio auch eine moralische Qualität beinhalten – Skrupel (Livius XXVIII 15,11), religiöse Scheu (Livius V 50,7; VII 28,7) oder Gewissenhaftigkeit (Livius XXII 6,12): angemessene Äußerung dieser Qualität ist wiederum ganz besonders das Einhalten kultischer Pflichten.

Religio ist also die zeitlich festgelegte Pflicht zu Kultushandlungen (Caes. B. G. V 6,3) oder deren Begehung (Caes., B. G. VI 16,1). Da die Nichtbefolgung religiöser Pflichten ins Unglück führt, bewiesen durch das Ende des Tullus (Livius I 31,8), die Niederlage an der Allia (Livius V 32,6-7), viele andere Niederlagen und besonders die des Flaminius (Cicero, N. D. II 7-8), während umgekehrt deren Befolgung Nutzen bringt (Livius III 5,14), ist die Aufsicht über die Einhaltung kultischer Pflichten eine genuin staatliche Aufgabe. Religio ist also Einwirken der Menschen auf die Götter im Blick auf das jederzeit zu erwartende Einwirken der Götter auf die Menschen.

Wegen der moralischen wie pragmatischen Bedeutung der religio musste die sittlich-politische Erneuerung des Reiches mit einer religiösen Erneuerung einhergehen. Im „Monumentum Ancyranum" hat Augustus die unter seinem Prinzipat erfolgten Weihungen von Tempeln und Altären allesamt vermerkt. Gewiss hat er das in demselben Bewusstsein getan, in dem Cicero die Kette von Erfolgen des römischen Reiches in Verbindung damit bringt, dass die Römer in der religio, also dem cultus deorum, allen Völkern stets bei weitem überlegen waren.

Fundstellen: I 18; I 47f.; II 32,2; II 40,3; V 50-53; XXI 4,9; XXII 6,12; XXX 20,6.

sedito ist für Cicero, de re publ. VI 1, derjenige Zwist (dissensio), der dazu führt, dass sich die Bürger in zwei getrennte Lager spalten. Naturgemäß gehen Empörung, Aufruhr und Meuterei von denen aus, die etwas ändern wollen, also von der plebs gegen die etablierte Herrschaft der Patrizier oder von Soldaten, die ihren Sold fordern (Caes., B. C. I 87,3). Umgekehrt ist es aus der Sicht der Herrschenden, aber auch im Interesse innerer Stabilität und Rechtssicherheit besonders verdienstvoll, durch Autorität oder Argument einen Aufruhr zu beenden (Cicero, Brutus 56).

Fundstellen: II 24; II 27,12; II 29; II 32; XXII 40,2.

virtus ist in philosophischer Reflexion als „sittliche Vollkommenheit" bestimmt oder – und damit schon halb auf dem Wege zur Funktionslosigkeit (H. Drexler, Nr. 28, S. 267ff.) – als das, was man um seiner selbst willen tut. Livius hingegen versteht virtus aus der konkreten römischen Geschichte des Begriffs: im Blick auf den Livius-Satz „et facere et pati fortia Romanum est" (II 12,9) erklärt E. Burck (Nr. 20, S. 126), für ihn bedeute virtus „ganz wie im alten Rom die im Angriff kühne und in der Verteidigung zähe Kraft und Tapferkeit". Diese virtus bewährt sich ganz besonders in der Not: „Ea est Romana gens, quae victa quiescere nesciat" (Livius IX 3,12) – eine ebenso selbstbewusste Aussage wie der Satz Scipios, mit dem er die Haltung der Römer nach den Katastrophen zu Beginn des Zweiten Punischen Krieges beschreibt: „In hac ruina rerum stetit una atque immobilis virtus populi Romani, haec omnia strata humi erexit et sustulit" (Livius XXVI 41,12).

In seiner Rede für Pompejus veranschaulicht Cicero, was Tugend des Feldherrn ist, indem er an das alltägliche Verständnis des Begriffs anknüpft: labor in negotiis, fortitudo in periculis, industria in agendo, celeritas in conficiendo, consilium in providendo (§ 29). Über diese Bestimmungen hinaus nennt Cicero an weiteren Bedingungen innocentia, temperantia, fides, facilitas, ingenium, humanitas (§ 36): Dank seiner innocentia (Uneigennützigkeit) verkaufte Pompejus nie Offiziersstellen und machte keine Geschäfte auf Kosten der Provinzbewohner oder des Staates (§ 37); seine temperantia (Mäßigung) gestattete es ihm, seinen Soldaten im Winterlager dieselbe Zurückhaltung abzuverlangen (§ 38f.) und besiegte Gegner energisch zu verfolgen, da er sich nicht mit Beutemachen aufhielt (§ 40); und wegen seiner fides wollten fremde Völker lieber unter ihm dienen als über andere herrschen. Wie er schließlich jeden Patrizier an dignitas übertraf, so schien er jedem Gemeinen dank seiner facilitas (Zugänglichkeit, Leutseligkeit, Jovialität) gleich (§ 41). Ingenium (natürliche Begabung) bewies er durch Wohlberatenheit und die Fähigkeit, eindrucksvoll und angemessen zu sprechen; und seine humanitas spürten am meisten die Besiegten, wenn sie seine Milde (mansuetudo) erfuhren (§ 42).

Virtushaft ist demgemäß jedes Verhalten, das unmittelbar mit Rücksicht auf die eigene dignitas, mittelbar aber im Sinne der fundamentalen Interessen des Staates erfolgt. Bloße Verwegenheit (audacia) könnte solchen Ansprüchen nicht genügen, weil sie eine persönliche Eigenschaft ist, die dem Staat gegenüber neutral ist.

Fundstellen: II 10; II 12,9-15; II 13,5-11; III 26,7; IX 19,9; XXI 4,9; XXII 54,10; XXVI 41,12; XXX 30,13; XXX 35,10.

5. Verzeichnis der Eigennamen

Achaia, Landschaft an der Nordküste der Peloponnes, seit 146 Name Griechenlands als römischer Provinz.

Actiacum bellum: Bei Aktium, einem Vorgebirge Akarnaniens am Eingange in den Ambrakischen Meerbusen mit gleichnamiger Stadt, besiegt Caesar Octavianus i.J. 31 Antonius und Kleopatra.

Aegates insulae, die Ziegeninseln, eine Gruppe von drei gebirgigen Inseln an der Westspitze Siziliens, bekannt durch den Sieg des C. Lutatius Catulus über die Karthager 241, der den Ersten Punischen Krieg entschied.

L. Aemilius Paullus (Paulus), Konsul 219 und 216. Er fällt in der Schlacht bei Cannae.

L. Aemilius Paullus, cos 219/216, fällt bei Cannae.

L. Aemilius Paullus Macedonicus, cos 182/168, besiegt 168 bei Pydna König Perseus im 3. Makedonischen Krieg.

Aeneas, ae, Sohn des Anchises und der Venus, Führer der Trojaner nach Italien, Stammvater Roms und des Hauses der Julier.

Aequi, kriegrisches italisches Volk der sabellischen Gruppe am oberen und mittleren Anio.

Afri, die Afrikaner, Kerntruppen im punischen Heere.

Alba Longa, sehr alte latinische Stadt am Albanerberg, der Sage nach von Ascanius (Iulus), dem Sohne des Aeneas, gegründet. Seine Stellung als Vorort der latinischen Gemeinden verlor Alba L. schon früh: König Tullus Hostilius soll die Stadt zerstört und ihre Bürgerschaft (Albani) in die römische aufgenommen haben.

Albanus mons, der westliche Gipfel (heute Monte Cavo, 949 m) des Albanergebirges südöstlich von Rom. Auf ihm stand das Bundesheiligtum der Latiner, der Tempel des Iuppiter Latiaris.

Algidus mons, Bergkette, die sich nördlich vom Albanergebirge von Tusculum nach Praeneste hinzieht.

Allia, linkes Nebenflüsschen des Tiber, mündet ungefähr 15 km nördlich von Rom; bekannt durch die Niederlage der Römer im Kampf gegen die Gallier 390 (19. Juli: dies Alliensis).

Amphipolis, Stadt in Makedonien am Strymon.

Anio, Anienis , Fluss zwischen Latium und dem Sabinerlande; mündet unweit Roms in den Tiber. Über seinen wilden Klüften und rauschenden Wasserfällen lag Tibur, ein beliebter Sommersitz römischer Familien, das jetzige Tivoli, das wegen seiner Tempel- und Villenreste aus jener Zeit sowie seiner prachtvollen Lage weltbekannt ist.

Eigennamen

Antemnates, Bewohner von Antemnae, einer alten sabinischen Stadt an der Mündung des Anio in den Tiber.

Antiochus, König von Syrien, gegen den Rom 191-189 Krieg führte.

Appia via, die Appische Straße, vom Censor Appius Claudius (312) von Rom bis Capua gebaut, später über Claudium, Beneventum, Tarentum bis Brundisium verlängert. Der Dichter Statius nennt sie „Königin der langen Straßen". Sie ist das erste Stück des gewaltigen Straßennetzes, das, militärisch und wirtschaftlich gleich bedeutsam, von Rom das ganze Reich überspannte. An der Appischen Straße hatten viele römische Familien, z.B. die Scipionen, Servilier und Meteller ihre Grabstätten, die zum Teil jetzt noch vorhanden sind.

Apulia, Landschaft im Südosten Italiens, wasserarm (pauper aquae bei Horaz genannt), aber mit bedeutendem Wein- und Olivenbau.

Ardea, alte Hauptstadt des latinischen Stammes der Rutuler, 30 km südlich von Rom, nahe der Küste.

Argiletum, eine Gegend in Rom an der Nordostseite des Forums.

Ariobarzanes, von Mithridates vertriebener König von Kappadozien.

Arpi, Stadt im nördlichen Apulien. Sie wurde nach dem Zweiten Punischen Kriege von den Römern wegen ihrer Anhänglichkeit an Hannibal mit dem Verluste der Freiheit bestraft und geriet in Verfall.

M. Atilius Regulus, Konsul 267 und 256. Mit L. Manlius Vulso erzwingt er in der gewaltigen Seeschlacht von Eknomos die Überfahrt nach Afrika. Nach großen Erfolgen im punischen Stammlande wird er 255 völlig geschlagen und gefangen genommen.

Attalus I, König von Pergamon (241-197), Römerfreund.

Aufidus, jetzt Ofanto, Hauptfluss Apuliens, fließt in nordöstlicher Richtung bei Canusium und Cannae vorbei ins Adriatische Meer.

Baliares, zwei weinreiche Inselgruppen an der Ostküste Spaniens. Ihre Bewohner, die ebenfalls Baliares hießen, waren als treffliche Schleuderer in den Heeren der Karthager und später der Römer geschätzt. Auch waren sie kühne Seefahrer.

Barca, [sem. barkas = Blitz] Stammvater der berühmten karthag. Familie der Barkiden, aus der Hamilcar (Barcas) und Hannibal stammen. Die Familie der Barkiden hatte mit ihrem Anhang (factio Barcina XX 7,4) großen politischen Einfluss.

Boeoti, griechischer Stamm zwischen Attika und Phokis.

Brundisium, (jetzt Brindisi), im antiken Kalabrien, das heute zu Apulien gehört.

Bruttii, die Bewohner der südwestlichen Halbinsel Italiens. Ihr Gebiet (Bruttius ager) wird heute „Calabria" genannt.

Q. Caecilius Metellus Macedonicus, 146 Sieger über die Achäer.
Caeninenses, die Bewohner des alten, etwa 5 km südöstliche von Rom in Richtung auf Tusculum liegenden Sabinerstädtchens Caenina.
Campania, Landschaft Mittelitaliens am Tyrrhenischen Meer, deren Hauptstadt das reiche und üppige Capua war.
Cannae, Flecken in Apulien am rechten Ufer des Aufidus, berühmt durch den entscheidenden Sieg Hannibals über die Römer am 2. August 216.
Canusium, Stadt in Apulien westlich von Cannae. Hier sammelten sich nach der Schlacht bei Cannae die Trümmer des römischen Heeres. Jetzt Canosa di Puglia mit dem Grabe des Normannenfürsten Bohemund.
Capena porta, Tor im Süden Roms, in welches die via Appia mit der via Latina mündete.
Capenates, Bewohner von Capena im südlichen Etrurien.
Capitolinus collis: Der kapitolinische Hügel, der römische Burgberg, hatte zwei Kuppen: Auf der nördlichen, Arx genannt, stand der Tempel der Iuno Moneta mit der römischen Münzstätte [*Moneten*]. In den Sattel zwischen den beiden Kuppen mündete die vom Forum hinaufführende Straße (clivus Capitolinus) ein. Als Capitolium wurde im weiteren Sinne der ganze Hügel, im engeren Sinne die südliche Kuppe, speziell das auf ihr gegen Ende der Königszeit errichtete große Staatsheiligtum bezeichnet, in dem Iuppiter Optimus Maximus mit Iuno und Minerva verehrt wurde.
Caprae palus, Ziegensumpf, vielleicht im südlichen Teile des Campus Martius gelegen.
Capua, alte, bedeutende Stadt Kampaniens in fruchtbarster Gegend mit lebhaftem Handel und Gewerbefleiß. Ursprünglich von Oskern bewohnt, kommt es um die Mitte des 6. Jahrhunderts mit anderen kampanischen Städten unter etruskische Vorherrschaft und wird Vorort des kampanischen Bundes. Um die Mitte des 5. Jahrhunderts dringen Samniten nach Kampanien ein und lösen die Etrusker in der politischen Führung ab. Aus den oskischen, etruskischen und samnitischen Elementen wächst das kampanische Volk zusammen. Als in der Mitte des 4. Jahrhunderts weitere Samniten aus dem Berglande nachdrängen, schließen sich Capua und die Kampaner an Rom an und erhalten das „Bürgerrecht ohne Stimmrecht". 216 tritt Capua auf Hannibals Seite; 211 von den Römern zurückerobert, wird es für seinen Abfall bestraft: Erst 58 erhalten die Bewohner das volle röm. Bürgerrecht.
Carmentalis porta, Tor der servianischen Mauer, südöstlich vom Kapitol.

Carthago, vom phönikischen Tyros – der Überlieferung nach im Jahre 814 – nordöstlich vom heutigen Tunis gegründet, entwickelte sich dank seiner günstigen Lage und der Regsamkeit seiner Bürger (Carthaginienses) zur bedeutendsten phönikischen Handelsstadt im westlichen Mittelmeer. Mit den aufstrebenden griechischen Pflanzstädten in Sizilien stand es seit dem 6. Jahrhundert in wechselvollem Kampf. Feindselige Spannung zu dem aufstrebenden Rom entlud sich in den beiden ersten punischen Kriegen. Militärisch und politisch entmachtet, blieb Carthago auch nach 201 ein reiches Handelszentrum. 146 von den Römern zerstört, wurde die Stadt von Augustus wieder aufgebaut und gelangte unter den Kaisern von neuem zu großer Blüte. Als Bischofssitz war sie der Mittelpunkt des früh im nördlichen Afrika blühenden Christentums. Die Vandalen machten sie 439 n. Chr. nach der Eroberung Nordafrikas zur Hauptstadt ihres Reiches. Nachdem Belisar die Macht der Vandalen gebrochen hatte, öffneten sie 533 dem Sieger die Tore. 697 wurde C. von den Arabern endgültig zerstört. Jetzt erinnern nur Trümmer an die einst so blühende Stätte. Zahlreiche im Museum Lavigerie auf dem alten Burghügel gesammelte Funde geben Kunde von dem früheren Reichtum.

Carthago nova, Stadt an der Südostküste Spaniens, jetzt Cartagena, um 226 von Hasdrubal gegründet. Ausgangspunkt aller Züge Hannibals, von den Römern 209 genommen, wegen der benachbarten Zinn- und Silbergruben von größter Bedeutung. Von Caesar zur Kolonie erhoben, war sie später Hauptstadt der röm. Provinz Hispania Tarraconensis.

Casilinum, Stadt Kampaniens nordwestlich vom alten Capua an der via Appia bei der Brücke über den Volturnus. 216 von Hannibal erobert, 214 von den Römern wieder erobert, verfiel die Stadt schon im ersten Jahrhundert nach Christus. Auf ihren Trümmern steht das heutige Capua.

Cato, M. Porcius C., censor 184, wegen der strengen Führung dieses Amtes später Censorius genannt, der erbittertste Feind Karthagos und aller Neuerungen.

Caudium, Ort in Samnium an der via Appia, südwestlich von Beneventum. Westlich von C. in den kaudinischen Pässen geriet ein röm. Heer 321 in eine Falle. Die gefangenen Römer mussten die Waffen strecken und unter einem aus Speeren gebildeten Joch abrücken (kaudinische Schmach).

Ciani, Einwohner von Cios, einem Ort in Bithynien.

Circumpadani campi, die Gegen am Po (Padus).

Cirta, Stadt im Westen Numidiens, Residenz des Syphax, jetzt Constantine.

M. Claudius Marcellus, cos. 196, pontifex maximus, 195 als Gesandter in Karthago.
Clusium, im mittleren Etrurien, südwestlich vom Trasumennischen See, eine der Zwölfstädte Etruriens, jetzt Chiusi.
Collatia, uralte Sabinerstadt 14 km östlich von Rom unweit des Anio, Wohnort des Tarquinius Collatinus.
Collina porta, nordöstliches Stadttor Roms am Quirinal.
Consualia, Spiele zu Ehren des Consus, einer Gottheit der fruchtbringenden Erde und des Ackerbaues.
Coriolanus, Beiname, den Cn. Marcius als Eroberer der volskischen Stadt Corioli erhalten haben soll.
Cornelia gens, berühmtes römisches Geschlecht, zu dem vor allem die Familie der Scipionen gehört.
L. Cornelius Scipio Asiaticus, cos 190, nach militärischen Erfolgen in Asia wegen Unterschlagung angeklagt.
1. L. Cornelius Scipio Barbatus, Konsul 298, gerühmt in der Inschrift des Scipionensarkophags.
2. P. Cornelius Scipio, erhält als Konsul 218 das Kommando in Spanien, wird von Hannibal 218 am Ticinus und am Trebia besiegt, führt dann in Spanien Krieg, wo er 211 fällt.
3. Cn. Cornelius Scipio, Bruder des P. Cornelius Scipio (2), Konsul 222, 218-211 Heerführer in Spanien, wo er 211 fällt.
4. P. Cornelius Scipio Africanus maior, Sohn des P. Cornelius Scipio (2), bewährt sich schon als 17jähriger Jüngling in der Schlacht am Ticinus und als Kriegstribun in und nach der Schlacht von Cannae, übernimmt 210 mit 25 Jahren nach dem Tode seines Vaters und Oheims das Kommando in Spanien, vertreibt die punischen Heere, wird 205 Konsul, führt den Feldzug in Afrika durch und besiegt Hannibal bei Zama. Nach der Teilnahme am Krieg gegen Antiochus von Syrien zieht er sich, von Gegnern angefeindet, vom öffentlichen Leben zurück und stirbt 183.
5. P. Cornelius Scipio Nasica Serapio, cos 138, erschlug 133 Ti. Sempronius Gracchus
6. P. Cornelius Scipio Aemilianus Africanus minor Numantinus, Sohn des L. Aemilius Paulus, des Siegers über Perseus von Makedonien in der Schlacht von Pydna (168), adoptiert von dem ältesten Sohn des Scipio Africanus maior (4). Als Konsul besiegt und zerstört er Karthago im 3. Punischen Krieg (146). 133 bringt er den Numantinischen Krieg zum Abschluss durch die Eroberung und Zerstörung von Numantia, der stark befestigten Hauptstadt der Keltiberer am oberen Duero.
Corcyra, Insel in der Adria, heute Korfu.

Cortona, eine der ältesten etruskischen Zwölfstädte, nordwestlich vom Trasumennischen See, jetzt Cortona.

Cotys, Name mehrerer thrakischer Fürsten.

Crustumerium, sabinische Stadt nördlich von Rom und der Allia, deren Einwohner Crustumini.

Cumae, blühende griechische Kolonie an der Küste Kampaniens, die älteste aller griechischen Niederlassungen in Italien, auf der steilen Anhöhe des Gaurus nördlich des Vorgebirges Misenum um 750 von Chalkis (auf Euböa) aus gegründet. Von den Stollen in dem Felsen ihrer alten Akropolis nennt man heute den tiefsten l'Antro della Sibilla; hier soll die kumäische Sibylle als Prophetin des Apollo geweissagt haben.

Cures, -ium, die alte Hauptstadt der Sabiner, jetzt Dorf Correse.

Cybele, siehe Magna Mater Idaea.

Decii, ein angesehenes plebejisches Geschlecht zu Rom. Drei Konsuln des gleichen Namens P. Decius Mus, Vater, Sohn und Enkel, sollen sich in feierlicher Form (devotio) den Göttern der Unterwelt geweiht und den Tod in der Schlacht gesucht haben, um ihren Soldaten Rettung und Sieg zu verschaffen: der Konsul von 340 im Kampfe mit den Latinern, der Konsul von 295 in der Schlacht bei Sentinum und der Konsul von 279 im Krieg mit Pyrrhus von Epirus abei Ausculum.

Epirus, Landschaft Nordgriechenlands.

Eryx, Berg am der Westspitze Siziliens, auf dessen Höhe der reiche Tempel der Venus Erycina stand.

Esquilina porta, Tor im Osten Roms.

Etruria, Landschaft Mittelitaliens am Tyrrhenischen Meere. Die Bewohner (Etrusci oder Tusci) gehören nicht zur indogermanischen Völkerfamilie, sie sind wahrscheinlich aus Kleinasien – nach der indogermanischen Einwanderung, aber vor Beginn der griech. Kolonisation in Süditalien – nach Italien gelangt. Ihre Sprache ist noch nicht verständlich, obwohl die Schriftzeichen im wesentlichen den griechischen entsprechen. Mit den Griechen des östlichen Mittelmeeres standen die Etrusker überhaupt in regem Austausch, was sich auch in der Entwicklung ihrer Kunst zeigt. Diese weist aber auch Züge der vorgriechischen, besonders der kretischen Kunst auf. In den zu einem Zwölferbund zusammengeschlossenen etruskischen Städten hatte der Adel die Führung. Im 6. Jahrhundert dehnten die Etrusker ihre Herrschaft über Rom hinaus bis Campanien (z.B. Capua) aus. Auch nach Beseitigung der etruskischen Vorherrschaft blieben aber viele etruskische Züge und Einrichtungen im politischen, religiösen und kulturellen Leben Roms erhalten. Die Herrschaft Roms über Etrurien war bis zur Mitte des 3. Jahrhunderts so fest verankert, dass Hannibal von den Etruskern nicht unterstützt wurde.

Euander, arkadischer Heros, der mit seiner Mutter Carmenta nach Latium ausgewandert und auf dem palatinischen Berge eine Stadt gegründet haben soll.

Eumenes II, Sohn des Attalos I, mit den Römern befreundeter König von Pergamon (197-159).

Q. Fabius Pictor, Verfasser der ältesten röm. Geschichte in griechischer Sprache von den Anfängen bis auf seine Zeit. Er wird nach der Schlacht von Cannae vom Senat als Gesandter an das Orakel in Delphi geschickt.

Q. Fabius Maximus (Cunctator), 5 Mal Consul, wegen seiner besonnenen, hinhaltenden Kriegsführung als Diktator (217) und seines Eintretens für den Grundsatz der Ermattungsstrategie nach Cannae als „Zauderer" (cunctator) geschmäht und gerühmt (Ennius: Unus homo nobis cunctando restituit rem. Vergil, Aen. VI 845; tun Maximus ille es, / unus qui nobis cunctando restituis rem?).

Falerii, Stadt im Süden Etruriens, auf felsiger Höhe an der Flaminischen Straße; ihre Bewohner hießen Falisci.

Fidenae, Stadt nördlich von Rom, zwischen Tiber, Anio und Allia gelegen.

C. Flaminius, Konsul 223 und 217. Als Censor legte er 220 die via Flaminia (von Rom durch Etrurien nach Ariminum) an. Er fiel in der Schlacht am Trasumennischen See.

M. Fundanius, tribunus plebis 195.

M. Furius Camillus, Censor 403, in den Jahren von 401 bis 381 6 Mal Consulartribun und 3 Mal Dictator, bezwingt 396 Veji, rettet Rom 387 aus der schlimmen Gefahr des Galliersturmes. Livius zollt ihm hohe Anerkennung (V 49, 7): dictator ... Romulus ac parens patriae conditorque alter urbis haud vanis laudibus appellabatur. Camillus ist bei Livius die ideale Verkörperung von virtus, pietas und fides.

Gabii, Stadt in Latium zwischen Rom und Praeneste.

Gades, alte phönikische Handelsstadt im südwestlichen Spanien, berühmt durch ihren Heraklestempel mit einem Orakel; jetzt Cadix.

Galli, latein. Bezeichnung für das indogermanische Volk der Kelten. Sie brachen etwa seit 600 in das Gebiet zwischen Alpen und Apennin ein, stießen zwar auch weiter nach Süden vor (Roms gallische Katastrophe 387), konnten aber nur in Oberitalien festen Fuß fassen. Erst nach dem Ende des 2. Punischen Krieges konnte Rom ihr Gebiet als Gallia cispadana und Gallia transpadana in sein Reich einbeziehen. Jenseits der Alpen wurde 118 die Provinz Gallia trans-

alpina (Hauptstadt: Narbo) eingerichtet. Caesar eroberte dann von 58 bis 51 das übrige Gallien.
Gentius, Verbündeter des Königs Perseus im 3. Makedonischen Krieg.
Gulussa, Sohn des Numiderkönigs Masinissa, Verbündeter Roms.
Hadrumetum, blühende Seestadt in Nordafrika, südöstlich von Karthago.
Hamilcar Barcas, („der Blitz"), bedeutender karthagischer Feldherr, Vater des Hannibal. Schon im 1. Punischen Krieg kreuzte er die Waffen mit den Römern: Bis zum Schluß behauptete er sich mit seinen Truppen auf dem Berge Eryx an der Westküste Siziliens. Er warf den Sölneraufstand im karthag. Staat nieder und war dann von 237 bis 229 erfolgreich beim Aufbau eines karthag. Kolonialreiches im südlichen Spanien.
Hannibal, Sohn des Hamilcar Barcas, der genialste militärische Gegner Roms, Nachfolger seines Schwagers Hasdrubal im Oberkommando über die karthag. Truppen in Spanien. In Italien reihte Hannibal bis 216 Sieg an Sieg, auch nach Cannae blieb er unbesiegt, bis ihm in Scipio, der Hannibals Taktik und Strategie genau studiert und sich in Spanien ein schlagkräftiges Heer geschaffen hatte, ein ebenbürtiger Gegner erwuchs, der ihn dann in Afrika besiegte. Bald nach dem Friedensschluss ging Hannibal als militärischer und politischer Berater an den Hof des syrischen Königs. Nach dem Sieg des L. Cornelius Scipio Asiaticus (des Bruders des Scipio Africanus) über Antiochus (190) fand er Zuflucht bei dem König Prusias von Bithynien. Als Rom die Auslieferung verlangte, gab H. sich selbst den Tod. Nach Livius Darstellung (XXXIX 51, 9-10) verlangte er das Gift mit folgenden Worten: „Liberemus diuturna cura populum Romanum, quando mortem senis exspectare longum censent ... Mores quidem populi Romani quantum mutaverint, vel hic dies argumento erit ...".
Hanno, (mit Beinamen „der Große"), karthag. Staatsmann. Haupt der Aristokratenpartei, scharfer Gegner Hamilcars und Hannibals, Befürworter einer Politik des Ausgleichs gegenüber Rom.
Hasdrubal (1), Schwiegersohn des Hamilcar Barcas, dessen Arbeit in Spanien er als Nachfolger im Oberkommando 228 bis 221 geschickt und erfolgreich weiterführt. Er dehnt die karthagische Herrschaft über das mittlere Spanien aus, gründet Carthago Nova (*Cartagena*) und schließt mit Rom den Ebro-Vertrag.
Hasdrubal (2), Sohn des Hamilcar Barcas, jüngerer Bruder Hannibals, bedeutender pun. Heerführer. Er verteidigt Spanien von 218 bis 208 gegen die römischen Heere. Bei Baecula besiegt (208), führt er doch den geplanten Zug nach Italien durch, wird aber am Metaurus (207) besiegt und fällt in tapferem Kampfe.

Hostilia curia, von Tullus Hostilius erbautes Versammlungshaus des Senates auf der Nordseite des Komitiums, des oberen Teiles des Forums.

Hiberus, der Ebro im Nordosten Spaniens.

Hirpini, Völkerschaft im südlichen Samnium in einem großen und fruchtbaren Bergkessel der Apenninen.

Histri, eine Völkerschaft Illyriens, gefürchtet als Seeräuber.

L. Hostilius Mancinus, cos 145, als Gesandter in Karthago.

Ianiculum, Berg Roms auf dem rechten Tiberufer, also nicht zur „Siebenhügelstadt" gehörend, aber schon in früher Zeit durch die älteste Tiberbrücke, den „pons sublicius" (Liv. II **10**, 2) mit Rom verbunden. Von ihm aus hat man eine prächtige Aussicht auf die Ewige Stadt.

Ianus, altröm. Gott des Anfanges, des Einganges und Durchganges. Als „Iani" wurden gedeckte Gänge bezeichnet. Der von Livius I **19**, 2 genannte berühmteste Ianus war ein doppeltoriger Durchgangsbogen, der vom Forum zum Argiletum führte. In Kriegszeiten waren die Tore geöffnet, in Friedenszeiten geschlossen. Der Gott Ianus wurde mit zwei Gesichtern (bifrons) dargestellt.

Ilergetes, Völkerschaft Spaniens zwischen Ebro und Pyrenäen.

Insubres Galli, einer der mächtigsten Keltenstämme in Oberitalien mit der Hauptstadt Mediolanum (Mailand).

Isthmia, alle vier Jahre begangenes Fest am Isthmus von Korinth zu Ehren des Poseidon (Neptun).

Italiker, Bezeichnung für die indogermanische Völkergruppe, die im Verlaufe einiger Jahrhunderte in mehreren Wellen in die Apenninenhalbinsel einwanderte, zunächst – etwa ab 1200 – die (kleinere) latinisch-faliskische Gruppe, etwa 200 Jahre später die (größere) umbrisch-oskische Gruppe. Zu dieser gehören: 1. die Umbrer und Sabiner, 2. eine Reihe kleinerer, unter der Bezeichnung „Sabeller" zusammengefaßter Völker, wie Aequer, Marser, Herniker und Volsker, 3. die Osker und Samniten.

Iuppiter, der höchste röm. Gott. Sein bedeutendstes Heiligtum war der 509 geweihte Tempel auf dem Kapitol, in dem er als Iuppiter Optimus Maximus mit Juno und Minerva verehrt wurde. Das (ältere) Bundesheiligtum der latinischen Städte, der Tempel des Iuppiter Latiaris, lag auf dem Mons Albanus. Als ersten Tempel in Rom soll Romulus (Liv. I **10**, 5-7) auf dem Kapitol den des Iuppiter Feretrius errichtet und dem Gotte die erbeutete Rüstung (spolia opima) des gefallenen Königs der Caeniner geweiht haben. Romulus soll nach Livius (I **12**, 6) auch dem Iuppiter Stator einen Tempel gelobt haben. Der Beiname [vgl. *sistere*] besagt, daß der Gott den Soldaten Kraft zum Standhalten in schwerem Kampf verleihe.

Lacinium, Vorgebirge südlich von Croton in Unteritalien am Eingange in den Tarentinischen Meerbusen, mit einem Heiligtum der Iuno Lacinia.

Latina via. Sie führte von Rom mitten durch Latium über Fregellae und Teanum nach Capua, wo sie in die via Appia einmündete.

Lavinium, sehr alte Stadt in Latium, etwa 27 km südlich von Rom, der Sage nach von Aeneas gegründet und nach seiner Gemahlin Lavinia benannt, Mutterstadt von Alba Longa.

Ligures, Völkerschaft Oberitaliens zwischen dem oberen Po und den Apenninen. Ihre Hauptstadt war Genua.

Lilybaeum, Stadt an der Westspitze Siziliens, von den Karthagern gegründet, durch den Ersten Punischen Krieg in den Besitz der Römer gekommen. Im südlichen Teile der alten Stadt liegt jetzt das weinberühmte Marsala.

Liris, ein westlich des lacus Fucinus entspringender Fluss, der bei Minturnae ins Tyrrhenische Meer mündet.

Locri, griechische Kolonie an der Ostküste der bruttischen Halbinsel, etwa in der Höhe von Messina.

Lucania, westliche Landschaft Unteritaliens, im Norden an Kampanien und Samnium, im Süden an Bruttium angrenzend.

Sp. Lucretius Tricipitinus, Vater der Lucretia, i. J. 509 consul suffectus.

Lucretia, Gattin des L. Tarquinius Collatinus. Von Sex. Tarquinius entehrt, gibt sie sich den Tod.

C. Lutatius Catulus, besiegte als Konsul die Karthager bei den Aegatischen Inseln.

Macedones, Einwohner von Makedonien.

Macedonia, Makedonien. durch König Philipp I. zur bedeutendsten politischen Macht im ägäischen Raum aufgestiegen, Kernland des Weltreiches Alexanders d. Großen. Unter den Nachfolgestaaten des Alexanderreiches war Makedonien der geschlossenste und militärisch stärkste. Rom führte mit Makedonien 3 Kriege (s. Zeittafel). 148 wurde das Land röm. Provinz.

Magna Mater Idaea Cybele, in Phrygien auf dem Berg Ida und in Pessinus in Galatien verehrte Göttin, deren Symbol, ein schwarzer Stein, 204 auf Veranlassung des Orakels von Cumae nach Rom verbracht wurde.

Mago, der jüngste Bruder Hannibals, begleitete diesen 218-216 und berichtete dann der karthag. Regierung von Hannibals Erfolg bei Cannae. 215-206 kämpfte er als karthag. Heerführer in Spanien, dann auch noch mit dem nach Italien übergesetzten Rest seiner Truppen in Ligurien. Er starb 203 auf der Überfahrt nach Karthago an seinen Wunden.

Maharbal, karthag. Offizier im Heere Hannibals, von Livius erwähnt bei der Schlacht am Trasumennischen See (XXII **6**, 11) und bei Cannae (XXII **46**, 7 und **51**, 2-4). Ihm wird das Wort zugeschrieben: Vincere scis, Hannibal, victoria uti nescis.

Mamertini, (Mamers = Mars), entlassene kampanische Söldner, die sich 262 der Stadt Messana im Nordosten Siziliens bemächtigten. Die Bewohner riefen die Syrakusaner zu Hilfe, die Mamertiner zunächst die Karthager, dann die Römer. So kam es zum ersten Punischen Krieg.

Cn Manlius Vulso, cos 189, 187 Triumphator nach Siegen in Asia, weckt in Rom Sinn für den dortigen Luxus.

Mars, [altlat. Mavors], der röm. Kriegsgott, Vater des Romulus und Remus. Nach ihm nannten die Römer den – ursprünglich ersten – Monat März „Martius" sowie den Heeresversammlungsplatz, auf dem Mars einen Altar hatte, „campus Martius".

Marsi, alte Völkerschaft in Mittelitalien östlich von Rom, auf einer Hochebene der Apenninen zwischen den Flüssen Liris und Aternus, bekannt als sehr tapfer und heilkundig.

Masinissa, König von Numidien, etwa 240-148. In Spanien unterstützte er die Karthager mit seiner Reiterei, trat aber später auf die Seite der Römer, die ihm gegen den westnumidischen König Syphax beistanden. Er leistete den Römern wertvolle Hilfe, namentlich in der Schlacht bei Zama. Gestützt auf die Freundschaft mit Rom baute er sein Reich nach 201 weiter auf Kosten Karthagos aus.

Mauri, die Bewohner von Mauretania, dem westlichsten Lande der Nordküste Afrikas, dem jetzigen Marokko und westlichen Algier.

Metapontum, griechische Stadt an der Ostküste Lukaniens, etwa 40 km südwestlich von Tarent, ihre Bewohner Metapontini.

Metaurus, Fluss in Umbrien, der südöstlich von Fanum Fortunae ins Adriatische Meer mündet.

Minturnae, Stadt im südlichen Latium, nahe bei der Mündung des Liris, unweit der Grenze Kampaniens.

L. Mummius, Eroberer Korinths 146, verschleppt von dort griechische Kunstwerke nach Rom.

Narnia, Stadt am südlichen Ufer des Nar an der via Flaminia, auf steilem Fels gelegen, jetzt Narni; ihre Bewohner Narnienses. Von der alten Stadt steht noch ein Rest der Brücke, die Augustus erbauen ließ.

Neptunus Equester. Neptun ist wie auch der griech. Gott Poseidon ursprünglich eine Erdgottheit, die in enge Verbindung zum Pferd gebracht wurde. So ergab sich leicht eine Verbindung zu consus, dem „Berger" [*condere*] und Schützer der Feldfrucht, dessen Fest (Consualia) mit Pferderennen gefeiert wurde.

Nicanor, Makedone, Offizier Philipps V.

Nola, Stadt in Kampanien, südöstlich von Capua, von Marcellus 216 und 215 gegen Hannibal verteidigt. Hier starb am 19. August 14 n. Chr. der Kaiser Augustus. Die Bewohner Nolani.

Numa Pompilius, der zweite König von Rom, aus der sabinischen Stadt Cures, gerühmt als Ordner des Kalenders und des Götterkultes und als friedlicher Herrscher.

Numidia, das Land zwischen Mauretanien und dem Gebiet von Karthago, das heutige Algier. Seine Bewohner, Numidae, waren tüchtige Reiter. Cäsar machte 46 v. Chr. den östlichen Teil zur römischen Provinz, der westliche war bereits 106 nach dem Siege über Jugurtha an Mauretanien abgetreten worden.

Numitor, König von Alba Longa, Vater der Rhea Silvia, Großvater des Romulus und Remus.

Odrysae, thrakischer Stamm am oberen Hebrus.

Cn Oppius, tribunus plebis 215; nach ihm ist die lex Oppia sumptuaria benannt.

Ostia, Hafenstadt Roms an der Mündung des Tiber, angeblich schon vom König Ancus Marcius, in Wirklichkeit erst im letzten Viertel des 4. Jahrhunderts als militärischer Stützpunkt an der Tibermündung gegründet. Von O. führte die alte „Salzstraße" (via Salaria) über Rom bis Reate in Umbrien. Mit zunehmendem Seehandel entwickelte sich O. um die Mitte des 1. Jahrhunderts n. Chr. zu einer Großstadt, deren Bedeutung durch die Ausgrabungen der letzten Jahrzehnte ins Licht getreten ist.

Paeligni, sabinischer Stamm in den Abruzzen.

Palatium und Palatinus collis, der palatinische Hügel, auf dem Romulus die Stadt Rom gegründet haben soll. Bei Ausgrabungen ist eine sehr alte (latin.) Siedlung auf dem Palatinus freigelegt worden. (Vgl. „Quirinus") Da Augustus und andere Kaiser auf dem Palatin Wohnung nahmen, kam „Palatium" zu der Bedeutung „Palast".

Pella, Hauptstadt Makedoniens.

Pergamum, Hauptstadt des Attalidenreiches.

Q. Petilius, tribunus plebis 187, und Q. Petilius Spurinus verklagen Scipio wegen eigenmächtiger Verfügung über die Beute aus dem Feldzug gegen Antiochus.

Philipp V, König von Makedonien, Gegner Roms im 1. und 2. Makedonischen Krieg (215-205/200-196).

Pleminius, römischer Offizier, dessen Übergriffe bei der Unterwerfung der Lokrer (205) eine Rolle spielen bei der Anklage gegen seinen Freund Scipio.

M. Porcius Cato Censorius, (234-149), cos 195, konservativer Gegner Karthagos.

M. Porcius Cato Uticensis, (95-46), Stoiker und Caesargegner; beging Selbstmord nach Niederlage bei Utica.

Sp Postumius Albinus, cos 186, leitet Untersuchungen im Bacchanalienprozess.

Praeneste, stark befestigte Stadt an der via Praenestina, ostsüdöstlich von Rom. 338 behielt Praeneste als latinischer Bundesgenosse seine Selbstverwaltung.

Prusias, König von Bithynien (186-148), Feind von Pergamon.

Pydna, Stadt in Makedonien am Thermäischen Meerbusen (heute Golf von Saloniki), bekannt durch die Schlacht i. J. 168.

Pyrrhus, König von Epirus (318-272), nach verlustreichen Siegen gegen die Römer („Pyrrhussiege") und Erfolgen gegen die Karthager in Sizilien zuletzt bei Beneventum (275) von den Römern entscheidend geschlagen.

L. Quinctius Cincinnatus, Konsul 460, 458 zum Diktator ernannt, befreit er ein röm. Heer, das vom Feind eingeschlossen ist. C. gilt als Musterbild altrömischer Tüchtigkeit und Einfachheit. (Liv. III 26, 7ff.).

L. Quinctius Flamininus, Sieger über Philipp V bei Kynoskephalai (196); verkündet bei den Isthmien die politische Freiheit der Griechen.

Quirinus, röm. Gott, der ursprünglich auf dem collis Quirinalis von den Sabinern verehrt wurde, die dort gegenüber der palatinischen Gemeinde der Latiner wohnten. Nach der Vereinigung der beiden Gemeinden zu der Stadt Rom wurde (der Himmelsgott) Iuppiter zusammen mit (dem latinischen Kriegsgott) Mars und (dem sabinischen Kriegsgott) Quirinus von den Römern verehrt. Mit der Errichtung des Staatsheiligtums auf dem Kapitol (509) trat an die Stelle der alten die neue Götterdreiheit Iuppiter, Iuno, Minerva. Quirinus wurde auch mit (dem zu den Göttern aufgestiegenen) Romulus gleichgesetzt.

Quirites, amtliche Bezeichnung für die römischen Vollbürger, oft in Wendungen wie populus Romanus Quiritium und sehr oft als Anrede gebraucht. Livius meint (I **13**, 5), der Name sei bei der Vereinigung der Römer und Sabiner eingeführt worden. Später bezeichnete man als „Quirites" die Bürger im zivilen Bereich im Gegensatz zu den Soldaten (milites, als Anrede: commilitones).

Regillus lacus, kleiner See nordwestlich von Tusculum, bei dem die Römer 496 die Latiner besiegten.

Rhodanus, der Rhonefluss im transalpinischen Gallien.

Rutuli, latinischer Stamm, südlich von Rom, mit der Hauptstadt Ardea.

Sabini, ein Volk der umbrisch-oskischen Gruppe, auf dem linken Tiberufer zwischen Nar und Anio. Aus der latinischen Gemeinde auf dem Palatinus und der etwas jüngeren sabinischen auf dem Quirinalis entstand die Stadt Rom.

Saguntum, Stadt an der Ostküste Spaniens, südlich der zwischen Rom und Hasdrubal vereinbarten Interessengrenze (Ebro-Vertrag), trotzdem von Rom unter seinen Schutz genommen. Die Eroberung Sagunts durch Hannibal löst den 2. Punischen Krieg aus.

Samnites, die Samniten, das mächtigste Volk der oskisch-umbrischen Gruppe der Italiker. Von ihrem Stammgebiet Samnium (mit den Städten Bovianum und Beneventum) aus gewinnen sie Einfluss und Land in Kampanien, Lukanien und Bruttium. Rom hat schwere Kriege mit den Samniten geführt. Der Sieg Roms brachte zugleich die Entscheidung, dass die Einigung Italiens nicht im Zeichen der oskischen, sondern der latinischen (bzw. lateinischen) Sprache und Kultur erfolgen konnte.

Samothraca, Insel in der nördlichen Ägäis.

Sardinia, Sardinien, im 9. Jahrhundert von Phönikern besiedelt, um 500 von Karthago annektiert, 238 an Rom abgetreten, dann röm. Provinz, die Getreide für die Hauptstadt Rom lieferte.

Ti Sempronius Gracchus, tribunus plebis 133, Agrarreformer, Initiator populärer Politik, 133 ermordet.

Sena Gallica, röm. Bürgerkolonie am Adriatischen Meer nordwestlich von Ankona, 283 angelegt zur Sicherung des damals annektierten Gebietes, das beim Eindringen der Gallier in Norditalien Senonen in Besitz genommen hatten (ager Gallicus).

Sentinum, feste Stadt in Umbrien, nahe am Flusse Aesis.

P. Sempronius Tuditanus, Militärtribun 216, zeigt entschlossenen Mut nach Cannae, kämpft 204 als Konsul siegreich gegen Hannibal bei Kroton in Unteritalien.

Cn. Servilius Geminus, Konsul 217 mit Flaminius. Er fiel in der Schlacht bei Cannae.

Sicilia: Auf Sizilien, der im Schnittpunkt der Kulturen und politischen Kräfte gelegenen größten Insel des Mittelmeeres, waren schon früh phönikische Handelsplätze und griech. Pflanzstädte (735 Naxos, 734 Syrakus) angelegt worden. Kaum behindert durch andere Mächte, kamen die Griechenstädte schnell zu wirtschaftlicher und kultureller Blüte. Gegenüber den im 6. Jahrhundert beginnenden Versuchen Karthagos, als Vorkämpferin der phönikischen Interessen die Ausbreitung des griech. Einflusses im westlichen Mittelmeer einzudämmen und griech. Städte unter seinen Einfluss zu bringen, behaupteten die sizilischen Griechen bis in das letzte Viertel des 5. Jahrhunderts ihre Vorherrschaft an der ganzen Ostküste, an der Nordküste bis Himera (480 Sieg über

Karthago) und an der Südküste bis Selinus. Innere Zwistigkeiten, Rivalitäten und Kriege, in die auch Athen eingriff (Siz. Expedition 415-413), schwächten dann aber die Kraft der sizil. Griechen so sehr, dass Karthago 409 Selinus und Himera, 405 Gela zerstören und 406 Akragas (Agrigentum) erobern konnte. Nach wechselvollem Auf und Ab in den folgenden 150 Jahren wurde dann Sizilien im 1. Punischen Krieg ganz vom karthag. Einfluss befreit und als Provinz dem röm. Reiche eingefügt. Diese Regelung blieb auch nach dem 2. Punischen Kriege bestehen.

P Sulpicius Galba, cos 211/200, kämpfte erfolgreich gegen Philipp V in Mittelgriechenland.

Q Sulpicius Longus, Mititärtribun 390, als Unterhändler bei Brennus.

Syphax, König der Numider, Feind Karthagos und Masinissas; seine Freundschaft mit Rom zerbrach an seiner Feindschaft zu Masinissa.

Syracusae, die größte griech. Stadt des Altertums, an der Südostküste von Sizilien 734 von Korinth gegründet, Vorkämpferin der sizil. Griechen gegen Karthago (Sieg bei Himera unter Führung des Gelon 480) und auch gegen die Etrusker (474 Sieg bei Cumae) unter Hieron I. (478-466), an dessen Hof bedeutende Dichter der damaligen Zeit wie Aischylos und Pindar längere Zeit weilten. Nach schweren inneren Kämpfen und nach der Abwehr der Sizilischen Expedition Athens konnte Syrakus sich nicht nur gegen die herandrängenden Karthager behaupten, sondern gewann in der Regierungszeit Dionysius I. (405-367) wieder die Herrschaft über den größten Teil des von Karthago eroberten Gebietes zurück. Nach gut 100 Jahren innerpolitischer und kriegerischer Verwicklungen trat Syrakus unter Hieron II. schon im 2. Jahre des 1. Punischen Krieges auf die Seite Roms. Die Freundschaft mit Rom brachte der Stadt eine neue Blütezeit. Nach dem Tode Hierons trat Syrakus auf die Seite Karthagos (214), wurde belagert, erobert und geplündert. Dabei wurde auch der große Mathematiker Archimedes getötet.

Taurus, Gebirge in Kleinasien.

Tarentum, Stadt im Westen Kalabriens in sehr fruchtbarer Gegend an dem nach ihr benannten Meerbusen, jetzt Taranto, 708 gegr. spartanische Kolonie, entwickelt sich am Ende des 6. Jahrhunderts zur bedeutendsten Griechenstadt in Süditalien, ruft Pyrrhus 282 gegen Rom zu Hilfe, ergibt sich 272 den Römern. T. tritt 212 auf Hannibals Seite, wird 209 zurückgewonnen.

Tarpeius, Befehlshaber der römischen Burg unter Romulus. Seine Tochter Tarpeia verriet den Sabinern den Weg zur Burg. Tarpeium saxum oder Tarpeia rupes die südliche steile Felswand des Kapitols.

Tarquinii, sehr alte etruskische Stadt, Heimat des Geschlechtes der Tarquinier (Tarquinii).

L. Tarquinius Priscus, der 5. römische König.

L. Tarquinius Superbus, der letzte (7.) röm. König.

Sex. Tarquinius, Sohn des Königs L. Tarquinius Superbus, entehrt Lucretia, die Gattin des L. Tarquinius Collatinus, und löst dadurch den Sturz des Königtums aus.

Tarracina, Stadt an der Küste des südlichen Latium, an der via Appia, auch Anxur genannt, mit einer Zitadelle auf steilem Kalkfelsen.

Terraco, Stadt an der Küste Spaniens, nördlich vom Ebro, das heutige Tarragossa.

Taurini, Völkerschaft im Westen des cisalpinischen Galliens am oberen Laufe des Po, mit der Hauptstadt Augusta Taurinorum, dem heutigen Turin.

Tempe, Tal des Peneios in Thessalien.

Q Terentius Culleo, Prätor 187, unerbittlicher Ankläger, mehrfach Gesandter in Karthago und bei Masinissa.

C. Terentius Varro, Konsul 216, von Hannibal bei Cannae geschlagen, 215-214 Befehlshaber in Picenum.

Thebae, Hauptstadt Boötiens in Mittelgriechenland.

Ticinus, bedeutender linker Nebenfluss des Po, vom St. Gotthard herabkommend.

Trasumennus lacus, ein See in Etrurien zwischen den Städten Cortona, Perusia und Clusium, heute Lago Trasimeno, berühmt durch die schwere röm. Niederlage im Jahre 217.

Trebia, südlicher Nebenfluss des Po, mündet nicht weit von Placentia; jetzt Trebbia.

Tusculum, Latinerstadt am Algidus oberhalb des heutigen Frascati, schon früh mit dem „Bürgerrecht ohne Stimmrecht" ausgestattet, Heimat des M. Porcius Cato (Censorius),

Tyrus, Stadt om Phönikien.

Umbria, Landschaft Italiens zwischen den Flüssen Rubico und Aesis.

Utica, Stadt in Afrika, nordwestlich von Karthago, Hauptstadt der römischen Provinz Afrika.

Vaccaei Volk in Nordspanien.

Valerius Antias, von Livius häufig zitierter Annalist.

L. Valerius Tappo, tribunus plebis 195, empfiehlt Abschaffung der lex Oppia.

M Valerius Falto, Praetor 201, sichert als Gesandter die Magna Mater.

Veii, alte bedeutende Stadt Etruriens, an der Cremera auf steilem Felsen gelegen, mit einem berühmten Junotempel, Rivalin Roms, 396 durch M. Furius Camillus erobert und zerstört.

Venusia, Stadt in Apulien am Aufidus, Geburtsort des Dichters Horaz.

Vestales, die hochangesehenen Priesterinnen der Vesta. Sie hüteten das heilige Feuer der Göttin im Vestatempel auf dem Forum und waren während ihrer Amtszeit zu jungfräulichem Leben verpflichtet.

P Villius Tappulus, cos 199, römischer Gesandter bei König Antiochus.

Volsci, italische Völkerschaft zu beiden Seiten des Liris, in der älteren Zeit oft mit Rom im Kriege.

Volumnia, Gattin des Cn. Marcius Coriolanus.

Vulturnus, 1. Fluss in Kampanien, jetzt Volturno. 2. V. ventus, Südostwind.

Zama (regia), der Ort, bei dem Hannibal von Scipio besiegt wurde. Dieser Ort hat wahrscheinlich in der Nähe des heutigen Maktar in Tunesien gelegen.

6. Literaturverzeichnis

1. Adcock, F.E.: Römische Staatskunst. Idee und Wirklichkeit der römischen Politik, Göttingen 1961.
2. Albrecht, M. von: Fides und Völkerrecht: Von Livius zu Hugo Grotius, in: FS Burck, 295-300.
3. Alföldi, A.: Das frühe Rom und die Latiner, Darmstadt 1977.
4. Altheim, F.: Römische Religionsgeschichte, Frankfurt am Main 1951.
5. Ders.: Naevius und die Annalistik, in WdF 90, ed. V. Pöschl, 340-366.
6. Aly, W.: Livius und Ennius. Von römischer Art, in: Neue Wege zur Antike, II. Reihe: Interpretationen/Heft 5, Leipzig/Berlin 1936.
7. Barié, P.: Mythisierte Geschichte im Dienst einer politischen Idee. Grundkursus Historiographie am Beispiel Livius, in: AU XIX 2 (1976) 35-42.
8. Bayet, J.: Histoire politique et psychologique de la religion romaine, Paris 1957.
9. Ders.: Philosophische Tendenzen bei Livius, in: WdF 132, ed. E. Burck, 470-474.
10. Berve, M.: Zum Monumentum Ancyranum, in: Hermes 71 (1936) 241-253/WdF 128, ed. W. Schmitthenner, 100-117.
11. Bloch, R.: Tite-Live et les premiers siècles de Rome, Paris 1965.
12. Bojance, P.: „Cum dignitate otium", in: WdF 46, ed. R. Klein, 348-374.
13. Bornecque, H.: Tite-live, Paris 1933.
14. Bringmann, K.: Weltherrschaft und innere Kriese Roms im Spiegel der Geschichtsschreibung des ersten und zweiten Jahrhunderts vor Christus, in: Antike und Abendland 23 (1977) 28-49.
15. Bruckmann, H.: Interpretationen ausgewählter Abschnitte aus Livus ab urbe condita liber I, in: AU X 5 (1967) 61-96.

16. Burck, E.: Die Erzählungskunst des Titus Livius, Berlin 1934, Berlin/Zürich ²1964 (Überblick über 30 Jahre Forschung, Seite IX-XXVIII).
17. Ders.: Einführung in die dritte Dekade des Livius, Heidelberg 1950.
18. Ders.: Zum Rombild des Livius. Interpretationen zur zweiten Pentade, in: AU III 2 (1957) 34-75.
19. Ders.: Aktuelle Probleme der Livus-Interpretation, in: Gymn., Beiheft 4, 1964, 21-46.
20. Ders, Hrsg.: Wege zu Livius, WdF 132, Darmstadt 1967 (Beiträge zu: I. Die Vorgänger des Livius, II. Leben und Gestalt, III. Livius und Augustus, IV. Die Praefatio, V. Livius als Historiker, VI. Die politische Ideologie, VII. Darstellungsprinzipien und Erzählungsstil, VIII. Die Kunst der Reden, IX. Der philosophische und religiöse Hintergrund, X. Sprache und Stil).
21. Ders.: Die Frühgeschichte Roms bei Livius im Licht der Denkmäler, in: Gymn. 75 (1968) 74-110.
22. Crake, J.E.A.: Die Annalen des Pontifex Maximus, in: WdF 90, ed. V. Pöschl, 256-271.
23. Christ, K.: Römische Geschichte. Einführung, Quellenkunde, Bibliographie. Darmstadt ³1980.
24. Cornelius, F.: Cannae. Das militärische und literarische Problem, in: Klio, Beiheft 26, 1932.
25. Dessau, H.: Livius und Augustus, in: Hermes 41 (1906) 142-151/WdF 128, ed. W. Schmitthenner, 1-11.
26. Dörrie, H.: Pietas, in AU IV 2 (1959) 5-27.
27. Drexler, H.: Dignitas, in: WdF 46, ed. R. Klein, 231-254.
28. Ders.: Die moralische Geschichtsauffassung der Römer, in: Gymn. 61 (1954) 168-190/WdF 46, ed. R. Klein, 255-287.
29. Erb, N.: Kriegsursachen und Kriegsschuld in der ersten Pentade des T. Livius, Diss Zürich 1963.
30. Funaioli, G.: Livius im Plane seines Werkes, in: Die Antike 19 (1943) 214-230/WdF 18, ed. H. Oppermann, 278-298.

31. Geldner, H.: Das „Drehbuch" des Livius zum Porsenna-Krieg, in: Anregung 27 (1981) 185-191.
32. Gelzer, M.: Römische Politik bei Fabius Pictor, in: Hermes 68 (1933) 129-166/Kleine Schriften III, edd. H. Strasburger und Chr. Meier, Wiesbaden 1964, 51-92/ WdF, ed. V. Pöschl, 77-129.
33. Ders.: Der Anfang römischer Geschichtsschreibung, in: Hermes 69 (1934) 46-55/Kleine Schriften III 93-110/ WdF 90, 130-153.
34. Ders.: Aufsätze zu Polybios, Kleine Schriften III 111-219.
35. Ders.: Die Glaubwürdigkeit der bei Livius überlieferten Senatsbeschlüsse über römische Truppenaufgebote, in: Hermes 70 (1935) 269-300/Kleine Schriften III 220-255/WdF 90, ed. V. Pöschl, 154-197.
36. Gjerstad, E.: Legenden und Fakten der frühen römischen Geschichte, in: WdF 90, ed. V. Pöschl, 367-458.
37. Gleixner, H.: Verginia. Ein Prozeßskandal als Einführung in das römische Zivilrecht (Livius III 44-48), in: Anregung 31 (1985) 174-179.
38. Gries, K.: Constancy in Livy's Latinity, New York 1949.
39. Haffter, H.: Rom und römische Ideologie bei Livius, in: Gymn. 71 (1964) 236-250/WdF 132, ed. E. Burck, 277-297.
40. Hampl, F.: Römische Politik in republikanischer Zeit und das Problem des „Sittenverfalls", in: WdF 46, ed. R. Klein, 143-177.
41. Hanell, K.: Zur Problematik der älteren römischen Geschichtsschreibung, in: WdF 90, ed. V. Pöschl, 292-311.
42. Heinze, R.: Vom Geist des Römertums. Ausgewählte Aufsätze, ed. E. Burck, Leipzig und Berlin 1938 (mit Beiträgen zu auctoritas, fides, concordia ordinum, fatum, Augustus).
43. Hellmann, F.: Livius-Interpretationen, Berlin 1939.
44. Hoch, H.: Die Darstellung der politischen Sendung bei Livius, Frankfurt am Main 1951.

45. Hoffmann, W.: Rom und die griechische Welt im 4. Jahrhundert vor Christus, in: Philologus (Suppl.27,1) 1934.
46. Ders.: Livius und der 2. Punische Krieg, in: Hermes Beiheft 8, 1942.
47. Ders.: Livius und die römische Geschichtsschreibung, in: Antike und Abendland 4 (1954) 170-186/WdF 132, ed. E. Burck, 68-95.
48. Ders.: Hannibal, Göttingen 1962.
49. Hohl, E.: Das Selbstzeugnis des Augustus über seine Stellung im Staat, in: Mus. Helv. 4 (1947) 101-115/WdF 128, ed. W. Schmitthenner, 176-198.
50. Howald, E.: Vom Geist antiker Geschichtsschreibung. Sieben Monographien, München 1964, zu Livius Seite 163-192.
51. Jäkel, W.: Satzbau und Stilmittel bei Livis, in: Gymn. 66 (1959) 302-317.
52. Kajanto, L.: Die Götter und das Fatum bei Livius, in: WdF 132, ed. E. Burck, 475-485.
53. Kiefner, W.: Der angeklagte Scipio Africanus. Seine Darstellung nach den antiken Zeugnissen, in: AU XIV 1 (1971) 75-98.
54. Klein, R., Hrsg.: Prinzipat und Freiheit, WdF 135, Darmstadt 1969.
55. Ders., Hrsg.: Das Staatsdenken der Römer, WdF 46, Darmstadt 1973.
56. Klingner, F.: Römische Geschichtsschreibung bis zum Werke des Livius, in: Die Antike 3 (1937) 1-19.
57. Klinz, A.: Virtutes Romanae im Geschichtswerk des Livius, in: AU Heft 7 (1955) 99-108.
58. Kloesel, H.: Libertas, in: WdF 34, ed. H. Oppermann, 120-172.
59. Klotz, A.: Artikel Livius, in: RE XIII, Sp. 816-852, Stuttgart 1926.
60. Ders.: Livius und seine Vorgänger, in: Neue Wege zur

Antike, II. Reihe: Interpretationen, Heft 9-11, Leipzig und Berlin 1940/41; Nachdruck: Amsterdam 1964.
61. Knoche, U.: Roms älteste Geschichtsschreibung, in: Neue Jahrbücher 2 (1939) 193-207/WdF 90, ed. V. Pöschl, 222-240.
62. Ders.: Das historische Geschehen in der Auffassung der älteren römischen Geschichtsschreiber, in: Neue Jahrbücher 2 (1939) 289-299/WdF 90, ed. V. Pöschl, 241-255.
63. Ders.: Vom Selbstverständnis der Römer, in: Gymn. Beiheft 2, 1962, 31-97.
64. Kroymann, J.: Römische Kriegsführung im Geschichtswerk des Livius, in: Gymn. 56 (1949) 121-134.
65. Kunkel, W.: Zum Freiheitsbegriff der späten Republik und des Prinzipats, in: WdF 135, ed. R. Klein, 68-93.
66. Ders.: Über das Wesen des augusteischen Prinzipats, in: Gymn. 68 (1961) 353-370/WdF 128, ed. W. Schmitthenner, 311-335.
67. Lambert, A.: Die indirekte Rede als künstlerisches Stilmittel bei Livius, Diss. Zürich 1946.
68. Lefèvre, E. und Olshausen, E., Hrsgg.: Livius. Werk und Rezeption, Festschrift für Erich Burck zum 80. Geburtstag, München 1983.
69. Ders.: Argumentation und Struktur der moralischen Geschichtsschreibung der Römer am Beispiel von Livius' Darstellung des Beginns des römischen Freistaats (II 1-15), ebd. 31-58.
70. Liegle, J.: Pietas, in: WdF 34, ed. H. Oppermann, 229-273.
71. Mette, H.J.: Livius und Augustus, in: Gymn. 68 (1961) 269-285/WdF 132, eb. E. Burck, 156-180.
72. Niebuhr, B.G.: Quellen der römischen Geschichte (1846), in: WdF 90, ed. V. Pöschl, 1-30.
73. Norden, E.: Aus altrömischen Priesterbüchern, Lund 1939.

74. Ogilvie, R.M.: A Commentary on Livy, Book 1-5, Oxford 1965.
75. Ders.: Das frühe Rom und die Etrusker, dtv Geschichte der Antike, München 1983.
76. Oppermann, H., Hrsg.: Römische Wertbegriffe, WdF 34, Darmstadt 1974 (Beiträge u.a. zu res publica, libertas, concordia, consensus universorum, pietas, virtus constantia).
77. Ders., Hrsg.: Römertum, WdF 18, Darmstadt (hier: R. Heinze, Von den Ursachen der Größe Roms, 11-34/E. Burck, Drei Grundwerte der römischen Lebensordnung (labor, moderatio, pietas) 35-65/H. Dahlmann, Clementia Caesaris, 188-202).
78. Ders.: Die Einleitung zum Geschichtswerk des Livius, in: AU Heft 7 (1955) 87-98/WdF, ed. E. Burck, 169-180.
79. Perret, J.: Les origines de la légende troyenne à Rome. Théses Paris 1945.
80. Petzold, K.E.: Die Entstehung des römischen Weltreichs im Spiegel der Historiographie – Bemerkungen zum bellum iustum bei Livius, in: FS Burck, 241-264.
81. Pöschl, V., Hrsg.: Römische Geschichtsschreibung, WdF 90, Darmstadt 1969.
82. Ders.: Die römische Auffassung der Geschichte, in: Gymn. 63 (1956) 190-206.
83. Rosenberg, A.: Einleitung und Quellenkunde zur römischen Geschichte, Berlin 1921.
84. Schmitthenner, W., Hrsg.: Augustus, WdF 128, Darmstadt 1969.
85. Ders.: Augustus' spanischer Feldzug und der Kampf um den Prinzipat, in: Historia 11 (1962) 29-85/WdF 128, ed. W. Schmitthenner, 404-485.
86. Schwartz, E.: Fünf Vorträge über den griechischen Roman, Berlin 1896 (zum Begriff der tragischen Geschichtsschreibung).

87. Seeck, Z.A.: Livius: Schriftsteller oder Historiker? Zum Problem der literarischen Darstellung historischer Vorgänge (Livius, Buch 21), in: FS Burck, 81-98.
88. Seel, O.: Der Raub der Sabinerinnen. Eine Livius-Interpretation, in: Antike und Abendland 9 (1960) 7-17.
89. Stübler, G.: Die Religiosität des Livius, Tübinger Beiträge zur Altertumswissenschaft 35, Stuttgart 1941.
90. Syme, R.: Livius und Augustus, in: WdF 135, ed. R. Klein, 169-255.
91. Ders.: Lebenszeit des Livius, in: WdF 132, ed. E. Burck, 39-47.
92. Taine, H.: Essai sur Tite-Live, Paris 1856.
93. Timpe, D.: Erwägungen zur jüngeren Annalistik, in: Antike und Abendland 25 (1979) 97-119.
94. Tränkle, H.: Livius und Polybios, in: Gymn. 79 (1972) 13-31.
95. Treptow, R.: Die Kunst der Reden in der 1. und 3. Dekade des Livianischen Geschichtswerkes, Diss. Kiel 1964.
96. Ullmann, R.: La technique des discours dans Salluste, Tite-Live et Tacite, Oslo 1927.
97. Ders.: Étude sur le style des discours de Tite-Live, Oslo 1929.
98. Walsh, P.G.: Livy. Historical aims and methods, Cambridge 1961. Hieraus:
99. Ders.: Die Latinität des Livius, in: WdF 132, ed. E. Burck, 511-539.
100. Wickert, L.: Der Prinzipat und die Freiheit, in: WdF 135, ed. R. Klein, 94-135.
101. Wille, G.: Der Aufbau des Livianischen Geschichtswerkes, in: Heuremata Band 1, Amsterdam 1973.
102. Witte, K.: Über die Form der Darstellung in Livius Geschichtswerk, in: Rhein. Mus. 65 (1910) 270-305, 359-419.
103. Zegers, N.: Wesen und Ursprung der tragischen Geschichtsschreibung, Diss. Köln 1959.

7. Karten

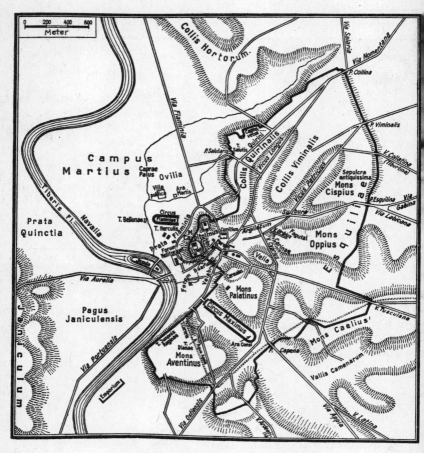

Rom in der älteren Zeit der Republik

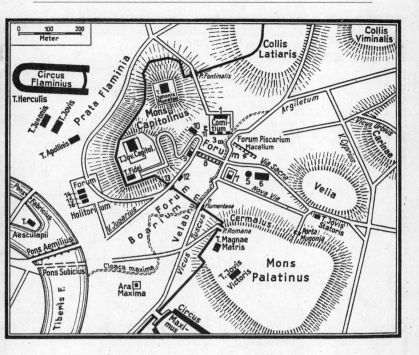

Das römische Forum und seine Umgebung in der älteren Zeit der Republik

1 Curia Hostilia
2 Rosira
3 Ianus
4 Tabernae novae
5 Templum Vestae
6 Regia
7 T. Custodis
8 Tabernae veteres
9 T. Saturno
10 T. Concordiae
11 Carcer
12 T. Matris Matutae
13 P. Carmentalis
14 T. Iunonis
15 T. Pietatis
16 T. Spei

Abkürzungen: P. = Porta, T. = Templum, V. = Via oder Vicus

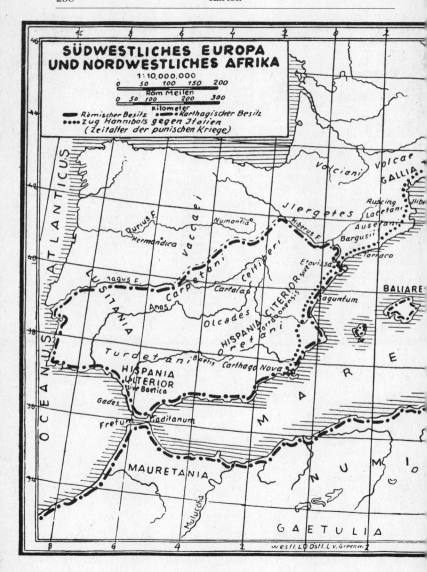

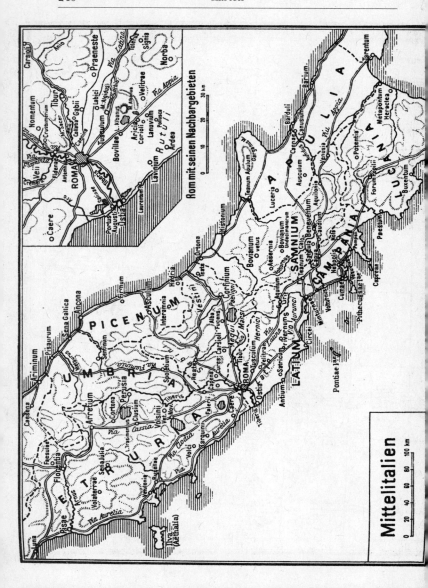